Thomas Röper

INSIDE CORONA

Die Pandemie, das Netzwerk & die Hintermänner

Die wahren Ziele hinter Covid-19

Thomas Röper

INSIDE CORONA

DIE PANDEMIE, DAS NETZWERK & DIE HINTERMÄNNER

Die wahren Ziele hinter Covid-19

J.K.Fischer Verlag

Originalausgabe
01/2022

Im Mannsgraben 33
63571 Gelnhausen Hailer
Tel.: 0 60 51 / 47 47 40
Fax: 0 60 51 / 47 47 41

Besuchen Sie uns im Internet unter
www.j-k-fischer-verlag.de

Die Einschweißfolie besteht aus PE-Folie und ist biologisch abbaubar.
Dieses Buch wurde auf chlor- und säurefreiem Papier gedruckt.

Layout, Satz/Umbruch, Bildbearbeitung:
Lettero Verlagsservice, Rheine
Druck & Bindung: CPI Moravia Books s.r.o.

ISBN 978-3-96850-008-9

Inhalt

Vorwort

Ich möchte Ihnen im Vorwort vor allem eines mit auf den Weg geben: Seien Sie bei der Lektüre dieses Buches geduldig, denn es ist schwere Kost. Aber ich will auch einige wichtige Dinge zum besseren Verständnis des Buches sagen.

In diesem Buch werde ich Sie mit einer sehr langen Einleitung und einem Prolog traktieren, aber die Einleitung (und vor allem der Prolog) sind zum Verständnis des Buches unerlässlich. Daher sollten Sie diese nicht überspringen, weil Sie neugierig auf den eigentlichen Inhalt des Buches sind.

Und wenn es dann in den Kapiteln über die NGOs endlich „ans Eingemachte" geht, dann werden Sie wahrscheinlich zunächst einen gewissen Frust erleben, weil da derart viele Informationen, Namen und Organisationen auf Sie einprasseln, dass Sie das Gefühl haben, nichts zu verstehen, weil Sie ständig zurückblättern müssen, um nachzuschauen, wer das denn nochmal war oder was die Organisation eigentlich gemacht hat.

Da kann ich Ihnen Mut machen, denn mir ging das bei der Recherche genauso und Sie werden sehen, dass das immer verständlicher wird, je weiter Sie im Buch vorankommen.

Es geht in diesem Buch um Netzwerke, und wenn man ein Netzwerk zum ersten Mal kennenlernt, ist alles darin für einen neu. Aber je weiter man sich vorarbeitet, desto mehr „alte Bekannte" trifft man wieder, und mit der Zeit bekommt man einen Überblick. So wird es Ihnen auch bei der Lektüre dieses Buches gehen: Sie werden mit der Zeit immer mehr Aha-Erlebnisse haben.

Daher kann ich Ihnen nur den Ratschlag geben, bei der Lektüre dieses Buches geduldig zu sein.

Nun noch etwas zum Buch selbst: Sie werden vielleicht versucht sein, zuerst das Kapitel „Chronologie" zu lesen, in der Hoffnung, da schon „in Kurzform" die Antworten auf die Frage zu finden, wer die Pandemie wie vorbereitet und umgesetzt hat. Leider muss ich Sie enttäuschen, denn das geht aus der Chronologie nicht hervor.

Um zu verstehen, wie die Pandemie vorbereitet und umgesetzt wurde, muss man sich anschauen, wer während der Pandemie welche Entscheidungen getroffen oder beeinflusst hat, erst dann wird es nicht nur verständlich, sondern sogar offensichtlich. Das aber geht aus der Chronologie nicht hervor. Außerdem sind die in der Chronologie aufgeführten Ereignisse für jeden unverständlich, der die vorherigen Kapitel nicht gelesen hat.

Zum Schluss noch ein Hinweis zu den Quellen. Unsere Quellen sind aus dem Internet, das hat den Nachteil, dass die angeführten Internetseiten später verändert oder vom Netz genommen werden können, was dazu führen kann, dass Sie beim Überprüfen der Quellen bemerken, dass da etwas anderes steht, als ich zitiert habe, oder dass die Seiten verschwunden sind. Das ist uns sogar während der Recherche passiert: Wir haben eine Seite angeschaut und im Buch zitiert, und ein paar Tage später war sie nicht mehr da.

Dafür habe ich einen Tipp: Nutzen Sie in solchen Fällen das Internetarchiv Wayback-Machine (https://archive.org/web/). Dort können Sie sehen, wie Seiten zu früheren Zeitpunkten ausgesehen haben, also auch vergleichen, wie sie verändert wurden. Und auch gelöschte Seiten kann man dort finden. Bedenken Sie dabei, dass ich dieses Buch im Oktober und November 2021 geschrieben habe. Sollte es Ihnen also passieren, dass Sie bei der Quellenprüfung etwas finden, was nicht mit dem hier Geschriebenen übereinstimmt, dann suchen Sie sich in der Wayback-Machine Versionen der entsprechenden Seite aus dieser Zeit heraus.

Damit genug der Vorrede, ich wünsche Ihnen eine interessante Lektüre und bin gespannt, ob Sie das, was ich hier zu Papier gebracht habe, beim Lesen genauso gruselig finden, wie ich es beim Schreiben gruselig fand.

Einleitung oder wichtige Informationen zum Verständnis

Auch wenn Sie neugierig sind, worum es in diesem Buch geht und Sie zu denen gehören, die eine Einleitung gerne überspringen, sollten Sie hier eine Ausnahme machen. Diese Einleitung ist wichtig für das Verständnis des Buches und um die Motivation des Autors, also meine Motivation, zu verstehen, dieses Buch zu schreiben.

Zu diesem Verständnis ist es wichtig, meine Positionen zum Beispiel zum Thema Impfungen zu kennen, zu wissen, woher ich mein Wissen nehme und wie es überhaupt dazu gekommen ist, dass ich diese Informationen über die Netzwerke, NGOs und Think Tanks zusammentragen und damit am Ende dieses Buch schreiben konnte.

Nehmen Sie sich daher unbedingt die Zeit, die Einleitung zu lesen, denn sie ist zum Verständnis dieses Buches und der Motivation seines Autors, das Buch zu schreiben, sehr wichtig.

Wie es zu diesem Buch gekommen ist

Ich betreibe eine medienkritische Internetseite[1], deren Themen sich jedoch nicht auf die kritische Beobachtung der Medien beschränken, sondern die auch (geo)politische Themen analysiert. Die Artikel, die ich dazu schreibe, sind daher oft sehr lang, denn wer (geo)politische Vorgänge verstehen will, der muss Zusammenhänge und auch die Interessen der handelnden Personen, Organisationen und Staaten kennen. Diese

1 www.anti-spiegel.ru

Geflechte, Interessen und Zusammenhänge aufzuzeigen, ist nun einmal umständlich und komplex.

Bei meinen Recherchen bin ich darauf gestoßen, welche Macht NGOs haben. Auf die NGOs und ihre Macht werde ich in der Einleitung zu den Kapiteln über NGOs eingehen, jetzt will ich nur vorausschicken, dass „**Nicht**-Regierungsorganisation", also „NGO", ein Sammelbegriff ist. NGOs werden in den Medien auch als „Thinktanks", „Stiftungen" oder „Foundations" bezeichnet. Das alles sind Begriffe für ein und dasselbe, aber dazu kommen wir im Kapitel „NGOs" noch im Detail.

Die Macht dieser NGOs war mir schon länger aufgefallen, und ich habe dazu ausführlich recherchiert, und am Ende habe ich darüber ein Buch mit dem Titel „Abhängig beschäftigt – Wie Deutschlands führende Politiker im Interesse der wirklich Mächtigen handeln" geschrieben[2].

Mit dem Journalisten Robert Stein mache ich außerdem alle zwei Wochen eine Sendung bei dem Internet-TV-Sender NuoViso, die sich „Tacheles mit Röper und Stein"[3] nennt und in der wir etwa zwei Stunden lang aktuelle geopolitische Themen aufarbeiten.

Während ich noch an dem Buch „Abhängig beschäftigt" gearbeitet habe, habe ich im Mai 2021 in einer der Sendungen die NGO Open Philanthropy erwähnt, die mir aufgefallen war und über die ich zum Zeitpunkt noch nicht viel wusste.

Ein paar Tage später bekam ich eine Mail, in der ein Zuschauer schrieb, er habe Informationen über die NGO und ob ich daran interessiert sei. Das war ich.

Dann schrieb mir der Mann, er sei IT-Spezialist und habe sich zu Beginn der Pandemie für die Rolle von NGOs bei der Pandemie interessiert. Dabei ist er auf ein Netzwerk gestoßen, das so groß ist, dass er

2 https://www.j-k-fischer-verlag.de/J-K-Fischer-Verlag/ABHAeNGIG-BESCHAeFTIGT--10566.html

3 https://nuoflix.de/

extra eine spezielle Software anschaffen musste, um eine Übersicht über die Menge von Daten zu bekommen.

Die Software zieht sich von den Seiten der NGOs automatisch Informationen darüber, mit wem sie kooperieren, wem sie Geld bezahlen und wer dort in leitender Funktion tätig ist. Außerdem stellt die Software mit Hilfe von Facebook und LinkedIn fest, ob und wie eng die handelnden Akteure miteinander verbunden sind. Dabei wird nicht nur geschaut, wer mit wem befreundet ist, sondern es wird auch geprüft, wie eng die Beziehung ist, indem die Zahl der vergebenen Likes oder gemeinsam besuchte Veranstaltungen und so weiter analysiert werden.

Die Software holt sich also Daten, die im Netz offen zugänglich sind, direkt von den Originalquellen. An den Daten ist nichts manipuliert. Die Daten werden dann in Excel-Tabellen oder Grafiken sichtbar gemacht, was bei teilweise hunderten oder gar tausenden Verbindungen auch nötig ist, wenn man einen Überblick bekommen möchte.

Da ich zu der Zeit an meinem Buch über NGOs gearbeitet habe, hatte ich reichlich Material, um zu überprüfen, ob ich einem Schwindler aufgesessen war. Wir haben fünf Stunden lang über Zoom gesprochen und er zeigte mir seine Software. Dabei habe ich ihn getestet und ihn gebeten, mit seiner Software vor meinen Augen die NGOs zu analysieren, die ich aus meiner Arbeit an meinem Buch gut kannte.

Das Ergebnis war verblüffend, denn was ich in langer Kleinarbeit über Jahre recherchiert hatte, zeigte mir die Software innerhalb von Sekunden. Damit wusste ich, dass ich auf einen wirklich interessanten Gesprächspartner mit unschätzbar wertvollen Informationen gestoßen war, denn er hatte bereits eine Datenbank mit rund 6.500 Personen, NGOs, Regierungsbehörden, Konzernen, Dokumenten und so weiter angelegt. Außerdem enthielt sie tausende Verbindungen zwischen den NGOs, staatlichen Stellen, Universitäten und Konzernen, die bei der Covid-19-Pandemie eine zentrale Rolle spielen.

Aus diesen Daten geht eindeutig hervor, dass diejenigen, die an der Covid-19-Pandemie das große Geld verdienen, also zum Beispiel Hersteller von Impfstoffen, aber auch viele andere Geschäftszweige, auch diejenigen waren, die im Vorwege die Vorbereitungen für den Umgang mit einer kommenden Pandemie geplant haben. Das verwundert noch nicht, denn man könnte denken, dass die ja das nötige Know-how haben und daher selbstverständlich über den Umgang mit einer zukünftigen Pandemie nachgedacht haben.

Allerdings zeigen die Daten noch mehr, denn die „Fachleute", auf die sich Regierungen während der Pandemie berufen haben und die damit letztlich die Entscheidungen über Maßnahmen wie Lockdown und andere Beschränkungen getroffen und auch darüber entschieden haben, welche Impfstoffe gekauft werden, standen alle schon sehr lange – teilweise seit Jahrzehnten – auf den Gehaltslisten derer, die während der Pandemie das Geschäft ihres Lebens gemacht haben. Immerhin hat die Pandemie diesen Leuten hunderte Milliarden Dollar für Impfstoffe, Schnell- und PCR-Tests und vieles andere in die Kassen gespült.

Wenn sich aber jemand (oder eine Gruppe) jahrelang auf etwas vorbereitet, mit sehr viel Geld Organisationen bezahlt und sich so Einfluss kauft, dann auch noch die eigenen Leute in Schlüsselpositionen bei den politischen Entscheidungsträgern bringt (oder sie gleich zu politischen Entscheidungsträgern macht), und wenn dieser jemand (oder diese Gruppe) anschließend das größte Geschäft macht, das es in der Weltgeschichte gegeben hat, dann glaube ich nicht an Zufälle. Wenn Milliarden eingesetzt und später zigmal mehr Milliarden verdient werden, dann wird genau geplant.

Diese – für viele völlig abwegige – These, die sich aus den Daten ergibt, werde ich in diesem Buch ausführen, und ich werde alles transparent mit Quellen belegen, die jeder überprüfen kann. Es ist faszinierend, wie offen zugänglich diese Informationen sind, aber wir werden im Laufe des Buches auch sehen, warum nicht einmal wirklich versucht wird, all das geheim zu halten.

Wenn Sie das Buch gelesen haben und nach Lust und Laune alle – oder auch nur stichprobenweise einen Teil der – angegeben Quellen überprüft haben, können Sie selbst entscheiden, ob Sie zu dem gleichen Schluss kommen wie mein Informant und ich.

Da mein Informant anonym bleiben möchte, werde ich ihn in diesem Buch Mr. X nennen.

Bevor wir zu der – zugegebenermaßen verrückt klingenden – Geschichte kommen, ist es noch wichtig, dass Sie wissen, wo Mr. X und ich politisch stehen und wie wir zum Beispiel über das Thema Impfen denken, das bei der Pandemie eine zentrale Rolle spielt.

Die Standpunkte von Mr. X und mir

Ich war früher, also bevor ich angefangen habe, eine medienkritische Seite zu betreiben, in der Wirtschaft tätig und habe Karriere gemacht. Ich habe Vorstandspositionen in internationalen Unternehmen der Finanzwirtschaft bekleidet. Ich war nie ein Linker oder Rechter, ich war, was politische Themen angeht, weitgehend in der sogenannten politischen Mitte verordnet.

Durch meine medienkritische Arbeit haben sich einige meiner Ansichten ein wenig verschoben. Heute würde ich mich als „konservativen Linken" bezeichnen, was bedeutet, dass ich in Fragen der Wirtschafts- und Sozialpolitik eher linke und soziale Positionen vertrete, in gesellschaftspolitischen Fragen jedoch eher „konservativ-bürgerlich" bin, wie man das früher bezeichnet hat.

Für Mr. X und seine politischen Ansichten gilt ungefähr das Gleiche. Wie auch ich war er nie politisch aktiv, er hat sich früher einmal im Rettungsdienst sozial engagiert und ist heute als auf seinem Spezialgebiet gefragter IT-Experte tätig. Er war vor der Pandemie ein unpolitischer Mensch.

Wir sind beide keine Impfgegner, wir leugnen nicht, dass es das Virus, das Covid-19 auslöst, gibt, wir leugnen nicht, dass Menschen an der Krankheit sterben. Wir sind also nicht das, was die Medien gerne als „Covid-Leugner" bezeichnen.

Zum Thema Impfen sei gesagt, dass wir der Meinung sind, dass Impfungen sinnvoll sind, wenn es sich um „echte" Impfungen handelt, bei denen ein abgeschwächter oder toter Krankheitserreger verabreicht wird, der das Immunsystem auf den Kontakt mit dem „echten" Krankheitserreger vorbereitet und so dafür sorgt, dass gefährliche Krankheiten ungefährlich werden. Ich erinnere daran, dass Impfungen dafür gesorgt haben, dass Krankheiten wie zum Beispiel Kinderlähmung oder die Pocken, die früher viel Leid verursacht haben, ohne Impfungen immer noch Geißeln der Menschheit wären. Aber heute weiß kaum noch jemand, dass es diese Krankheiten einmal gab und was sie angerichtet haben.

Leider – so meine Meinung – ist es ein Merkmal des westlichen Wirtschaftssystems, dass die Gesundheitsversorgung und vor allem die Entwicklung von Medikamenten finanziellen Prioritäten folgen. Die Chefs von Pharmakonzernen werden nicht danach bezahlt, ob sie eine Krankheit im Griff haben oder ob weniger Menschen krank werden. Sie werden nach dem Gewinn ihres Konzerns und nach der Entwicklung des Aktienkurses bezahlt. Das führt dazu, dass sie in erster Linie daran interessiert sind, Medikamente (und Impfstoffe) so billig wie möglich herzustellen und so gewinnbringend wie möglich zu verkaufen. Nach diesen Prioritäten treffen sie ihre Entscheidungen.

Das wiederum führt dazu, dass modernen Impfstoffen alles Mögliche beigemischt wird. Das können Konservierungsstoffe sein, die die Impfstoffe zwar länger haltbar machen, aber eben auch Nebenwirkungen hervorrufen (können). Das können aber auch sogenannte Adjuvantien sein. Adjuvantien sind Stoffe, die die nötige Menge des in einer Impfdosis enthaltenen Impfstoffes reduzieren, indem sie das Immunsystem gezielt reizen und so eine Wirkung auch mit weniger Impfstoff erreichen. Das spart Geld.

Leider sind diese Stoffe, wenn man sie direkt spritzt, aber auch riskant. Ein Beispiel dafür ist Aluminiumhydroxid, das als Adjuvans in Impfstoffen enthalten ist. Studien der Pharmaindustrie, die daran interessiert sind, Aluminiumhydroxid weiterhin einsetzen zu können, sagen zwar, dass die Verwendung von Aluminiumhydroxid ungefährlich ist, aber die Diskussionen gehen weiter. Impfnebenwirkungen durch Aluminiumhydroxid sind belegt, aber die Pharmaindustrie verweist darauf, dass diese nur Menschen mit Vorerkrankungen beträfen, also vertretbar seien.

Anstatt Impfstoffe teurer herzustellen, aber dafür sicherer zu machen, besteht die Pharmaindustrie auf dem Einsatz von Adjuvantien – es geht eben in erster Linie ums Geldverdienen und nicht um die Gesundheit. Und das zum Beispiel sehe ich kritisch, obwohl ich – das wiederhole ich – kein Impfgegner bin.

Man muss – so meine Meinung – also tiefer ins Detail einsteigen, wenn man ein Thema verstehen möchte. Impfungen finde ich generell sinnvoll, aber man muss nachschauen, was genau verimpft wird und was dem eigentlichen Impfstoff beigemischt wird.

Das ist, wie wir in diesem Buch sehen, eine der zentralen Fragen, denn bei der Covid-19-Pandemie geht es (inzwischen) in erster Linie darum, die ganze Welt mit bestimmten Impfstoffen zu impfen. Und ausgerechnet die Menschen, die an eben diesen ganz bestimmten Impfstoffen (und vielen anderen Aspekten der Pandemie) hunderte Milliarden verdienen, haben sich jahrelang auf eine Pandemie vorbereitet und von ihnen bezahlte „Fachleute“ in Schlüsselpositionen bei Regierungen platziert, wo diese „Fachleute“ für eben diese Maßnahmen und Impfstoffe werben, die ihren Finanziers das Geld in die Taschen spülen.

Das werde ich in diesem Buch versuchen zu belegen, und Sie können nach der Lektüre dieses Buches selbst entscheiden, ob Sie das genauso sehen.

Unsere Sicht auf die Pandemie

Als die Pandemie den Westen erreichte und im März 2020 die ersten Lockdowns beschlossen wurden, haben die führenden „Mainstream-Medien" das begrüßt und Covid-19 als hochgefährlich eingestuft und entsprechend berichtet.

Anders war es bei vielen sogenannten „alternativen Medien", von denen viele dazu eine ganz andere Meinung hatten. Da ich eine medienkritische Seite betreibe, ist es nicht überraschend, dass ich in den ersten Monaten der Pandemie von vielen Lesern heftig angegriffen wurde, denn ich habe kaum über die Pandemie berichtet und mich tendenziell so positioniert, die Maßnahmen der Regierungen grundsätzlich für sinnvoll zu halten, solange nicht bekannt ist, wie gefährlich Covid-19 wirklich ist.

Der Grund war, dass ich weder Mediziner noch Biologe bin, also die Fachartikel nicht ausreichend verstehen konnte, um einzuordnen, welche Seite Recht hat. Daher habe ich auf belastbare Zahlen gewartet, denn von Zahlen verstehe ich etwas. Zahlen und Statistiken waren über Jahrzehnte mein tägliches Handwerkszeug, weshalb ich geduldig auf offizielle und belastbare Zahlen – vor allem zur Übersterblichkeit – gewartet habe.

Diese Zahlen waren aussagekräftig, weil ich damit zum Beispiel Schweden, das keinen Lockdown gemacht hat, mit Ländern vergleichen konnte, die einen Lockdown durchgeführt haben. Wenn Covid-19 so gefährlich gewesen wäre, wie die „Mainstream-Medien" und die Politik behauptet haben, dann hätte man eine hohe Übersterblichkeit, ja ein regelrechtes Massensterben in Schweden beobachten müssen, das in anderen Ländern aufgrund des Lockdown verhindert werden konnte.

Als die Zahlen schließlich ab Juli oder August 2020 vorlagen, war aber nichts dergleichen zu sehen. Ja, es gab im Frühjahr 2020 eine hohe Übersterblichkeit in Schweden, die aber auch nicht höher war als bei einer schweren Grippewelle. Und vor allem sind in erster Linie Menschen gestorben, die sehr alt oder schwer krank waren und – so hart das klingt – leider nur noch wenige Monate zu leben hatten.

Und ab Spätsommer 2020 gab es in Schweden sogar eine leichte Untersterblichkeit, weil die im April und Mai „vorzeitig" Verstorbenen nicht mehr in der Statistik der Monate Juli oder August auftauchen konnten, weil sie einige Monate zuvor verstorben waren.

Was die schwedischen Zahlen aber nicht gezeigt haben, war die befürchtete Katastrophe[4].

Jeder hat ja so seine „Berufskrankheiten", denn womit man sich täglich beschäftigt, das geht einem in Fleisch und Blut über. Nach zwei Jahrzehnten in der Finanzwirtschaft, wo die wichtigsten Instrumente für die Arbeit Statistiken sind, habe ich ein sehr gutes Gespür für Zahlen entwickelt.

Aber wie das so ist, man denkt über Dinge, die für einen selbst offensichtlich sind, nicht weiter nach und meint, das müsste für alle anderen genauso offensichtlich sein. Das ist Quatsch, denn für einen Automechaniker sind völlig andere Dinge offensichtlich, die man mir stundenlang erklären müsste. Und so muss ich hier erklären, was für mich vollkommen offensichtlich ist, zum Beispiel für einen Automechaniker aber vielleicht nicht.

In meinem früheren beruflichen Leben musste ich oft Präsentationen halten, bei denen ich Statistiken nutzen musste. Und natürlich habe ich dabei, das ist normal, berücksichtigt, was ich mit meiner Präsentation erreichen wollte und die Zahlen entsprechend präsentiert.

Wenn es zum Beispiel um Fehlerquoten bei irgendetwas ging, was ich unwichtig fand, weil eine Verbesserung viel Arbeit gemacht hätte, der Effekt aber gering gewesen wäre, wäre ich wie folgt vorgegangen:

---

4 https://www.anti-spiegel.ru/2020/die-offiziellen-zahlen-der-who-und-die-zweite-welle-ja-wo-rollt-sie-denn/

Ich hätte gesagt, die Fehlerquote liegt bei fünf Prozent, das kann man vernachlässigen, denn es wäre ein Riesenaufwand, sie auf drei Prozent zu senken. Und fünf Prozent ist ja nicht viel.

Wenn ich aber der Meinung gewesen wäre, dass das ein wichtiges Problem ist, das man angehen muss, hätte ich das wie folgt präsentiert: Die Fehlerquote liegt bei sagenhaften 50.000 von einer Million Vorgängen, das ist ein großes Problem und wird auf Dauer viel Schaden anrichten!

Merken Sie etwas? Fünf Prozent klingt nicht nach sehr viel, 50.000 von einer Million klingt aber nach entsetzlich viel. Aber in beiden Fällen sind es fünf Prozent. Ich konnte mein Publikum, egal ob Mitarbeiter, Vorgesetzte oder Geschäftspartner, hervorragend mit der Art und Weise manipulieren, wie ich ihnen die fünf Prozent präsentiere.

Das gleiche Prinzip nutzen Politik und Medien, um die Menschen bei Corona zu manipulieren Die Sterblichkeit von Covid-19 weltweit liegt – egal, ob die Länder Lockdown hatten oder nicht – nach inzwischen anderthalb Jahren der Pandemie kumuliert bei insgesamt etwa 0,1 oder 0,2 Prozent, in einigen Ländern liegt sie leicht darunter, in anderen leicht darüber. Und 90 Prozent der Opfer sind über 70 Jahre alt und hatten schwere Vorerkrankungen.

Das klingt ganz objektiv nicht dramatisch, es sind aber die offiziellen Zahlen.

Aus irgendwelchen Gründen wollen Politik und Medien aber, dass die Zahlen dramatisch klingen. Also melden sie stattdessen, dass je nach Land zwischen 80 und 180 von 100.000 Menschen an Covid-19 sterben. Das klingt nach viel, denn wer möchte schon, dass 100 und mehr Menschen sterben? Das sind schließlich sehr viele, und es könnte ja mich oder meine Liebsten treffen. Nein, dann lasse ich mich besser impfen und ein Lockdown ist auch akzeptabel. So empfinden es viele Menschen.

Dabei ist es höchst ungewöhnlich, überhaupt etwas in soundso viel von 100.000 anzugeben. Normalerweise werden Zahlen entweder in Prozent angegeben, oder es wird für einfach gestrickte Menschen von soundso vielen von 100, im schlimmsten Fall von 1.000 gesprochen.

Das ist aber das Gleiche, es sind Prozentzahlen, sie werden nur für die Opfer der Bildungsmisere verständlicher ausgedrückt.

Aber was wäre, wenn man die Corona-Zahlen in soundso viele von 100, also in Prozent, ausdrücken würde? Es würde dann in den Medien heißen, dass niemand daran stirbt, weil 0,2 von 100 mathematisch gesehen nun einmal Null ist. Und wenn man es in soundso viele von 1.000 ausdrücken würde? Dann müssten die Medien melden, dass in Deutschland in 18 Monaten Pandemie (Stand Oktober 2021) gerade mal einer von tausend an oder mit Corona gestorben ist, und in Ländern, die es besonders schwer getroffen hat, wären es zwei pro tausend.

Das klingt nicht dramatisch, und wenn man den Menschen mit solchen Zahlen einen Lockdown schmackhaft machen wollte, dann würden sie fragen: „Seid ihr noch ganz dicht?"

Also spricht man stattdessen auch nicht von soundso viel von 10.000, auch diese Zahl wäre noch nicht überzeugend, es muss schon soundso viel von 100.000 sein, damit endlich einmal eine Zahl gemeldet werden kann, die auch nur halbwegs dramatisch klingt.

So funktioniert Manipulation mit Zahlen, und wie wirksam das ist, sehen wir seit fast zwei Jahren live und in Farbe.

Ich bin aufgrund der offiziellen Zahlen seit etwa August 2020 davon überzeugt, dass Covid-19 nicht viel gefährlicher ist als eine schwere Grippewelle, an der jedes Jahr zwischen 8.000 – und bei schweren Grippewellen – bis 35.000 Menschen in Deutschland sterben, ohne dass darüber täglich in der tagesschau berichtet wird.

Und ja: Ich weiß, Covid-19 ist keine Grippe, sondern eine andere Krankheit. Es geht hier nur um die Einstufung der Gefährlichkeit einer Infektionskrankheit, nicht darum, Covid-19 als eine Grippe zu bezeichnen.

Ich habe lange nicht verstanden, warum (und vor allem wie) eine – gemäß den offiziellen Zahlen – vergleichsweise harmlose Krankheit zur weltweiten Seuche aufgeblasen wurde. Diese Frage hat mir die Datenbank von Mr. X beantwortet, und nun beginnen wir endlich, uns das genauer anzuschauen, damit Sie entscheiden können, ob wir mit unserer Interpretation der Daten richtig liegen oder ob Sie zu einem anderen Schluss kommen.

Prolog

2009 machte die Schweinegrippe Schlagzeilen. Die WHO hatte sogar eine Pandemie ausgerufen, aber damals hatte das wenig Folgen. Die WHO hatte sogar ausdrücklich von Grenzschließungen oder der Einstellung des Flugverkehrs abgeraten, weil der Erreger dadurch nicht aufzuhalten sei, so die WHO damals.

Stattdessen wurde auf Impfungen gesetzt, und im Oktober 2009 waren in der EU Impfstoffe von GlaxoSmithKline, Baxter und Novartis zugelassen. Die Staaten haben Impfstoffe bestellt – alleine Deutschland hat damals 50 Millionen Impfdosen bestellt–, und die Medien haben wegen der angeblich gefährlichen Schweinegrippe in den Panikmodus geschaltet, wie viele sich sicher noch erinnern.

Als Epizentrum der Pandemie wurde Mexiko bezeichnet, und ich erinnere mich, dass ich damals einen Urlaub in Mexiko gebucht hatte und viele mich fragten, ob ich lebensmüde sei, jetzt dort hinzufliegen.

Am Ende war die Schweinegrippe vollkommen harmlos. 2012 haben Forscher analysiert, dass an der Schweinegrippe weltweit nur zwischen 105.700 und 395.600 Menschen verstorben sind[5], was weit weniger ist, als die normale alljährliche Grippewelle weltweit an Opfern fordert.

Aber die Staaten hatten hektisch Millionen von Impfdosen bestellt, die dann später vernichtet werden mussten, weil sich niemand gegen die Schweinegrippe impfen lassen wollte.

Die Pharmaindustrie hatte ein gutes Geschäft gemacht, denn sie hatte Millionen von Impfdosen verkauft. Eigentlich hätten die Pharmakonzerne sich darüber freuen müssen, dass es erstens keine ernste Krankheit gewesen ist und sie zweitens trotzdem Millionen verdient haben.

Aber so war es nicht, im Gegenteil.

---

5 https://pubmed.ncbi.nlm.nih.gov/22738893/

Ein Kernproblem des westlichen Systems ist es, dass die Pharmakonzerne gewinnorientiert sind. Sie treffen ihre Entscheidungen nicht danach, was den Menschen hilft, was sie gesünder macht, sondern nur danach, was den Konzernen mehr Geld und steigende Aktienkurse einbringt. Und diese beiden Dinge können nicht nur im Widerspruch zueinander stehen, sie stehen in der Praxis im Widerspruch zueinander.

Mit anderen Worten: Es liegt im Interesse der Pharmakonzerne, dass möglichst viele Menschen Krankheiten haben, gegen die sie Medikamente brauchen. Wenn alle Menschen gesund wären, könnte die Pharmaindustrie keinen Cent verdienen. Daher ist de facto nicht die Gesundheit der Menschen ihr Ziel, sondern der Verkauf von Medikamenten, Impfstoffen und so weiter. Damit diese Dinge gekauft werden, müssen jedoch möglichst viele Menschen krank sein oder zumindest glauben, krank zu sein.

Noch besser wäre aus Sicht der Pharmaindustrie, wenn alle Menschen große Angst vor bestimmten Krankheiten hätten und sich jedes Jahr impfen lassen würden, um nicht krank zu werden. So würden die Pharmakonzerne die größtmöglichen Gewinne machen.

Und genau diesen Gedanken hatten die Pharmakonzerne spätestens nach der Schweinegrippe 2009/2010. Sie hatten auf das wirklich große Geschäft gehofft, und die Impf-Unlust der Menschen hat sie sehr geärgert.

Diese Aussage entspringt nicht meiner Fantasie, sie lässt sich belegen.

2010, als bereits klar war, dass die Schweinegrippe harmlos gewesen ist, hat eine gewisse Heidi Larson die NGO „Vaccine Confidence Project“ gegründet, die ihren Sitz bei der London School of Hygiene and Tropical Medicine hat. Ziel der NGO war es, den Menschen die Zweifel an Impfungen zu nehmen. Offiziell ging es dabei um Impfungen in der Dritten Welt, wie zum Beispiel Polioimpfungen.

Aber das war nur Ablenkung, denn in Wahrheit ging es um Impfungen insgesamt und vor allem um eine neue Pandemie. Das Ziel war es, die generelle Impfbereitschaft zu erhöhen, damit so ein Fiasko wie mit der Schweinegrippe sich nicht wiederholt, an der die Konzerne nicht das Geld verdient haben, was sie hätten verdienen können, wenn die Menschen impfbereiter gewesen wären.

Mitgründer von Frau Larsons NGO waren unter anderem Pharmakonzerne wie GlaxoSmithKline[6], der einen Schweinegrippeimpfstoff entwickelt hatte, den aber nicht so gut verkaufen konnte wie gewünscht. Außerdem waren auch Lobbyverbände der Pharmaindustrie und zum Beispiel die Europäische Kommission mit an Bord. Partner der NGO von Frau Larson sind weitere transatlantische NGOs wie das Chatham House, aber auch Facebook und die WHO, das RKI und die Charité. Frau Larson ist bestens vernetzt.

Meine Formulierung, dass es bei dem Projekt, das Frau Larson mit der Pharmaindustrie ins Leben gerufen hat, nur darum ging, die Impffreudigkeit der Menschen gegen harmlose Krankheiten wie die Schweinegrippe zu erhöhen und vor allem aus der Schweinegrippe zu lernen, wie man beim nächsten Mal ein größeres Geschäft mit einer Pandemie machen kann, kommt nicht von ungefähr. Im Netz und auf den Seiten entsprechender Organisationen sind viele Präsentationen und Vorträge von Frau Larson vor Vertretern der Pharmaindustrie und Pharmalobbyisten zu finden. Auf eine dieser Präsentationen werden wir stellvertretend für viele andere gleich eingehen.

Zunächst müssen wir uns überlegen, welche Fragen sich die Pharmaindustrie damals gestellt hat. Ihr erklärtes Ziel war es, aus den „Fehlern“ der Schweinegrippepandemie zu lernen, um beim nächsten Mal das große Geschäft zu machen.

Dazu reicht es aber nicht aus, dass man die Menschen mit Impfpropaganda berieselt, das würde die Impfquote bei der nächsten Schweinegrippe kaum nennenswert erhöhen. Im Idealfall müsste man es irgendwie hinbekommen, dass Staaten bei der nächsten Pandemie eine Impfpflicht

6 https://www.vaccineconfidence.org/partners-funders

einführen, wenn man die maximal mögliche Menge an Impfstoffen verkaufen möchte.

Also stellte man sich die Frage, wie man das erreichen könnte.

Dazu hat Frau Larson zum Beispiel 2013 zusammen mit einer Kollegin eine Präsentation gehalten, die man auf der Seite der WHO findet[7], was ausgesprochen vielsagend ist, wie wir an der Rolle der WHO noch sehen werden. Nur auf den ersten beiden der insgesamt 15 Seiten der Präsentation ging es um Impfungen gegen Polio oder Tetanus, die angeblich das Hauptanliegen des von Frau Larson gegründeten Vaccine Confidence Projects waren.

Danach ging es nur noch um die Schweinegrippe und die verpassten Chancen und um Ideen, wie man das beim nächsten Mal besser machen könnte. Die Impfunlust bei der Schweinegrippe wurde beklagt, und dann wurde darüber gesprochen, wie man „*Impfzweifeln rechtzeitig entgegenwirken und einen Verlust der öffentlichen Überzeugung von Immunisierung vermeiden*“ kann.

Explizit wurde festgestellt, dass Überzeugungsarbeit („*das Kommunizieren von Problemen*“) nicht ausreichend ist, denn „*nicht alle Probleme liegen in der Kommunikation oder sind durch Kommunikation zu lösen*“. Hier wurde also angedeutet, dass es auch Druck oder gar Zwang brauche, weil Reden und Überzeugen nicht ausreichen.

Nur zur Erinnerung: Der Grund für den Aufwand war die vollkommen harmlose Schweinegrippe. Frau Larson und ihr Publikum haben sich nicht darüber gefreut, dass die Krankheit harmlos war, sie haben sich darüber geärgert, zu wenig an ihr verdient zu haben.

In ihrer Präsentation ging Frau Larson dann auf die Medien ein, analysierte Medienberichte nach verschiedenen Ländern und Regionen danach, wo über welche Impfungen positiv und über welche negativ berichtet wurde. Frau Larson und ihre Kollegen sind vorgegangen wie bei

7 https://www.who.int/influenza_vaccines_plan/news/Elizabeth_Eckersberger_London_School.pdf

einer Generalstabsplanung, und sie haben alle Faktoren berücksichtigt und genauestens analysiert.

Sie ging noch auf die Notwendigkeit ein, auch die sozialen Medien genau zu überwachen und stellte verschiedene Thesen zur Diskussion.

Die Präsentation endete mit folgendem Bild.

Quelle: www.who.int/influenza_vaccines_plan/news/Elizabeth_Eckersberger_London_School.pdf/Herald Tribune

Auf dem Bild stellt man sich beim Weltwirtschaftsforum die Frage „Was ist die nächste Krise, die wir nicht vorhersehen und die wir komplett verpassen werden?“, und die Antwort ist „Wir wissen es nicht“

Frau Larson hat Humor, denn ihre Zuhörer haben natürlich verstanden, dass der Text aus ihrer Sicht lauten müsste: „Was ist die nächste Krise, an der wir **nicht** teilhaben und die wir komplett verpassen werden?“

Dass das so gemeint war, zeigt die Wortwahl, denn das englische Wort „anticipate“ bedeutet „vorhersehen“, während das englische Wort „participate“ auf Deutsch „teilhaben“ bedeutet. Es war also ein Wortspiel, und es ging im Klartext um die Frage, wie die Pharmaindustrie in Zukunft mit Impfstoffen bei einer (harmlosen) Pandemie das wirklich große Geld verdienen könnte.

Nun spinnen wir die Idee einmal weiter, immerhin hat die Pharmaindustrie mit der NGO von Frau Larson und anderen ähnlichen NGOs viele Jahre über diese Frage nachgedacht. Tun wir das also auch einmal kurz.

Was bräuchten wir als Pharmaindustrie, um maximalen Profit aus einer Pandemie zu schlagen? Wir bräuchten:

Erstens: eine Presse, die die Pandemie als die ultimativ-gefährliche Seuche darstellt.

Zweitens: Regierungen, die mitspielen und den Druck erhöhen. Sei es durch Verbote, Dinge wegen der Ansteckungsgefahr zu tun, damit alle Menschen (auch die, die keine Nachrichten schauen) die Gefahr **spüren**, denn wir erinnern uns: Kommunizieren alleine reicht nicht. Und im besten Falle führen die Regierungen dann auch noch eine Impfpflicht ein, die uns, also der Pharmaindustrie, unsere Profite endgültig sichert.

Drittens: Wenn wir noch so richtig träumen wollen, dann könnten wir uns auch noch wünschen, dass wir die Staaten dazu bekommen, uns die Entwicklungskosten der Impfstoffe zu erstatten.

All das ist bei Covid-19 eingetroffen, sogar die Entwicklungskosten haben die Staaten übernommen und dann auch noch eine Haftungsbeschränkung im Falle von Impf-Nebenwirkungen ausgesprochen.

Das ist keine Übertreibung von mir, denn schon Anfang Mai 2020 gab es eine „Geberkonferenz" der EU, bei der Geld für den Kampf gegen Covid-19 gesammelt wurde, und der Spiegel schrieb[8]:

„Mit einem Beitrag von einer Milliarde Euro trägt die EU-Kommission selbst einen großen Anteil dazu bei. Weitere Großspenden kommen etwa aus Deutschland (525 Millionen Euro), Frankreich (500 Millionen

8 https://www.spiegel.de/ausland/corona-krise-geberkonferenz-sammelt-7–4-milliarden-dollar-fuer-impfstoff-ein-a-5ed7c1d4–1853–4313–8428-cbb5062f9d34

Euro), Großbritannien (umgerechnet 442 Millionen Euro) und Kanada (umgerechnet 780 Millionen Euro). Die Bill-und-Melinda-Gates-Stiftung sagte 100 Millionen Euro zu, Italien 140 Millionen Euro (…) Dutzende Länder haben gemeinsam 7,4 Milliarden Euro für die Entwicklung eines Impfstoffs gegen das Coronavirus zugesagt (…) Ziel der Initiative ist, dass alle Kräfte für die Forschung an Impfstoffen und Arzneien gebündelt werden und alle Länder weltweit – auch ärmere – davon profitieren.“

Wir wissen heute, dass die 7,4 Milliarden Euro zwar eingesammelt wurden und dass ein Teil des Geldes an die Pharmakonzerne gegangen ist, damit sie die Impfstoffe entwickeln, aber die Erklärung, es sei darum gegangen, dass auch ärmere Länder davon profitieren können, war Unsinn. Während ich diese Zeilen im Oktober 2021, also anderthalb Jahre nach der Geberkonferenz, schreibe, haben die ärmeren Länder noch immer kaum Impfdosen bekommen, während die Menschen im Westen weitgehend geimpft sind und schon „geboostert“ werden. Es ging von Anfang an nicht um die ärmeren Länder oder Ähnliches, es ging darum, Geld für Big Pharma einzusammeln. Und das hat geklappt. Wenn möglich, wird auch die Dritte Welt noch durchgeimpft, das bringt natürlich noch mehr Geld ein, aber die armen Länder hatten nie Priorität. Priorität hatte das Geld für die Pharmaindustrie.

Ein weiterer Teil der 7,4 Milliarden, der nicht in die Impfstoffentwicklung geflossen ist, wurde den Pharmakonzernen ab August 2020 als Vorkasse für Vorbestellungen der noch nicht einmal entwickelten Impfstoffe überwiesen. In einer Pressemeldung der EU-Kommission[9] zu einem der Verträge mit den Impfstoffherstellern hieß es:

„Um die hohen Risiken der Hersteller auszugleichen, sehen die erweiterten Kaufvereinbarungen vor, dass die Mitgliedstaaten den Hersteller für die Haftung entschädigen, die unter diesen besonderen Bedingungen entstanden sind.“

---

9 https://ec.europa.eu/commission/presscorner/detail/en/IP_20_1524

Auch wenn es damals noch umständlich formuliert war, wurde Anfang 2021 bekannt, dass diese Passage bedeutet, dass die Impfhersteller nicht nur von der Haftung für Nebenwirkungen befreit wurden, sondern sogar von der Haftung bei verspäteter Lieferung und vielem mehr.

Ob Zufall oder nicht: Die Covid-19-Pandemie ist zum Rundum-Wohlfühlprogramm für die Impfstoffhersteller geworden, das wohl deren kühnste Träume noch übertroffen hat, denn es gab Vorkasse, es gab Haftungsbefreiung, und wenn ein Konzern, der von der EU mit Geldern zur Impfstoffentwicklung bedacht wurde, an der Entwicklung eines Impfstoffes scheitern sollte, konnte er das Geld trotzdem behalten, obwohl er gar keine Impfstoffe geliefert hatte. Es gab einfach alles, was man sich nur wünschen konnte.

Die These von Mr. X und mir ist, dass das kein Zufall war, sondern dass das von langer Hand geplant wurde und dass all die Konferenzen, Vorträge und Präsentationen, von denen von Frau Larson nur eine unter vielen war, dazu abgehalten wurden, um das zu planen, vorzubereiten und dann mit Hilfe von an Schlüsselpositionen platzierten Regierungsberatern auch umzusetzen.

Die Daten von Mr. X zeigen unserer Meinung nach auf, wie das erreicht wurde. Aber bevor wir endlich zu den Daten von Mr. X kommen, müssen wir uns zunächst noch anschauen, was NGOs genau sind, denn es wird danach fast nur noch um NGOs gehen, und damit verständlich wird, was wir entdeckt haben, müssen wir uns zuerst die Besonderheiten und Vorgehensweise von NGOs anschauen.

NGOs, Philanthropen und Oligarchen

Da NGOs in diesem Buch eine zentrale Rolle spielen, müssen wir uns, bevor wir endlich „zur Sache“ kommen, noch kurz damit beschäftigen, was NGOs eigentlich sind und wie sie funktionieren.

Nehmen wir an, Sie hätten eine große Firma, die Millionen oder Milliarden an Gewinnen macht. Sie müssten dann auch Millionen (oder gar Milliarden) an Steuern zahlen, und das finden Sie doof. Was also tun?

Ganz einfach: Sie gründen eine Stiftung (Foundation) und überführen Ihr Vermögen in diese Stiftung. Die Stiftung ist von der Steuer befreit, und Sie haben Millionen oder Milliarden an Steuern gespart, die Sie sonst jährlich zahlen müssten.

Der Nachteil ist, dass Ihnen das Geld nicht mehr gehört, es gehört der Stiftung. Das ist aber kein Problem, denn wichtig ist nicht, wem das Geld gehört, sondern wer darüber verfügen darf. Ein Beispiel: Wenn Sie in den Urlaub auf die Malediven wollen, dann ist das nun kein Urlaub mehr, sondern eine Studienreise oder eine Dienstreise zur Förderung der Völkerverständigung, und die Stiftung bezahlt die Reise.

Münzen wir das einmal auf uns Normalverbraucher um. Stellen Sie sich vor, Sie könnten eine Stiftung gründen, der Sie Ihr Gehalt abtreten können. Die Stiftung würde Ihr Gehalt bekommen, müsste aber keine Steuern und Sozialabgaben darauf abführen, es wäre brutto für netto. Und dann wäre der Stiftungszweck die Förderung Ihrer Familie, das heißt, Sie könnten Ihr Gehalt, das nicht mehr Ihnen, sondern der Stiftung gehört, trotzdem ausgeben, wofür Sie wollen. Und zwar Ihr Bruttogehalt, nicht nur das, was Sie jetzt netto bekommen.

Wie wäre das?

Nun laufen Sie aber nicht gleich zum Steuerberater, denn diese Möglichkeit haben nur die Reichen und Mächtigen, Sie müssen weiterhin Steuern zahlen. Dumm gelaufen eben.

Im richtigen Leben haben Bill Gates, George Soros, Rockefeller und all die anderen „Wohltäter" genau das getan: Sie drücken sich vor den Steuern und nutzen ihr Geld für politischen Einfluss.

Als Soros mit all seinen Stiftungen nach dem Maidan 2014 dafür gekämpft hat, die Ukraine vor der Pleite zu retten, da ging es ihm neben politischen Zielen vor allem um fünf Milliarden Dollar. Er hatte nämlich fünf Milliarden Dollar in ukrainische Staatsanleihen investiert, und wäre die Ukraine zahlungsunfähig geworden, wären die fünf Milliarden weg gewesen. Gut, dass Soros sich seit 1993 mit seiner Open Society Foundation genug politische und mediale Macht gesichert hat, um für „Demokratie" in der Ukraine zu trommeln und dafür, dass die EU das Land mit Milliarden an Steuergeldern vor der Pleite rettet. Die EU hat die Ukraine in den folgenden Jahren mit weit über zehn Milliarden Euro unterstützt, um die fünf Milliarden von Soros zu retten und politischen Einfluss auf die Ukraine zu bekommen.

Und Bill Gates, der angeblich mit vollen Händen sein Geld ausgibt, um die Welt vor allem Möglichen zu retten und die Armut zu bekämpfen, macht nichts anderes. Er hat sein Vermögen in eine Stiftung überführt, die Bill & Melinda Gates Foundation, und zahlt nun praktisch keine Steuern mehr.

Und obwohl Gates, wenn wir den Medien glauben wollen, sein Geld mit vollen Händen zur Rettung der Welt ausgibt, wird er (oder besser seine Stiftung) immer reicher. Er hat seine Stiftung 1999 gegründet, 2001 hatte er ein Vermögen von ca. 55 Milliarden Dollar. Heute ist es mehr als das Doppelte, fast 130 Milliarden Dollar.

Bill Gates hat es also geschafft, sein Vermögen mit vollen Händen für die Rettung der Welt zu spenden, aber trotzdem sein Vermögen zu verdoppeln. Wie geht das?

Ganz einfach: Den allergrößten Teil seines Geldes hat er nicht gespendet, sondern investiert. Er hat Aktien von Firmen wie BioNTech oder Pfizer gekauft, und wenn die Firmen Gewinn machen, dann verdient Bill Gates nicht nur an den Gewinnen mit, sondern auch an den Kursgewinnen an der Börse. Wenn wir uns später in diesem Buch die Bill & Melinda Gates Foundation anschauen, werden wir sehen, wo er investiert ist, und natürlich werde ich die Quelle nennen, damit Sie nach Lust und Laune auf der Seite der Gates Foundation nachschauen können, woran der Mann verdient.

Das ist keine Eigenart von Bill Gates, es ist der Sinn von Stiftungen, das Stiftungsvermögen zu bewahren und zu mehren. Der Zweck von Stiftungen ist nicht, das Vermögen zur Rettung der Welt auszugeben.

Bill Gates spendet natürlich auch Geld. Aber nur, wenn es seinen Investments hilft, nicht, um die Welt zu retten. Bei den Spenden, die Stiftungen tätigen, handelt es sich im Grunde um Werbungskosten für das große Ziel.

Sie spenden an eine Universität, allerdings ist das keine echte Spende, sondern damit werden zum Beispiel Studien finanziert, die das bestätigen, was der Geldgeber hören möchte. Oder sie spenden an Medien, die dann positiv über das Thema berichten (ja, das ist tatsächlich so, wie viel Geld Bill Gates alleine den Medien gespendet hat, werden wir in den Kapiteln über die Rolle der Medien noch sehen).

Sie gründen auch Tochterstiftungen, die sie mit Geld versorgen, was auch wieder als Spende bezeichnet wird, obwohl die Tochterstiftung den Großteil des Geldes ebenfalls investiert und keineswegs spendet. Oder sie verwendet das Geld, um gezielt Lobbyarbeit für die Ziele der Mutterstiftung und ihres Gründers zu machen. Aber all das wird als Spende bezeichnet.

Als Bill Gates 2019 Aktien der kleinen und unbekannten Firma BioNTech gekauft hat, da hieß es in den Medienberichten darüber, Bill Gates unterstütze eine vielversprechende Firma finanziell. Das ist Blödsinn, es war ein Investment und keine Spende, wie die Medienberichte suggeriert haben. Wenn jemand Aktien kauft, ist er kein Spender, sondern ein Investor, der darauf setzt, dass die Firma in der Zukunft Gewinne macht und dass die Aktienkurse steigen werden.

Und als Bill Gates im Mai 2020 bei der Geberkonferenz der EU 100 Millionen gespendet hat, war das reine PR, denn Bill Gates wusste, dass ein sehr großer Teil der insgesamt 7,4 Milliarden wieder an ihn zurückfließen würde, weil Pfizer und BioNTech einen Großteil aus diesem Topf bekommen würden, und an beiden Firmen ist Bill Gates beteiligt. Heute wissen wir, dass BioNTech und Pfizer den Löwenanteil des Geldes bekommen haben. Mehr noch: Die EU hat im Mai 2021 bekanntgegeben, nur noch die Impfstoffe von BioNTech/Pfizer zu kaufen und auch gleich eine Bestellung über 1,8 Milliarden Impfdosen verkündet[10]. Bei dem geschätzten Preis von knapp 20 Dollar pro Impfdosis überweist die EU 36 Milliarden Dollar an Pfizer und BioNTech. Da kann man vorher aus PR-Gründen auch mal 100 Millionen spenden, das gibt ordentlich gute Presse und das Geld kommt ja eh wieder zurück.

Das sollte als Einführung zum Thema NGOs und ihre Vorgehensweise reichen, auch wenn ich darüber viel mehr schreiben könnte. Wenn Sie sich für mehr Details über NGOs, ihre Macht und ihr Vorgehen interessieren, lege ich Ihnen – ganz uneigennützig natürlich – mein Buch „Abhängig beschäftigt" ans Herz, in dem ich sehr detailliert über die Macht berichte, die die NGOs im Westen haben.

Abschließend möchte ich noch auf eine Begriffserklärung eingehen, denn Bill Gates und andere werden in den Medien immer als „Philanthropen" bezeichnet, also als Menschen, die selbstlos Gutes tun. Der Begriff ist objektiv nicht korrekt.

Ich werde stattdessen von „Oligarchen" sprechen, was für viele Leser erst einmal ungewohnt sein dürfte. Der Grund ist die Definition. Das

10 https://ec.europa.eu/commission/presscorner/detail/en/ip_21_2548

deutsche Wörterbuch definiert den Begriff des Oligarchen kurz und knapp[11]: *„jemand, der mit wenigen anderen die politische Herrschaft ausübt“*

Bei Wikipedia[12] ist die Definition detaillierter:

„Ein Oligarch (von altgriechisch ὀλίγοι olígoi „wenige, Minderheit“ [Plural zu ὀλίγος olígos „gering, wenig“] und ἄρχων archon „Herrscher, Führer“) ist ein Wirtschaftsmagnat oder Tycoon, der durch seinen Reichtum über ein Land oder eine Region weitgehende Macht zu seinem alleinigen Vorteil ausübt.“

Da die Daten von Mr. X unserer Meinung nach zeigen, dass Bill Gates und die anderen Personen, die Sie in den folgenden Kapiteln kennenlernen werden, ganz eindeutig *„durch ihren Reichtum Macht über eine Region ausüben“* (nämlich über den Großteil der Welt), ist es nur konsequent, diese Herrschaften als das zu bezeichnen, was sie sind: Sie sind Oligarchen.

Liebe Leser, ich danke Ihnen für die Geduld, denn das war eine sehr lange Vorrede, die aber zum Verständnis nötig war. Aber ab jetzt geht´s endlich zur Sache!

Open Philanthropy

Open Philanthropy ist eine NGO, die von Dustin Moskovitz, einem der Gründer von Facebook, und dessen Frau Cari Tuna gegründet wurde. Moskovitz hat schon 2011 seine erste NGO mit dem Namen Good Ventures gegründet, die 2012 eine Kooperation mit der NGO GiveWell einging. Das offiziell verkündete Ziel dieser NGOs lautete[13]:

11 https://www.dwds.de/wb/Oligarch

12 https://de.wikipedia.org/wiki/Oligarch

13 https://blog.givewell.org/2012/06/28/givewell-and-good-ventures/

„Sowohl Good Ventures als auch GiveWell sind bestrebt, aus einer global-humanitären Perspektive so viel Gutes wie möglich zu tun."

Die Washington Post schrieb 2014 einen langen Artikel über das Ehepaar und deren Bestreben, Gutes zu tun, und unter anderem hat die Zeitung die Ziele des Paares so beschrieben[14]:

„Sie hatten wenig Erfahrung mit Philanthropie, aber sie glaubten, dass der Großteil des Geldes, das Moskovitz verdient hatte – laut Forbes schätzungsweise 8,1 Milliarden Dollar – noch zu ihren Lebzeiten an die Gesellschaft zurückgegeben werden sollte."

Wir sehen also das im Kapitel über NGOs beschriebene Narrativ, dass die Milliardäre dieser Welt ihr Vermögen ganz selbstlos an Stiftungen übergeben, weil sie ihr Vermögen mit vollen Händen zum Wohle der Menschheit ausgeben möchten. Trotzdem hat Moskovitz sein Vermögen, seit er angefangen hat, es mit vollen Händen zum Wohle der Menschheit zu verschenken, vervielfacht, anstatt es „an die Gesellschaft zurückzugeben". Laut Bloomberg ist sein Vermögen von den in der Washington Post im Jahre 2014 erwähnten 8,1 Milliarden Dollar bis Ende September 2021 auf fast 28 Milliarden Dollar angewachsen[15].

Open Philanthropy war das Dach, unter dem die Good Ventures und GiveWell zusammenarbeiteten, aber seit 2017 arbeitet Open Philanthropy unabhängig von GiveWell und wird von Moskovitz kontrolliert.

In Wahrheit ist Open Philanthropy nicht eine NGO, sondern es sind drei NGOS. Das Open Philanthropy Project (OPP)[16] ist die Organisation, die Gelder einsammelt, die dann über den Open Philanthropy Project Fund (OPPF)[17] verteilt werden. Außerdem gibt es noch den

14 https://www.washingtonpost.com/business/billionaire-couple-give-plenty-to-charity-but-they-do-quite-a-bit-of-homework/2014/12/26/19fae34c-86d6–11e4-b9b7-b8632ae73d25_story.html

15 https://www.bloomberg.com/billionaires/profiles/dustin-a-moskovitz/

16 https://www.influencewatch.org/non-profit/open-philanthropy-project/#child-orgs

17 https://www.influencewatch.org/non-profit/open-philanthropy-project-fund/#connected-people

Open Philanthropy Action Fund (OPAF)[18], das ist der „politische Arm" von Open Philanthropy, der für die entsprechende Lobbyarbeit sorgt, damit die Projekte von Open Philanthropy Erfolg haben und sich die getätigten Investments auszahlen.

2019 hatte Open Philanthropy eine gute Idee und hat im Januar 2019 die Gründung einer Firma namens Sherlock Biosciences ermöglicht. Open Philanthropy ist der Hauptinvestor der Firma und hat ihr außerdem eine Spende in Höhe von 17,5 Millionen Dollar zukommen lassen. Der Zweck der Spende vom Januar 2019 war[19]:

„Unterstützung der Entwicklung einer Diagnoseplattform zur Identifizierung aller in einer Patientenprobe vorhandenen Viren."

Das Investment und die Spende haben sich gelohnt, denn Sherlock war 2020 die erste Firma, die in den USA die Zulassung für einen CRISPR-basierten Test für Covid-19 erhielt[20]. CRISPR sind Abschnitte sich wiederholender DNA, die im Erbgut von Krankheitserregern auftreten.

Ich habe behauptet, dass der Open Philanthropy Action Fund (OPAF) der „politische Arm" der Organisation ist und Lobbyarbeit macht. Das lässt sich aus Dokumenten des US-Senat belegen, denn OPAF hat im Jahr 2021 Lobby-Firmen 110.000 Dollar für Lobbyarbeit im Zusammenhang mit der Erhöhung der staatlichen Ausgaben für die Pandemieprävention und für den Einsatz von COVID-19-Schnelltests gezahlt[21] [22] [23].

18 https://www.influencewatch.org/non-profit/open-philanthropy-action-fund/#lobbying

19 https://www.openphilanthropy.org/focus/scientific-research/sherlock-biosciences-research-viral-diagnostics

20 https://sherlock.bio/crispr-sars-cov-2/

21 https://lda.senate.gov/filings/public/filing/e95682d8-d82a-4398-a476-a947d624969d/print/

22 https://lda.senate.gov/filings/public/filing/44c61f53-cb50–41d9-ac3c-91c9967887cc/print/

23 https://lda.senate.gov/filings/public/filing/a2c540cf-38e6–4bf7–9563-d487a27729c6/print/

Open Philanthropy hat also 2019 als Investor die Gründung von Sherlock ermöglicht, der Firma 17,5 Millionen Dollar für ihre Forschung gespendet, und ausgerechnet diese Firma hat dann die Zulassung für den ersten CRISPR-basierten Test für Covid-19 erhalten – und Open Philanthropy hat den Erfolg des Projekts per Lobbyarbeit im US-Senat gesichert.

Open Philanthropy ist auch ein führender Förderer der Forschungen des Institute for Protein Design an der University of Washington. Im Westen läuft es – vereinfacht gesagt – in der Praxis so, dass diejenigen, die Forschungen an Universitäten und Instituten bezahlen, im Erfolgsfall anschließend die aus der Forschungsarbeit resultierenden Patente anmelden. Auch hier geht es also um Geld, denn Patente sind wertvoll.

Open Philanthropy hat das Institute for Proteine Design im November 2017 mit einer großzügigen Spende in Höhe von fast 11,5 Millionen Dollar bedacht. Der Zweck der auf fünf Jahre angelegten Spende war[24]:

„*Unterstützung der Forschungsarbeiten von Professor David Baker und seinen Mitarbeitern zur Entwicklung eines universellen Grippeimpfstoffs und zur Förderung verbesserter Methoden für die Entwicklung von Proteinen zur Behandlung von Krankheiten am Computer.*"

Man könnte diese Liste fortsetzen, denn die Open Philanthropy hat die Forschungsarbeit an Impfstoffen, Diagnosesystemen und Medikamenten über viele Wege unterstützt und ist auch in den entsprechenden Firmen investiert, die dann an den Forschungsergebnissen Geld verdienen.

Wie gesagt hat sich Open Philanthropy 2017 von GiveWell getrennt und arbeitet seitdem selbständig, und eines der erklärten Ziele von Open Philanthropy war von Anfang an:[25]

„*Biosicherheit und Pandemievorbeugung*"

---

24 https://www.openphilanthropy.org/focus/scientific-research/miscellaneous/university-of-washington-universal-flu-vaccine

25 https://www.openphilanthropy.org/focus/global-catastrophic-risks/biosecurity

Daher sollten wir uns anschauen, mit wem Open Philanthropy auf dem Gebiet seit wann zusammenarbeitet und was genau gefördert wurde. Wenn wir uns das anschauen, und das in den nächsten Kapiteln auch mit anderen NGOs tun werden, dann werden wir feststellen, dass es dabei Schnittmengen gibt, die über die Arbeit an Pandemien und deren Vorbeugung hinausgehen. Oft werden wir sehen, dass diese NGOs auch sehr aktiv in der Malaria-Forschung sind und dass sich viele von ihnen mit der Forschung an künstlicher Intelligenz beschäftigen.

So finanziert die Open Philanthropy zum Beispiel die National Academies of Sciences, Engineering, and Medicine. Die erste Förderung in Höhe von 1,2 Millionen Dollar aus dem Jahr 2016 betraf die Malaria-Forschung, wobei der Zweck der Formulierung lautete[26]:

„Unterstützung bei der Entwicklung eines Konsensverfahrens für Feldversuche mit modifizierten Stechmücken mit Transgenen"

2017 hat Open Philanthropy eine Konferenz der National Academies of Sciences, Engineering, and Medicine mit fast einer halben Million Dollar finanziert, deren Thema die Pandemie-Vorbeugung war.

Die Malaria-Forschung, die von vielen der in diesem Buch behandelten NGOs gefördert wird, erscheint mir nur ein Vorwand zu sein, denn es geht dabei meist um Grundlagenforschung, deren Ergebnisse sich auf vielen Gebieten einsetzen lassen. Daher erscheint es mir, als werde manche moralisch fragwürdige Forschung hinter dem vorgeblichen Kampf gegen die Malaria versteckt.

Das gilt zum Beispiel für die Forschung am sogenannten „Gene Drive". Dabei handelt es sich um Methoden zur beschleunigten Ausbreitung von Genen in Populationen. Während ein Gen, das nur einmal im Genom vorkommt, normalerweise an 50 Prozent der Nachkommen weitergegeben wird, sind es beim Gene Drive 100 Prozent.

26 https://www.openphilanthropy.org/focus/scientific-research/miscellaneous/foundation-national-institutes-health-working-group

Im Klartext geht es um die Frage, wie man Lebewesen genetisch so verändern kann, dass sie in Zukunft bestimmte Gene weitergeben, es geht um die genetische Manipulation von Lebewesen.

Diese Forschung würde sicherlich von vielen als ethisch mindestens bedenklich eingestuft werden, daher braucht man einen guten Grund, um daran zu forschen. Und diesen Grund bietet die Malaria, denn es wird daran geforscht, wie man die Mücken, die Malaria verbreiten, genetisch so verändern kann, dass zukünftige Generationen der weiblichen Mücken unfruchtbar sind und die Mücken – und mit ihnen die Malaria – aussterben.

Das klingt nach einem edlen Ziel, das Problem ist aber, dass man damit die Büchse der Pandora öffnet, denn diese Technologie der genetischen Veränderung zukünftiger Generationen ließe sich auch bei anderen Lebewesen bis hin zum Menschen anwenden. Der Grund ist, dass die Genome aller Lebewesen auf der Erde im Grunde gleich funktionieren, und wenn man in einer Mücke den „Gene Drive“ aktivieren kann, dann kann man das recht problemlos auch bei Elefanten oder eben Menschen tun.

Würde aber ein Forscher verkünden, er wolle am „Gene Drive“ forschen, um zum Beispiel dafür zu sorgen, dass zukünftige Generationen von Menschen nur noch blonde Haare und blaue Augen haben, wäre der Aufschrei groß und seine Karriere wäre beendet.

Wenn man die Forschung, die genau das ermöglicht, also die genetische Veränderung zukünftiger Generationen von Lebewesen inklusive Menschen in eine gewünschte Richtung, hinter dem edlen Ziel der Ausrottung der Malaria versteckt, dann bekommt man keine Probleme. Dass das so ist, können wir live beobachten, denn die Forschungen am „Gene Drive“ laufen seit Jahren und niemand protestiert dagegen.

Open Philanthropy fördert genau diese Forschungen. Die National Academies of Sciences, Engineering, and Medicine hat 2017 von Open Philanthropy eine großzügige Spende für das Projekt „Target Malaria“ erhalten. Target Malaria ist ein internationales Forschungskonsortium, das sich zum Ziel gesetzt hat, neuartige Gentechnologien zur Bekämpfung der Malaria in Afrika gemeinsam zu entwickeln und auszutauschen. Das Konsortium bezeichnet sich als gemeinnützig und wird großzügig unterstützt. Die wichtigsten Förderer des Projektes sind neben Open Philanthropy auch die Bill & Melinda Gates Foundation und der Wellcome Trust, um nur die NGOs zu nennen, die in diesem Buch eigene Kapitel haben. Außerdem sind staatliche Organisationen an dem Projekt beteiligt, unter anderem auch die EU-Kommission.

Open Philanthropy hat der National Academies of Sciences, Engineering, and Medicine 2017 dafür 17,5 Millionen Dollar überwiesen und schrieb über den Grund der Finanzierung:[27]

> „*Das Open Philanthropy Project empfahl Target Malaria einen Zuschuss in Höhe von 17.500.000 USD über vier Jahre, um das Projekt bei der Entwicklung und Vorbereitung des potenziellen Einsatzes von Gene-Drive-Technologien zur Ausrottung von Malaria in Afrika südlich der Sahara zu unterstützen, sofern diese machbar, ethisch vertretbar und sicher sind, von den Aufsichtsbehörden genehmigt und von den betroffenen Gemeinschaften unterstützt werden. Target Malaria ist auch ein Zuschussempfänger der Bill & Melinda Gates Foundation. Mit diesem Zuschuss werden Schulungs- und Aufklärungsprogramme, die Erforschung der potenziellen ökologischen Auswirkungen der Freisetzung von Gene Drives, die operative Entwicklung, die Unterstützung durch die Regulierungsbehörden und eine nicht zweckgebundene Finanzierungsreserve unterstützt.*“

Es ging dabei also nicht nur um Forschung an Gene Drive, sondern auch um Lobbyarbeit bei den Regulierungsbehörden, um solche Technologien einsetzen zu können, wozu praktischerweise gleich eine „zweckgebundene Finanzierungsreserve“ eingeplant worden ist.

Man muss sich dabei immer in Erinnerung rufen, dass Moskovitz sich über Open Philanthropy auch an Firmen und Forschungsprojekten

---

27 https://www.openphilanthropy.org/focus/scientific-research/miscellaneous/target-malaria-general-support

beteiligt, die dann an Medikamenten, Impfstoffen oder einfach nur an Patenten Geld verdienen. Man sieht also, dass die Spenden die Investments unterstützen sollen, damit diese sich rentieren. Man lobbyiert ein Thema, spendet Geld zur Forschung, macht Lobbyarbeit dafür und ist gleichzeitig an den Firmen beteiligt, die dann daran verdienen. So sieht es aus, wenn „Philanthropen" ihr Geld in Stiftungen einbringen, um dann großzügig die Welt zu retten. Noch einmal zur Erinnerung: Moskovitz hat sein Vermögen mehr als verdreifacht, während er es angeblich mit vollen Händen für die Rettung der Welt spendet.

Schauen wir uns das am Beispiel von Sherlock Biosciences an: Die Firma wurde Anfang 2019 gegründet und hat insgesamt 48,5 Millionen Dollar bekommen, 31 Millionen als Aktienkapital und 17,5 Millionen als Spende[28]. Schon 2021 produzierte die Firma Millionen von Covid-19 Tests, und da wir alle wissen, was ein Test kostet, wissen wir auch, dass sie längst ein Vielfaches des Geldes (sogar inklusive aller anderen Spenden von Open Philanthropy zur Erforschung des Fachgebietes) wieder eingespielt hat. Von dem Wert der Firma, der nun ein Vielfaches der investierten 48,5 Millionen Dollar beträgt und der wohl in die Milliarden gehen dürfte, ganz zu schweigen.

Man könnte alleine über Open Philanthropy ein eigenes Buch schreiben, und das gilt für jede der NGOs, die wir noch kennenlernen werden. Wenn man auf der Seite der von Open Philanthropy verteilten Spenden[29] sucht, findet man noch mehr Unterstützung für Sherlock Biosciences. So hat Open Philanthropy zum Beispiel im November 2020 zwei Millionen Dollar gespendet, damit Sherlock zusammen mit Binx (die vorher Atlantas Genetics Limited hieß) eine Covid-19-Diagnose-

28 https://craft.co/sherlock-biosciences/metrics

29 https://www.openphilanthropy.org/giving/grants

plattform entwickelt[30]. Da Binx eine GmbH ist[31], lässt sich nur schwer feststellen, wer an ihr beteiligt ist.

Aber Binx ist im Zuge von Covid-19 auch gewachsen, denn im Mai 2021 wurde zum Beispiel gemeldet, dass Binx 104 Millionen Dollar an Investments eingesammelt hat[32]. Das ist viel Geld für eine Firma, die nach allem, was öffentlich zugänglich ist, vor der Pandemie einen Jahresumsatz von nicht einmal zehn Millionen Dollar gemacht hat. Wer an der Firma rechtzeitig beteiligt war, dürfte das finanziell nicht bereut haben.

Ich kann in diesem Buch für all die von Mr. X gefundenen Verbindungen nur Beispiele aufzeigen und kein komplettes Bild mit allen Einzelheiten. Denn wir reden bei den Daten, die diesem Buch zu Grunde liegen, über viele miteinander vernetzte Organisationen, Firmen, Forschungseinrichtungen und so weiter, zwischen denen tausende Verbindungen existieren. Ich muss mich daher leider auf die wichtigsten von ihnen beschränken und kann nur Beispiele für die Verbindungen, Finanzierungen und Beteiligungen geben.

Aber davon wollen wir uns auch bei Open Philanthropy noch mehr anschauen.

Die Georgetown University ist eine in den USA sehr bekannte und vor allem einflussreiche Universität. Was in Deutschland weniger bekannt sein dürfte, ist, dass sie eine Kaderschmiede der US-Regierung und der US-Eliten ist. Die Universität wird von Jesuiten geleitet und ist Mitglied der Association of Jesuit Colleges and Universities. Man versteht sich dort besonders gut auf das Aufbauen und Pflegen von Netzwerken. Die Georgetown University hat zahlreiche bekannte Absolventen, darunter Bill Clinton sowie mehrere andere Staatsoberhäupter, Mitglieder aus Königshäusern, einflussreiche Politiker, Botschafter und Milliardäre.

---

30 https://www.openphilanthropy.org/focus/scientific-research/binx-covid-19

31 https://find-and-update.company-information.service.gov.uk/company/05513139

32 https://www.prnewswire.com/news-releases/binx-health-raises-104-million-in-series-e-financing-301301120.html

An der Universität gibt es ein Center for Global Health Science and Security (GHSS), das von Open Philanthropy großzügig unterstützt wird. Im März 2017 hat Open Philanthropy Kontakte hergestellt und dem Center 3,5 Millionen gespendet. Der Zweck der Spende lautete schlicht[33]:

„*Unterstützung des Georgetown University Center for Global Health Science and Security*"

Aber die ausführliche Begründung der Spende war interessant, denn da stand unter anderem zu lesen:

„*Die Co-Leiterinnen des GHSS, Rebecca Katz und Julie Fischer, sind international anerkannte Expertinnen für die Internationalen Gesundheitsvorschriften der Weltgesundheitsorganisation (WHO) und den Aufbau von Kapazitäten für die globale Gesundheitssicherheit. Aufgrund ihrer Erfahrungen, Fähigkeiten und Verbindungen erwarten wir, dass sie die GHSS in die Lage versetzen werden, bei den drei Hauptprojekten qualitativ hochwertige Ergebnisse zu erzielen und zusätzliche Projekte zu entwickeln, die mit den Zielen des Open Philanthropy Project im Einklang stehen.*"

Die beiden genannten Damen sind Professorinnen am GHSS und bestens vernetzt. Rebecca Katz[34] war von 2004 bis 2019 Beraterin des US-Außenministeriums unter anderem für Biowaffen. Und Anfang 2021 ist sie als Senior Advisor für Covid-19 dorthin zurückgekehrt. Die Dame hat also nicht nur beste Kontakte zur WHO, sondern auch zu den Entscheidungsträgern der US-Regierung.

Auch Julie Fischer[35] ist in den höchsten Regierungskreisen der USA bestens vernetzt, sie war unter anderem Fellow beim mächtigen transatlantischen Think Tank Council on Foreign Relations, der die Außenpolitik der USA maßgeblich mitbestimmt. Das Council on

33 Der Zweck der Spende lautete schlicht

34 https://ghss.georgetown.edu/people/katz/

35 https://ghss.georgetown.edu/people/fischer/

Foreign Relations ist eine der politisch einflussreichsten NGOs in den USA.

Da liegt es nahe, dass Open Philanthropy sich mit der Spende, mit der es ausdrücklich diese beiden Damen unterstützt hat, Zugang zu Macht und Einfluss ausgerechnet im Bereich der Gesundheitsvorsorge sichern wollte. Als Zielrichtung der Spende hat Open Philanthropy „Biosicherheit und Pandemievorsorge" angegeben.

Damit aber nicht genug, denn Open Philanthropy hat im Januar 2019 noch einmal Geld locker gemacht. Dieses Mal bekam die Georgetown University gleich 55 Millionen Dollar von Open Philanthropy. Mit diesem Geld wurde der Think Tank Center for Security and Emerging Technology (CSET) an der Universität gegründet, der sich mit künstlicher Intelligenz beschäftigt. Der Zweck der Spende lautete schlicht[36]:

„Gründung des Center for Security and Emerging Technology."

Wie ich schon sagte, werden wir immer wieder darauf stoßen, dass die NGOs, deren Aktivitäten wir vor Covid-19 bei der „Pandemie-Vorbeugung" beobachten können, auch intensiv in künstliche Intelligenz investieren. Als Begründung für die Spende von 55 Millionen Dollar zur Eröffnung des CSET schrieb Open Philanthropy:

„Das Open Philanthropy Project empfahl der Georgetown University einen Zuschuss in Höhe von 55.000.000 Dollar über fünf Jahre zur Gründung des Center for Security and Emerging Technology (CSET), einer neuen Denkfabrik, die sich der politischen Analyse an der Schnittstelle von nationaler und internationaler Sicherheit und neuen Technologien widmet. Das CSET wird von Jason Matheny geleitet, dem ehemaligen stellvertretenden Direktor des Nationalen Nachrichtendienstes und Direktor der Intelligence Advanced Research Projects Activity (IARPA), der Forschungseinrichtung der US-Nachrichtendienste.

36 https://www.openphilanthropy.org/giving/grants/georgetown-university-center-security-and-emerging-technology

Das CSET plant, der Regierung, wichtigen Medien und anderen Interessengruppen unparteiische technische Analysen und Ratschläge zu neuen Technologien und deren Auswirkungen auf die Sicherheit zu geben. Das CSET wird sich zunächst auf die Überschneidung von Sicherheit und künstlicher Intelligenz konzentrieren, ein wichtiges Thema, das für unseren Schwerpunktbereich zur Zukunft der KI von Bedeutung ist."

Hier sehen wir auch erstmals die Überschneidungspunkte von NGOs und (US-)Geheimdiensten, wenn die Arbeit eines der höchsten Geheimdienstler der USA von einer NGO mit einem solchen Betrag unterstützt wird. Man kennt sich, man arbeitet zusammen, man finanziert sich gegenseitig.

Dass allerdings jemand, der solche Summen in die Hand nimmt, dann „unparteiische Analysen" liefert, dürften nur die naivsten Zeitgenossen glauben, denn wenn so viel Geld im Spiel ist, dann werden Interessen verfolgt. Und das ist nicht mit dem Wort „unparteiisch" in Einklang zu bringen.

Wer in den USA Einfluss ausüben möchte, kommt an den großen NGOs (oder Think Tanks) nicht vorbei. Das Magazin Foreign Policy hat vor einiger Zeit ein Ranking der einflussreichsten Think Tanks der USA aufgestellt[37]. Das schon erwähnte Council on Foreign Relations landete dort auf Platz 2. Auf Platz 15 fand sich das Center for Global Development (CGD).

Das Ranking ist auch deshalb sehr interessant, weil es zeigt, dass diese einflussreichsten Think Tanks der USA selbst nur über recht bescheidene Budgets verfügen. Aber sie sind so gut vernetzt, dass sie trotzdem – wie zum Beispiel das Council on Foreign Relations oder die RAND-Corporation – de facto die Außenpolitik der USA bestimmen. Es war zum Beispiel die RAND-Corporation, die seinerzeit den Plan ausgearbeitet hat,

37 https://web.archive.org/web/20090119083129/http://www.foreignpolicy.com/story/cms.php?story_id=4598&page=1

mit dem US-Präsident Reagan die Sowjetunion in die Knie gezwungen hat. Der Plan war simpel, aber wirksam: Man wollte die Sowjets einerseits durch ein Wettrüsten, das hohe Kosten verursacht, und andererseits durch eine mit Saudi-Arabien abgesprochene Senkung des Ölpreises, was die Einnahmen der Sowjetunion reduzierte, in die Pleite treiben. Und das hat funktioniert.

Wer die US-Außenpolitik verstehen möchte, muss die Studien zum Beispiel der RAND-Corporation lesen, denn wenn die etwas empfehlen, wird es von der US-Regierung fast immer innerhalb von wenigen Jahren eins zu eins umgesetzt, wie ich auf meiner eigenen Seite in einer 20-teiligen Serie anhand einer einzigen, über 340 Seiten langen Studie der RAND-Corporation aus dem Jahr 2019 zum Umgang mit Russland aufgezeigt habe[38]. Und als ich im Jahr 2021 überprüft habe[39], welche von RAND 2019 empfohlenen Maßnahmen gegen Russland umgesetzt waren, war das Ergebnis verblüffend, denn die US-Regierung hatte fast alle „Empfehlungen" der RAND-Corporation umgesetzt oder es zumindest versucht.

Und so ist es auch auf anderen Politikfeldern, wie zum Beispiel der Gesundheitspolitik. In den USA gibt es einflussreiche NGOs und Think Tanks, die die US-Regierung beraten, und die US-Regierung setzt dann um, was diese ihr empfehlen. Wer also Einfluss auf die US-Politik haben möchte, muss sich mit den einflussreichsten NGOs und Think Tanks gut stellen.

Das tut Open Philanthropy nicht nur mit dem Council on Foreign Relations, dazu finanziert Open Philanthropy auch das Center for Global Development (CGD). Das CGD hat ein Jahresbudget von nur etwa zehn Millionen Dollar, wobei Open Philanthropy 2016 und 2019 je-

38 https://www.anti-spiegel.ru/2020/welche-massnahmen-usa-gegen-russland-planen-teil-1-wirtschaft/

39 https://www.anti-spiegel.ru/2021/studie-der-rand-corporation-hat-2019-geschrieben-was-2021-realitaet-geworden-ist/

weils drei Millionen Dollar beigesteuert hat. Die Spenden trugen den schlichten Titel[40]:

„Zur generellen Unterstützung“

Hinzu kamen alleine seit 2016 weitere Zahlungen von Open Philanthropy an das CGD. Insgesamt waren das von 2016 bis April 2020 sieben weitere Spenden in Höhe von insgesamt etwa 4,8 Millionen Dollar.

Die meisten dieser Zahlungen hatten als Förderzweck Themen der Gesundheitsvorsorge und/oder der Pandemie-Vorbeugung. Darunter waren Verwendungszwecke wie „Empfehlungen für zukünftige Pandemien“[41] und Forschungen zum Thema Gene Drive[42]. In 2020 gab es auch zwei Förderungen für das CGD zum Thema Covid-19.

Besonders erwähnenswert ist dabei eine Zahlung vom März 2020[43], denn da wurde mit 250.000 Dollar ein Projekt gefördert, das von Jeremy Konyndyk geleitet wurde, der von Open Philanthropy vorher schon Geld für die Ausarbeitung der „Empfehlungen für zukünftige Pandemien“ bekommen hatte. In der Beschreibung der Förderung von 2020 heißt es:

„Open Philanthropy empfahl dem Center for Global Development einen Zuschuss in Höhe von 250.000 USD zur Unterstützung der von Jeremy Konyndyk geleiteten Arbeit an der Entwicklung von Leitlinien für die COVID-19-Bekämpfung und von Instrumenten zur Entscheidungsfindung, die an lokale Entscheidungsträger weitergegeben werden sollen. Die Leitlinien und Hilfsmittel sollen den Verantwortlichen vor Ort helfen, geeignete Maßnahmen zur Eindämmung der Ausbreitung des Virus zu

40 https://www.openphilanthropy.org/focus/global-health-and-development/miscellaneous/center-global-development-general-support-2016

41 https://www.openphilanthropy.org/focus/global-catastrophic-risks/biosecurity/center-for-global-development-pandemic-policy-project-jeremy-konyndyk

42 https://www.openphilanthropy.org/focus/scientific-research/miscellaneous/center-for-global-development-gene-drive-research

43 https://www.openphilanthropy.org/focus/global-catastrophic-risks/biosecurity/center-global-development-covid-19-local-response-guidelines

ergreifen. Konyndyk war früher Direktor des Büros für ausländische Katastrophenhilfe der US-Behörde für internationale Entwicklung."

Die „US-Behörde für Internationale Entwicklung" ist die United States Agency for International Development (USAID). Auch wenn die Abkürzung USAID so klingt, als sei das eine Hilfsorganisation, so stimmt das nur bedingt. Die Behörde hat ganz offiziell die Aufgabe, den amerikanischen Konzernen zu helfen, Märkte im Ausland zu erobern. Dazu hat sie jedes Jahr ein Milliardenbudget zur Verfügung, mit dem sie in anderen Ländern, die ihre Märkte nicht wunschgemäß für US-Konzerne öffnen, Oppositionelle finanziert, die – wenn sie an die Macht kommen – den jeweiligen Markt für US-Konzerne öffnen.

Hinzu kommt, dass USAID ein gesondertes Budget in Höhe von mehreren Milliarden Dollar pro Jahr hat, um „freie Medien" in den entsprechenden Ländern zu finanzieren, die dann die Politik der USA in dem jeweiligen Land propagieren.

Nur zwei Beispiele dafür: Um den venezolanischen Präsidenten Maduro zu stürzen und Venezuela mit seinen Ölvorkommen für US-Konzerne zu öffnen, hat USAID im Oktober 2019 mit dem von den USA unterstützten Oppositionsführer Guaidó ein Abkommen unterzeichnet, nach dem USAID Guaidó bei seinen Bemühungen zur Machtübernahme in Venezuela mit 98 Millionen Dollar unterstützt[44]. Und weil auch Russland sein Öl nicht den US-Konzernen überlassen will, hat USAID nur für 2020 ausschließlich für die Bezahlung von „freien Medien", die anti-russisch und pro-amerikanisch berichten, ein Budget in Höhe von 598 Millionen Dollar erhalten[45].

Es geht bei USAID also um die Interessen der US-Konzerne, die die US-Regierung mit Milliarden unterstützt. Und als die Covid-19-Pandemie begann, bekam ausgerechnet ein ehemaliger Direktor von USAID

---

44 https://apnews.com/article/86d9244b3b8e436398cc206f9b70d4bd

45 https://www.reuters.com/article/us-usa-russia-aid/u-s-aid-agency-plans-framework-to-counteract-russia-influence-globally-idUSKCN1RL1UE

Geld von Open Philanthropy, um „die Leitlinien zur Bekämpfung von Covid-19" zu erarbeiten, die dann „lokale Entscheidungsträger" (also Regierungen anderer Staaten) an die Hand bekommen sollten. Gelaufen ist das über CGD, also einen der politisch einflussreichsten Think Tanks der Welt.

Aber wie sollte man es anstellen, dass diese Leitlinien dann auch in möglichst vielen Ländern umgesetzt werden? Dazu bräuchte man die Weltgesundheitsorganisation WHO, die die Leitlinien für den Umgang mit Pandemien für die Staaten herausgibt.

Bill Gates hat die WHO mit Milliarden finanziert und entsprechenden Einfluss auf die WHO. Und Bill Gates hat auch die Impfallianz GAVI gegründet, die er ebenfalls mit Milliarden ausgestattet hat und die wiederum ganz eng mit der WHO zusammenarbeitet. Zu den Details kommen wir in den Kapiteln über die WHO, die GAVI, die CEPI und die Bill & Melinda Gates Foundation (BMGF).

Aber wie es der Zufall will, wurde eben jener Jeremy Konyndyk, der ehemalige Direktor von USAID, der Anfang 2020 mit Geld von Open Philanthropy die „Leitlinien zur Bekämpfung von Covid-19" ausgearbeitet hat, danach Vorstand bei der GAVI von Bill Gates.

Das ist aber nicht alles. Konyndyk war beim CGD bis 2021 für den Umgang mit Covid-19 zuständig. Parallel ist er bei der GAVI und inzwischen auch wieder bei USAID. Dort kann man über ihn lesen[46]:

„Jeremy Konyndyk ist Exekutivdirektor der COVID-19-Taskforce von USAID und ein leitender Berater des USAID-Administrators. Er beaufsichtigt die Entwicklung und Umsetzung der COVID-19-Maßnahmen von USAID, die Mittel in Höhe von fast 10 Mrd. USD umfassen und über 100 Länder unterstützen, die unter den verheerenden Auswirkungen des Virus leiden. Er leitet das Engagement der Behörde für COVID-19 mit ausländischen Regierungspartnern, Partnerorganisationen und globalen Institutionen wie Gavi/COVAX, der Weltgesundheits-

46 https://www.usaid.gov/who-we-are/organization/jeremy-konyndyk

organisation und dem Global Fund. Er ist seit Januar 2021 wieder bei USAID."

Es ist genau das passiert, was Open Philanthropy wollte und wofür die NGO die lächerliche Summe von 250.000 Dollar aufgewendet hat: Der Mann, der beim einflussreichen CGD im Auftrag und mit Geld von Open Philanthropy „die Leitlinien zur Bekämpfung von Covid-19" geschrieben hat, darf als Verantwortlicher bei der GAVI (mit großem Einfluss auf die WHO) und bei USAID dafür sorgen, dass seine Richtlinien weltweit im Interesse der US-Konzerne umgesetzt werden.

Wundert es jetzt noch irgendjemanden, dass alle Impfstoffe, die im Westen propagiert und verimpft werden, aus den USA kommen? Die amerikanischen Konzerne Pfizer, Moderna und Johnson & Johnson produzieren die Impfstoffe, die von westlichen Staaten und den von ihnen finanzierten Hilfsprogrammen gekauft und weltweit verimpft werden.

Der britische Impfstoff von AstraZeneca wurde von der Presse schlecht geschrieben, und die Zulassung russischer Impfstoffe wird im Westen (und sogar von der WHO) verhindert oder zumindest so lange hinausgezögert, bis alle Menschen im Westen mit Pfizer & Co. geimpft worden sind und vor allem BioNTech/Pfizer sein Geld verdient hat. Andere westliche Pharmakonzerne wie die deutsche Firma CureVac oder die französische Firma Sanofi wurden ebenfalls aus dem Rennen genommen.

Ich sage deshalb „vor allem BioNTech/Pfizer", weil es nun einmal deren Impfstoff ist, der (von westlichen Staaten) am meisten bestellt und verimpft wird. Dass es ausgerechnet dieser Impfstoff und kein anderer US-Impfstoff ist, kann niemanden verwundern, wie wir im Laufe dieses Buches noch sehen werden.

Eine weitere NGO, die in diesem Buch ein eigenes Kapitel hat, ist die Nuclear Threat Initiative (NTI), weshalb ich hier nicht viel über sie sagen werde, denn das kommt im nächsten Kapitel.

Hier möchte ich nur erwähnen, dass die NTI von Open Philanthropy ebenfalls sehr großzügig mit Geld bedacht worden ist. Dabei sind vor der

Covid-19-Pandemie fünfmal Gelder geflossen, und zwar zwischen 2017 und Februar 2020, insgesamt waren das etwa 20 Millionen Dollar. Das geförderte Thema war immer „Biosicherheit und Pandemievorbeugung".

Vier Millionen davon wurden für die Vorbereitung des Global Health Security Index[47] gespendet, den die NTI zusammen mit der Johns Hopkins University vorbereitet hat. Zu den Sponsoren dieser Arbeit gehörten auch Bill Gates und einige andere einflussreiche Leute.

Der Index sollte für 195 Länder detailliert aufzeigen, wie gut vorbereitet jedes Land auf eine Pandemie war und wurde 2019 erstmals veröffentlicht. Die Ergebnisse waren amüsant, denn obwohl zum Beispiel das Gesundheitswesen der USA zwar das teuerste der Welt ist und trotzdem Millionen von US-Bürgern, die keine Krankenversicherung haben, von der Gesundheitsversorgung de facto ausgeschlossen sind, landeten die USA in der Gesamtbewertung des Indexes auf Platz eins.

Das war wohl nur ein politisches Signal, das die US-Politik zur Selbstbeweihräucherung im eigenen Land nutzen konnte, zumal die offiziellen Zahlen der Covid-19-Pandemie die Ergebnisse des Indexes ad absurdum geführt haben.

Es steht zu vermuten, dass der Index intern anders genutzt wurde, denn für den Index wurde mit einem Fragebogen, bestehend aus 140 Fragen zu sechs Kategorien, in den Ländern der Welt abgefragt, wie gut sie organisatorisch in der Lage wären, auf eine Pandemie zu reagieren. Korrekterweise hätte der Index „Global Pandemic Readiness Index" heißen müssen, denn es ging in dem Index nicht um die Gesundheitssysteme, sondern um die Frage, wie gut die Länder der Welt auf eine Pandemie vorbereitet waren.

Dass dieser Index ausgerechnet im Jahr 2019, ein halbes Jahr vor Ausrufung der Pandemie, zum ersten Mal erschien, mag man für Zufall halten. Für Mr. X und mich fügt sich das jedoch exakt in das Bild, das die Daten von Mr. X generell zeigen.

47 https://www.ghsindex.org/about/

Nachdem wir uns in diesem Buch mit Open Philanthropy die erste NGO angeschaut haben, will ich schon einmal darlegen, was Mr. X und ich aus den Daten zu erkennen meinen, damit Sie das bei der weiteren Lektüre dieses Buches im Hinterkopf haben und selbst mit den Informationen, die noch kommen, abgleichen können. Vielleicht kommen Sie zu dem gleichen Ergebnis wie wir, vielleicht auch nicht.

Unserer Meinung nach hat die Covid-19-Pandemie bisher vier Phasen gehabt.

Phase eins lief bis 2009 und war die – aus Sicht von Big Pharma – schlechte Vorbereitung auf die Schweinegrippe. Man hat damals schon versucht, mit Hilfe medial verbreiteter Panik eine weltweite Massenimpfung durchzuführen, was aber bekanntermaßen gescheitert ist.

Phase zwei habe ich im Prolog dieses Buches angedeutet. Ab 2010, nachdem die Impfkampagne wegen der (vollkommen harmlosen) Schweinegrippe gescheitert war, begann man mit der Fehleranalyse und führte auf unzähligen Konferenzen und Treffen Brainstormings durch, um zu verstehen, warum die Impfkampagne gescheitert war, und vor allem wollte man verstehen, wie man einen solchen Misserfolg beim nächsten Mal verhindern könnte.

Phase drei begann nach dem, was uns die Daten sagen, etwa 2016. Die Fehleranalyse war abgeschlossen, und ein Plan war geboren, wie man beim nächsten Mal die Schweinegrippe-Fehler vermeiden könnte. Nun begann die Umsetzung, und ab 2016/2017 sehen wir plötzlich, wie immer mehr Zahlungen im Zusammenhang mit einer „möglichen" Pandemie fließen, wie NGOs den Kurs ändern (zum Beispiel Open Philanthropy, die sich 2017 von ihren alten Partnern getrennt hat), wie neue NGOs entstehen und wie plötzlich Planspiele zu einer Pandemie immer gehäufter stattfinden.

Bei diesen Planspielen, auf die wir später noch im Detail kommen, wurde bis ins Kleinste durchgespielt, wie man mit einer Pandemie umgehen müsse, wie die Medien berichten (oder besser gesagt „informieren") sollten und wie man die Politik zu den „richtigen" Entscheidungen bringen kann.

Da an diesen Planspielen eben jene teilgenommen haben, die nun seit 2020 in der Pandemie auch im richtigen Leben die Entscheidungen treffen (oder sie den verantwortlichen Politikern als Berater einflüstern, siehe zum Beispiel Jeremy Konyndyk), konnte alles im Detail durchgespielt und vorausgeplant werden. Und man konnte bei jedem Planspiel aus den Fehlern des vorherigen Planspiels lernen und die Strategien weiter ausfeilen.

Phase Vier begann spätestens 2020. Das war die Covid-19-Pandemie selbst, in der plötzlich alle Räder ineinandergriffen, die vorher sorgfältig vorbereitet und „geschmiert" worden waren.

Das klingt natürlich nach einer verrückten Verschwörungstheorie, und das ist es ja auch, denn es ist unsere Theorie über eine Verschwörung. Aber behalten Sie die Phasen im Hinterkopf, während Sie dieses Buch weiterlesen. Am Ende haben Sie entweder Gründe, unsere Verschwörungstheorie argumentativ zu widerlegen, oder sich ihr aufgrund unserer Daten und Quellen anzuschließen, das bleibt ganz Ihnen überlassen.

Zum Schluss dieses Kapitels sei noch gesagt, dass ein weiteres der offiziellen Hauptanliegen von Open Philanthropy das „Wohlergehen von Nutztieren in der Landwirtschaft" ist. Auch dieses Thema wird großzügig finanziert. Das klingt, wie alle von den NGOs offiziell genannten Ziele, erst einmal sehr edel.

Wenn man aber im Hinterkopf hat, dass Open Philanthropy Genforschung (siehe zum Beispiel „Gene-Drive") fördert, dann versteht man, dass es auch hier um einen riesigen Markt geht. Wenn sich die Genforschung durchsetzt und die Nutztiere durch gezielte genetische Veränderungen mehr Geld einbringen, weil sie mehr Fleisch liefern, schneller wachsen, die negativen Folgen der industriellen Massentierhaltung besser verkraften und so weiter, und wenn Open Philanthropy rechtzeitig eine kleine Firma wie Sherlock übernimmt oder gründet, die dann mit den Technologien, die durch von Open Philanthropy mit einigen Dutzend Millionen finanzierte Forschungen entwickelt wurden, Milliarden verdient, ist das „Wohlergehen von Nutztieren in der Landwirtschaft" plötzlich ein Bombengeschäft.

Nuclear Threat Initiative (NTI)

Die Nuclear Threat Initiative (NTI) ist eine NGO, die sich offiziell für eine atomwaffenfreie Welt einsetzt. Als ihre Herzensangelegenheiten nennt sie auf ihrer Seite[48] die Themen globale Nuklearpolitik, nuklearer Terrorismus, Cyber, Biosicherheit und radiologische Sicherheit.

Gegründet wurde die NTI 2001 von dem ehemaligen US-Senator Sam Nunn und dem CNN-Gründer, Ted Turner. Nach seiner Zeit als Senator wurde Nunn eine graue Eminenz der US-Außenpolitik und war unter anderem Vorsitzender des Think Tanks Center for Strategic and International Studies (CSIS), einer NGO, die in diesem Buch ebenfalls ein eigenes Kapitel bekommt, weil sie bei der Pandemie eine sehr wichtige Rolle spielt. Daher schauen wir uns das später an, hier sei nur vorausgeschickt, dass das CSIS auf der Liste der einflussreichsten NGOs der USA von Foreign Policy auf Platz 7 steht, es ist also eine sehr mächtige und einflussreiche NGO.

Hier soll es zunächst um den anderen Gründer der NTI gehen, um Ted Turner. Der CNN-Gründer ist ebenfalls ein mächtiger Player in den USA. Neben der NTI hat er auch noch andere NGOs und Think Tanks gegründet, und er redet ganz offen über seine Ziele. Also schauen wir uns zuerst seine Ziele an und danach die NGOs.

48 https://www.nti.org/

Eines der Herzensanliegen von Ted Turner ist die Reduzierung der Weltbevölkerung, was er in Interviews auch offen sagt. Auf der Seite seiner Turner Foundation steht als Ziel[49]:

„Die 1990 gegründete Turner Foundation (TFI) unterstützt Bemühungen zur Verbesserung der Luft- und Wasserqualität, zur Entwicklung einer nachhaltigen Energiezukunft zum Schutz unseres Klimas, zum Schutz der Gesundheit der Umwelt, zur Erhaltung von Lebensräumen für Wildtiere und zur Entwicklung von Praktiken und Strategien zur Eindämmung des Bevölkerungswachstums."

Das englische Wikipedia schreibt über Ted Turner unter anderem[50]:

„Turner gründete die Turner Foundation, um Wege zur Eindämmung des Bevölkerungswachstums zu finden. Turner hat 125 Mio. $ seines eigenen Geldes in die Stiftung gesteckt und 6 Mio. $ pro Jahr für die Eindämmung des Bevölkerungswachstums zur Verfügung gestellt. Bei einer Veranstaltung in Montana im Jahr 1996 sagte er zu diesem Thema: „Ich spreche hier nicht davon, jemanden loszuwerden, ich habe selbst 5 Kinder." Er fuhr fort, über Hunger und Armut zu sprechen und darüber, wie man diese Probleme angehen kann."

Ich sehe allerdings einen gewissen Widerspruch, denn wenn man sich gerade in der Dritten Welt, wo die Überbevölkerung ein Problem darstellt, für sauberes Wasser und den Kampf gegen die Armut einsetzt, wird das – wegen des damit verbundenen Rückgangs der Kindersterblichkeit – zuerst zu einem Anstieg des Bevölkerungswachstums führen. Wenn Turner also gegen Armut und für sauberes Wasser etc. kämpft, läuft das seinem Ziel, das Bevölkerungswachstum zu reduzieren, entgegen. Das klingt zynisch, es ist aber nun einmal so. Daher stellt sich die Frage, was er tatsächlich will.

Der Widerspruch passt zu der These, dass die „Philanthropen", die ihr Geld mit vollen Händen zur Rettung der Welt ausgeben und dabei

---

49 https://www.tedturner.com/foundations/turner-foundation/

50 https://en.wikipedia.org/wiki/Ted_Turner#Curbing_population_growth

trotzdem immer reicher werden, ihre wahren Ziele hinter schönen Formulierungen verstecken. Daher lohnt sich wieder ein Blick darauf, was die von Turner gegründeten und finanzierten NGOs tatsächlich finanzieren und lobbyieren.

Zunächst sei aber noch etwas zum Verständnis vorausgeschickt. NGOs haben unterschiedliche Funktionen. Wir haben bisher vor allem NGOs kennengelernt, die ihr Vermögen mehren wollen und mit sehr viel Geld ausgestattet werden, das sie dann vermehren können.

Es gibt aber auch NGOs, die allgemein als Think Tanks oder Denkfabriken bezeichnet werden, deren Ziel nicht in erster Linie die Mehrung ihres Stiftungsvermögens ist. Dass sind die einflussreichen NGOs, die die Politik beraten und ihr mit Hilfe von „Experten", Beratern, Konferenzen, Studien und so weiter die gewünschten Maßnahmen einflüstern. Im vorherigen Kapitel habe ich die Liste der einflussreichsten Think Tanks der USA erwähnt und geschrieben, dass diese fast alle mit erstaunlich geringen Jahresbudgets ausgestattet sind und auch kein allzu beeindruckendes Stiftungsvermögen haben.

Trotzdem haben sie so großen Einfluss, dass sie die US-Politik bestimmen, wie ich am Beispiel der RAND-Corporation erklärt habe, deren Studien fast komplett Eins zu eins von der US-Regierung umgesetzt werden. Der Grund ist, dass deren „Währung" ihr Einfluss ist. Sie sind mit der US-Regierung eng verbandelt und es gibt reichlich „Drehtüren", denn bei diesen Think Tanks sitzen Leute, die anschließend Regierungsfunktionen (zum Beispiel als Minister, Berater von Ministerien, Abteilungsleiter in Behörden, etc.) übernehmen. In den Think Tanks sitzen wiederum ehemalige Minister, Regierungsberater und so weiter. Man wechselt zwischen Regierungsposten und NGO hin und her.

Dieser Filz erklärt den enormen Einfluss der mächtigsten Think Tanks, und daher kommt ein „neuer Milliardär" wie Moskovitz, wenn er etwas erreichen will, nicht daran vorbei, sich mit den Leuten dieser Think Tanks zu vernetzen, ihre Projekte zu finanzieren und auch diese

Think Tanks selbst zu finanzieren. Man kann sich auf diese Weise Einfluss auf Regierungsentscheidungen kaufen, wie wir gesehen haben.

Wir müssen zum Verständnis also im Hinterkopf haben, dass es diese zwei Arten von NGOs gibt. Die einen sind steinreich und wollen ihr Geld vermehren und Macht bekommen, die anderen haben den Schlüssel zur Macht. Diese Grenze ist nicht in Stein gemeißelt, es gibt Überschneidungen, bei denen eine steinreiche NGO mit der Zeit (aber über genau diesen Weg) auch selbst zu Einfluss kommt, wie zum Beispiel die Bill & Melinda Gates Foundation. Aber auch die hat mal „klein angefangen" und zunächst die finanziert, die den Schlüssel zur Macht haben. Außerdem hat Bill Gates, nachdem er den nötigen eigenen Einfluss erreicht hatte, mit CEPI und GAVI eigene (schon international tätige) NGOs gegründet, die direkt Macht ausüben und – wie die einflussreichsten NGOs der USA – hat er über sie seine eigenen Leute in Regierungen und staatlichen Stellen platziert, sei es als Entscheidungsträger oder als wichtigste Berater der Entscheidungsträger. Nur dass Bill Gates sich dabei nicht auf die USA beschränkt, sondern das gezielt international tut, wie wir an sehr vielen Beispielen sehen werden.

Es geht also um Macht. Ein Weg, um Macht zu erlangen, ist es, den Regierungen die von einem selbst bezahlten „Spezialisten" als Regierungsberater zur Seite zu stellen oder gar eigene Leute zu Ministern oder sogar Regierungschefs zu machen. Es gibt aber noch einen direkteren, wenn auch langwierigeren Weg.

Im Idealfall geht man mit Regierungen und internationalen Organisationen „Partnerschaften" ein, um den eigenen Einfluss auf sie zu erhöhen. Das muss man der Öffentlichkeit natürlich geschickt verkaufen, denn es würde ja als undemokratisch angesehen werden, wenn die Menschen verstünden, dass sie nicht mehr als Wähler die Entscheidungen treffen, wohin die Reise geht, sondern wenn reiche und einflussreiche Leute (also Oligarchen) auf diese Weise die Entscheidungen treffen.

Um das positiv darzustellen, erschafft man schöne Begriffe, wie zum Beispiel „öffentlich-private Partnerschaft" (ÖPP oder englisch Public-private-Partnership, PPP). Das klingt gut, ist aber genau das, was ich beschrieben habe: Es geht darum, den politischen Einfluss von Konzernen und den Oligarchen, denen die Konzerne gehören, zu erhöhen.

Und noch wichtiger: Es geht darum, dass die Staaten für die „philanthropischen" Projekte der Oligarchen, an denen sie in Wahrheit Geld verdienen, sehr viel Steuergeld überweisen.

Der Öffentlichkeit wird als Begründung erzählt, dass die Privatwirtschaft viel effektiver sei als der Staat. Den Menschen wurde im Zuge der öffentlich-privaten Partnerschaften sogar erklärt, man müsse möglichst alles privatisieren, damit alles besser werde, denn die Privatwirtschaft sei ein besserer Manager als der Staat.

Unter dieser Ägide wurden ab den 90er Jahren staatliche Betriebe privatisiert, angefangen von Stromnetzen und Stadtwerken bis hin zu Bahngesellschaften, Krankenhäusern, Häfen und so weiter. Heute wissen wir, dass das keine gute Idee war, denn die Konzerne haben nicht das Ziel, einer Stadt sauberes Wasser zu einem niedrigen Preis zu liefern und die Wasserrohre für viel Geld in Ordnung zu halten, die Konzerne haben ein anderes Ziel: Geld verdienen.

Und so überrascht es nicht, dass zum Beispiel das britische Schienennetz nach der Privatisierung der britischen Bahn immer maroder geworden ist, weil die Gewinne nicht mehr in die Erhaltung des Schienennetzes investiert, sondern als Gewinn an die Aktionäre ausgezahlt wurden. Oder nehmen wir das Beispiel Berlin, wo die Stadt das vor einigen Jahren privatisierte Stromnetz für viel Geld zurückkaufen musste. Oder nehmen wir die Erhöhung von Preisen für Leitungswasser, nachdem ein Wasserversorger privatisiert wurde. Oder nehmen wir die Deutsche Bahn, die kleine Bahnhöfe schließt und „unrentable" Verbindungen einstellt, anstatt eine flächendeckende (und notfalls sogar Verlust bringende) Anbindung zu garantieren. Das Ergebnis ist, dass Menschen, die früher mit der Bahn zur Arbeit gefahren sind, deren Bahnverbindung aber „unrentabel" ist, nun mit dem Auto zur Arbeit fahren. Die Liste der Beispiele ließe sich unendlich fortsetzen.

All das ist das Ergebnis der öffentlich-privaten Partnerschaften, die seit Jahrzehnten als Allheilmittel propagiert werden.

Nun kommen wir zurück zu Ted Turner, dem Gründer der Nuclear Threat Initiative. Der ist nämlich ein sehr großer Anhänger der öffentlich-privaten Partnerschaften, nur denkt er in größeren Maßstäben. Ihn interessieren keine Stadtwerke, sondern das „große Spiel“. Daher hat er schon 1998 die United Nations Foundation gegründet, die offiziell die Ziele der Vereinten Nationen fördern will. Ted Turner hat die Foundation damals mit einer Milliarde Dollar ausgestattet, was vor über 20 Jahren eine wesentlich beeindruckendere Summe war als heute.

Die United Nations Foundation versteht unter der Förderung der Ziele der UNO den Ausbau der öffentlich-privaten Partnerschaft. Und zwar mit der UNO. Es geht also darum, den Konzernen mehr Einfluss auf die UNO zu geben. Oder, um es in geopolitischen Begriffen auszudrücken, es geht darum, die Macht der Konzerne auf Kosten der Nationalstaaten zu vergrößern. Die Konzerne wollen die Regeln aufstellen und nicht mehr den Gesetzen der Nationalstaaten gehorchen müssen. Auf lange Sicht wollen sie die Nationalstaaten (und vor allem deren Parlamente, die „störende“ Gesetze beschließen können) entmachten. Um diese Aushöhlung der Demokratie zu verschleiern, werden gut klingende Begriffe wie „öffentlich-private Partnerschaft“ erdacht, das beruhigt die Öffentlichkeit.

Die United Nations Foundation, die dabei eine zentrale Rolle spielt, hat mächtige Partner[51], die sie bei ihrem edlen Ziel finanziell und politisch unterstützen. Darunter sind Johnson & Johnson, Bill Gates und auch zum Beispiel Shell.

Dass Shell an einer „besseren Welt“ interessiert ist, glaubt wahrscheinlich niemand. Shell geht es ausschließlich darum, mit Öl und Gas Geld zu verdienen und dabei sind öffentlich-private Partnerschaften sehr hilf-

51 https://unfoundation.org/who-we-are/our-partners/

reich, wenn man zum Beispiel eine „Partnerschaft" mit einem armen afrikanischen Staat eingeht, der zufällig auf Erdölquellen sitzt.

Ted Turner, dessen wichtigstes Ziel die Eindämmung des Bevölkerungswachstums ist, ist dabei sehr aktiv. Nun muss ich wieder an die vier Phasen der Pandemie erinnern, die ich am Ende des letzten Kapitels als These vorgestellt habe.

2007, also noch vor der Schweinegrippe, hat die von Bill Gates gegründete Impfallianz GAVI ein Projekt zur Impfung von Kindern weltweit aus der Taufe gehoben, es ging dabei um die Impfung gegen Lungenentzündung. Ganz im Sinne der öffentlich-privaten Partnerschaften war auch die WHO mit im Boot, die Bill Gates ebenfalls großzügig finanziert, was ein klassisches Beispiel dafür ist, wie ein Oligarch mit Hilfe von einer öffentlich-privaten Partnerschaft Einfluss auf eine wichtige Organisation der UNO bekommt.

Die GAVI hat die Staaten der Welt dazu gebracht, das Projekt mit 1,5 Milliarden Dollar zu finanzieren. Das ist ein weiterer Effekt der Macht der NGOs: Sie bringen die Staaten, also die Steuerzahler, dazu, die Projekte zu fördern, die dem Gründer der NGO am Herzen liegen. Das ist praktisch, denn so spart der sein eigenes Geld. Bill Gates hat nur 50 Millionen aus eigener Tasche beigesteuert. So konnte er aus 50 Millionen 1.500 Millionen machen, mit denen er seine eigenen Ziele verfolgt.

Ich habe gesagt, worum es bei der Bekämpfung der Malaria in Wahrheit unter anderem geht, nämlich um die Forschung am „Gene-Drive". Offiziell soll damit natürlich die Ausrottung von Mücken, die Malaria übertragen, ermöglicht werden. Und so wundert es nicht, wenn man 2007 in der Presse über das neue Impfprojekt gegen Lungenentzündung lesen konnte[52]:

„Beamte halten Impfstoffe für einen kosteneffizienten Weg zur Verbesserung der globalen Gesundheit. Doch wissenschaftliche und wirtschaftliche Hindernisse haben die Entwicklung wirksamer Impfstoffe gegen viele der

52 https://www.scientificamerican.com/article/rich-nations-pledge-15-bln/

tödlichsten Krankheiten in den Entwicklungsländern, wie Malaria und HIV sowie Pneumokokken, der häufigsten durch Impfung vermeidbaren Todesursache bei Kindern unter fünf Jahren, behindert."

Im Mai 2009 fand ein sehr hochrangiges Treffen der mächtigsten Menschen der USA statt, die sich selbst als „Good Club", also als der „Gute Club", bezeichnen. Über das geheimnisvolle Treffen haben viele Medien berichtet, unter anderem die Times. Deren Artikel trug die Überschrift „Milliardärsclub will Überbevölkerung eindämmen"[53]. Und der britische Guardian berichtete unter der Überschrift „Man nennt sie den Good Club – und sie wollen die Welt retten"[54]:

„*Es ist der elitärste Club der Welt. Gewöhnliche Menschen brauchen sich nicht zu bewerben. In der Tat gibt es keine Möglichkeit, um Aufnahme zu bitten. Man muss einfach nur sehr, sehr reich und sehr, sehr großzügig sein. Und das im globalen Maßstab.*

Das ist der Good Club, der Name der winzigen globalen Elite von Milliardärs-Philanthropen, die vor kurzem ihr erstes und äußerst geheimes Treffen im Herzen von New York City abhielten.

Die Namen einiger der Mitglieder sind bekannt: Bill Gates, George Soros, Warren Buffett, Oprah Winfrey, David Rockefeller und Ted Turner. Aber es gibt auch andere, wie die Wirtschaftsgiganten Eli und Edythe Broad, die ebenso wohlhabend, aber weniger bekannt sind. Insgesamt verfügen die Mitglieder über ein Vermögen von 125 Mrd. Dollar.

Das von Gates, Buffett und Rockefeller einberufene Treffen wurde als Reaktion auf den weltweiten Wirtschaftsabschwung und die zahlreichen Gesundheits- und Umweltkrisen, die den Globus plagen, einberufen."

Die Presse berichtete damals, dass es bei dem Treffen neben den Folgen der damaligen Finanzkrise von 2008 auch um „globale Gesundheitsfragen wie Überbevölkerung und Krankheiten" gegangen ist. Das Tref-

---

53 https://www.thetimes.co.uk/article/billionaire-club-in-bid-to-curb-overpopulation-d2fl22qhl02

54 https://www.theguardian.com/world/2009/may/31/new-york-billionaire-philanthropists

fen fand am 5. Mai 2009 statt, nur wenige Tage, nachdem im April 2009 die ersten Fälle der Schweinegrippe bekannt geworden sind. Und schon einen Monat später hat die WHO, in der Bill Gates bereits dominanten Einfluss hatte, die weltweite Schweinegrippe-Pandemie ausgerufen, und die GAVI von Bill Gates begann, für Massenimpfungen gegen die Schweinegrippe zu werben.

Wir wissen heute, dass die Schweinegrippe ungefährlich war, und wir wissen, dass es ab 2010 Konferenzen und Veranstaltungen der Pharmaindustrie und ihrer Lobbyverbände gegeben hat, die das Misslingen der Massenimpfungen gegen die ungefährliche Schweinegrippe analysiert haben.

Einer der Financiers dieser Veranstaltungen war wieder Bill Gates und natürlich seine GAVI, denn die im Prolog als Beispiel genannte Heidi Larson und ihr „Vaccine Confidence Project“ werden ebenfalls von Bill Gates unterstützt. Das Project von Frau Larson hat seinen Sitz an der London School of Hygiene and Tropical Medicine. Und diese Schule wird von Peter Piot geleitet, der der Ehemann von Frau Larson ist[55] und dessen Londoner Schule von Bill Gates mit über 180 Millionen Dollar finanziert wurde[56]. Außerdem ist Peter Piot seit 2009 Senior Fellow bei der Bill & Melinda Gates Foundation[57].

Peter Piot ist im Grunde ein „kleiner“ Jeremy Konyndyk, denn er ist Mitglied des Covid-Beraterstabes der EU-Kommission[58], persönlicher Covid-Berater von EU-Kommissionschefin Ursula von der Leyen[59],

55 https://www.ft.com/content/da2cf694-4970-11e4-8d68-00144feab7de

56 https://www.gatesfoundation.org/about/committed-grants?q=London%20School%20of%20Hygiene%20and%20Tropical%20Medicine

57 https://www.gatesfoundation.org/ideas/media-center/press-releases/2009/01/dr-peter-piot-joins-foundation-as-a-senior-fellow

58 https://ec.europa.eu/transparency/expert-groups-register/screen/expert-groups/consult?lang=en&groupId=3719&fromMeetings=true&meetingId=20410

59 https://ec.europa.eu/research-and-innovation/en/events/upcoming-events/research-innovation-days/speakers/peter-piot

er sitzt bei der CEPI im Vorstand[60], und er ist auch Berater bei der Leopoldina[61], um nur ein paar Beispiele zu nennen. Und in all diesen Funktionen flüstert Peter Piot den Entscheidungsträgern in der EU und der Bundesregierung ein, was Bill Gates gerne umgesetzt haben möchte.

In diesem Kapitel soll es nun um die von Ted Turner, der ebenfalls Mitglied im „Guten Club“ ist, gegründete Nuclear Threat Initiative (NTI) und ihre Rolle bei der Vorbereitung auf eine Pandemie gehen. Leider war diese lange Einleitung über Ted Turner, seine Ziele und Verbindungen nötig, um den Zusammenhang zu verstehen.

Bei der NTI gibt es einen generellen Widerspruch, denn offiziell setzt sie sich (unter anderem) für nukleare Sicherheit und als Endziel für eine Welt ohne Atomwaffen ein. Andererseits aber sitzen in der NTI viele einflussreiche US-Außenpolitikstrategen, die keinerlei Interesse an einer atomwaffenfreien Welt haben. Die USA erheben für sich den Anspruch der „worldwide dominance“, also den Anspruch, die Welt zu dominieren, mit anderen Worten, die Welt zu beherrschen. Man kann aber die Welt nicht beherrschen oder dominieren, wenn man nicht die größte Armee mit den mächtigsten Waffen hat.

Daher sind – das ist die Schlussfolgerung von Mr. X und mir – die Ziele der NTI im Bereich des Nuklearen eine Tarnung, hinter der sie ihre Bemühungen, Einfluss auf Regierungen zu erlangen, verstecken können, so wie hinter dem angeblichen Kampf gegen die Malaria die „Gene-Drive“-Forschung versteckt wird.

Es deutet einiges darauf hin, dass das so ist. Wenn man sich zum Beispiel anschaut, dass die ebenfalls in den USA sehr einflussreiche MacArthur Foundation dem NTI nach eigenen Angaben zwischen 2004 und 2020 knapp 13 Millionen in zwölf Zahlungen hat zukommen lassen[62],

60 https://cepi.net/about/whoweare/

61 https://www.leopoldina.org/mitgliederverzeichnis/mitglieder/member/Member/show/peter-piot/

62 https://www.macfound.org/grantee/nuclear-threat-initiative-38211/

dann lassen auch hier die Begründungen tief blicken. Es geht dort immer wieder nicht nur um nukleare Themen, sondern um „biologische und Cyber-Bedrohungen“ und vor allem darum, die „politischen Entscheidungsträger und die Öffentlichkeit“ auf diese Bedrohungen hinzuweisen.

Es geht also um politischen Einfluss, nicht nur beim Thema nukleare Bedrohungen, sondern auch beim Thema Biowaffen und „biologische Bedrohungen“ und – wieder einmal – um „Cyber“, also die Frage der künstlichen Intelligenz.

Aber letztlich ist es egal, ob das Thema „nukleare Bedrohungen“ nur ein Vorwand ist, am Ende geht es um die Möglichkeit, die Entscheidungen der politischen Entscheidungsträger in die gewollte Richtung zu beeinflussen. Und zwar explizit auch beim Thema „biologische Bedrohungen“, also Viren und Pandemien.

Warren Buffet, der mit Ted Turner und Bill Gates zum „Guten Club“ gehört, ist praktisch von Beginn bei der NTI dabei und unterstützt sie nicht nur finanziell, er ist auch offizieller Berater des Think Tanks.

NTI gehört – anders als Open Philanthropy – nicht zu den NGOs, die mit Geld um sich werfen, die NTI ist eine der NGOs, die als politischer Arm tätig sind. NTI lässt sich also von anderen NGOs finanziell unterstützen, um (politische) Ziele zu lobbyieren und am Ende zu erreichen. Dieses Geld bekommt NTI unter anderem von Warren Buffet, aber übrigens auch von Open Philanthropy. Open Philanthropy hat im Februar 2017 angefangen, der NTI Geld zu überweisen und hat von Februar 2017 bis Mai 2020 in sechs Zahlungen etwa 20 Millionen Dollar an die NTI überwiesen. Alle Zahlungen betrafen „Biosicherheit und Pandemie-Vorsorge“.

Etwa vier Millionen gingen – wie schon erwähnt – an die Unterstützung des Global Health Security Index, den die NTI 2019 zum ersten Mal veröffentlicht hat.

Besonders bemerkenswert ist eine Zahlung von Open Philanthropy an die NTI vom Oktober 2017, denn da hat Open Philanthropy auf einen

Schlag sechs Millionen Dollar „zur Unterstützung des Biosicherheitsprogrammes der NTI“ überwiesen und als Begründung geschrieben[63]:

„Unsere Programmbeauftragte für Biosicherheit und Pandemievorsorge, Jaime Yassif, hält NTI für eine der weltweit einflussreichsten und effektivsten Organisationen, die sich für die Verringerung von Risiken durch Massenvernichtungswaffen einsetzen, und hat besonderes Vertrauen in Dr. Elizabeth Cameron, die vor kurzem zu NTI gekommen ist, um dessen Biosicherheitsprogramm zu leiten. Auf der Grundlage dieser und anderer Faktoren glauben wir, dass NTI das Potenzial hat, in den nächsten Jahren wirkungsvolle und wichtige Arbeit zu leisten, von der ein Großteil für die Minderung globaler Katastrophenrisiken relevant sein könnte.“

Wir müssen uns also fragen, wer Elizabeth Cameron ist, in die die Open Philanthropy so ein großes Vertrauen setzt, dass sie gleich sechs Millionen locker macht. Vorher sollte ich noch darauf hinweisen, dass Jamie Yassif, die Programmbeauftragte von Open Philanthropy, die so überzeugt von Elizabeth Cameron ist, gleichzeitig Senior Fellow bei der NTI ist[64]. Man kennt sich halt.

Elizabeth Cameron hat einen Doktor in Humangenetik und Molekularbiologie, den sie übrigens an der Johns Hopkins University gemacht hat. Sie hat danach Karriere gemacht, ist Mitglied beim sehr einflussreichen Council on Foreign Relations, und war unter Präsident Obama im Pentagon für Biowaffen zuständig. Als Trump Präsident wurde, ging sie 2017 zu den NGOs und kehrte nach Bidens Amtsantritt ins Pentagon zurück. Wer also darauf gesetzt hat, dass nach der Zeit von Trump wieder ein Demokrat ins Weiße Haus einzieht und dass dann eine Pandemie drohen könnte, der tat gut daran, Elizabeth Cameron in ihrer Zeit bei den NGOs zu fördern.

---

63 https://www.openphilanthropy.org/focus/global-catastrophic-risks/biosecurity/nuclear-threat-initiative-biosecurity-program-support

64 https://www.nti.org/about/leadership-and-staff/jaime-yassif-phd/

Ich habe bereits gesagt, dass man ab 2017 sehen kann, wie es immer mehr Planspiele über den Umgang mit einer Pandemie gegeben hat. Eine von denen, die aktiv Planspiele veranstaltet hat, war Elizabeth Cameron im Zuge ihrer Arbeit bei der NTI. So hat sie zum Beispiel am 14. Februar 2019 bei der Münchner Sicherheitskonferenz ein solches Planspiel geleitet[65]. Dabei ging es darum, obersten internationalen Entscheidungsträgern die „Reaktion auf biologische Ereignisse" beizubringen. In dem Planspiel griff eine fiktive Lungenkrankheit um sich, die sich schnell verbreitete und sehr gefährlich war. Es folgten Grenzschließungen und andere Lockdown-Maßnahmen zur Eindämmung der Krankheit.

Dazu muss man wissen, dass die WHO bei der Schweinegrippe 2009 noch von Grenzschließungen und ähnlichen Maßnahmen abgeraten hat, weil sie diese für nicht effektiv gehalten hat. Der Grund: Aufgrund der Inkubationszeit der Krankheit bringen Grenzschließungen nichts, denn die Krankheit ist bereits über das internationale Reisen in allen Ländern angekommen, bevor die ersten Erkrankungen erkannt werden. Grenzschließungen sind aber vollkommen ungeeignet, um eine Krankheit zu bekämpfen, die schon im Land ist.

Trotzdem wurden die Grenzen auch bei Covid-19 geschlossen, obwohl das Gleiche gilt wie bei der Schweinegrippe: Die lange Inkubationszeit von bis zu 14 Tagen macht Grenzschließungen wirkungslos, weil die Krankheit schon im Land ist, bevor die ersten Patienten Symptome zeigen und man die ersten Fälle registriert. In Deutschland gab es den ersten Covid-19-Fall schon im Januar 2020, Grenzschließungen, die es ab März gegeben hat, waren bereits vollkommen sinnlos geworden.

Die Regierungen sind aber exakt den Anweisungen aus den Planspielen gefolgt, die ab 2017 veranstaltet wurden, und haben die Gren-

65 https://www.nti.org/about/projects/global-biosecurity-dialogue/tabletop-exercise-senior-global-leaders-international-response-deliberate-biological-events/

zen geschlossen, obwohl Covid-19 schon in allen Ländern der Welt angekommen war, anstatt sich an der realen Krankheit und Situation zu orientieren.

Aber wozu dann Grenzschließungen? Die Antwort liegt auf der Hand, wenn wir uns an die Frage aus dem Prolog dieses Buches erinnern, die Heidi Larson in ihrer Präsentation gestellt hat: Wie kann man die Impfbereitschaft der Bevölkerung erhöhen?

Obwohl die Medien bei der Schweinegrippe „mitgespielt" und von einer gefährlichen Krankheit berichtet haben, wollten die Menschen, die von der Krankheit in ihrem Leben nichts bemerkt haben, weil sie ja in Wahrheit ungefährlich war, sich nicht impfen lassen. Man musste sich also etwas überlegen, damit die Menschen die Krankheit (oder zumindest ihre Auswirkungen) in ihrem Leben zu spüren bekommen. Grenzschließungen und Lockdown haben die Menschen gespürt und schon war Covid-19 nicht nur in den Medien, sondern auch im Leben der Menschen angekommen.

Nach 18 Monaten Pandemie mit allen möglichen Einschränkungen, die die Menschen im Alltag spüren, lassen sie sich in Massen impfen. Sei es, weil sie wirklich Angst vor der „Seuche" haben, oder sei es, weil sie endlich wieder so frei sein wollen wie vor der Pandemie. Der Grund für die Impfbereitschaft ist egal, es ging nur um die Impfbereitschaft selbst – und die ist bei Covid-19 erreicht worden.

Daher kann es nicht verwundern, dass in den Planspielen, an denen hochgestellte Entscheidungsträger von Regierungen und deren Berater teilgenommen haben, immer wieder genau solche Maßnahmen empfohlen und durchgespielt wurden. Und als die Pandemie dann 2020 von der WHO ausgerufen wurde, sind alle genau so vorgegangen.

Eine derer, die das seit 2017 aktiv in Planspielen und Konzepten vorbereitet haben, war Elizabeth Cameron, die seit 2021 sogar wieder an entscheidender Stelle in der US-Regierung sitzt, um selbst das umzusetzen, was sie bei der NTI (mit Finanzierung von Open Philanthropy) erarbeitet hat.

Open Philanthropy hat diese Arbeit von Cameron sehr aktiv unterstützt, denn in zwei weiteren Zahlungen im November 2018 in Höhe von fast zwei Millionen Dollar[66] und im Februar 2020 in Höhe von acht Millionen Dollar[67] hat Open Philanthropy ausdrücklich darauf hingewiesen, dass diese beiden Zahlungen die vorherige Zahlung über sechs Millionen unterstützen. Die Programme von Elizabeth Cameron wurden großzügig gesponsort.

Da Covid-19 im Februar 2020 bereits bekannt war, denn damals gingen die Meldungen durch die Presse, dass China die Stadt Wuhan abgeriegelt hatte, wirkt die letzte Zahlung von acht Millionen Dollar fast schon wie ein Dankeschön für die geleistete Arbeit.

Die letzte Zahlung von Open Philanthropy über 500.000 Dollar an die NTI erfolgte im Mai 2020[68] und sollte unter anderem das Programm „Covid-Local"[69] unterstützen, das Entscheidungsträgern Empfehlungen beim Kampf gegen die Covid-19-Pandemie gibt. Und natürlich sind die wichtigsten Empfehlungen zur Eindämmung der Krankheit die, auf „soziale Distanz" zu achten und Lockdowns durchzuführen.

Es ist auffällig, dass Open Philanthropy (und auch die anderen NGOs) **vor** der Pandemie Millionen (im Falle von Bill Gates sogar Milliarden) für die Vorbereitung auf eine „mögliche" Pandemie bezahlt haben, aber als dann die „echte" Pandemie da war, haben sie die Zahlungen mit Verwendungszweck „Pandemie" weitgehend eingestellt. Wenn sie solche Weltenretter wären, wie sie (und die Medien) uns erzählen, dann hätten sie doch mit Beginn der Pandemie die großen Zah-

---

66 https://www.openphilanthropy.org/focus/global-catastrophic-risks/biosecurity/nuclear-threat-initiative-projects-to-reduce-global-catastrophic-biological-risks

67 https://www.openphilanthropy.org/focus/global-catastrophic-risks/biosecurity/nuclear-threat-initiative-biosecurity-program-support-2020

68 https://www.openphilanthropy.org/focus/global-catastrophic-risks/biosecurity/nuclear-threat-initiative-biosecurity-program-support-may-2020

69 https://covid-local.org/intl-guide/

lungen auslösen müssen, um die Pandemie, auf die sie sich so gründlich vorbereitet hatten, zu bekämpfen, oder nicht?

Natürlich nicht, denn wie gesehen begann für sie mit Beginn der Pandemie die „Erntezeit", denn die Staaten haben mit freundlicher Unterstützung ihrer Berater (Jeremy Konyndyk, Peter Piot, Elizabeth Cameron und anderen, die wir noch kennenlernen werden) Milliarden für Impfstoffe, Covid-19-Tests und so weiter ausgegeben. Die NGOs und ihre Gründer haben diese Milliarden, die die Regierungen (also die Steuerzahler) für Tests, Impfstoffe und so weiter ausgegeben haben, mit Beginn der Pandemie über die Firmen, an denen sie beteiligt sind, eingesammelt. Die Vorbereitung hatte sich gelohnt.

Schauen wir uns daher noch weitere Beispiele für diese Vorbereitung an.

Neben der internationalen Impfallianz GAVI hat Bill Gates auch die Coalition for Epidemic Preparedness Innovations (CEPI), übersetzt in etwa „Koalition für Innovationen in der Epidemievorbeugung" gegründet. Übrigens – das passt wieder zu den zur Diskussion gestellten vier Phasen der Pandemie – war das 2016, nachdem die Fehleranalyse zur Schweinegrippe abgeschlossen war und es an die Vorbereitung einer „erfolgreichen" Pandemie ging. Zu CEPI, die – ganz im Sinne der öffentlich-privaten Partnerschaft – mit der WHO und vielen Regierungen engstens zusammenarbeitet, kommen wir später noch genauer.

Eines der Vorstandsmitglieder der CEPI ist der Virologe Dr. John Nkengasong aus Kamerun. Er hat Karriere bei der WHO gemacht und auch lange für die Centers for Disease Control and Prevention (CDC), also eine wichtige Behörde des US-Gesundheitsministeriums, gearbeitet. Wer Einfluss auf Entscheidungen der US-Regierung in diesem Bereich nehmen möchte, der sollte sich mit Dr. Nkengasong anfreunden.

Und genau das hat die NTI getan. Sie hat Dr. Nkengasong angeheuert und bezahlt ihn als Berater[70]. Außerdem ist er, wie gesagt, über die

70 https://www.nti.org/about/board-and-advisors/

CEPI auch auf der Gehaltsliste von Bill Gates. Ebenfalls 2016 wurde er Direktor bei den Africa Centres for Disease Control and Prevention (kurz: Africa CDC; auf Deutsch etwa: „Afrikanische Zentren für Krankheitsbekämpfung und Schutzmaßnahmen"). So haben sich Bill Gates und die NTI Einfluss auf eine der Schlüsselfiguren gesichert, die dann während der Pandemie die Regeln aufgestellt hat.

Im Zuge der Pandemie wurde Dr. Nkengasong nämlich einer der sieben „Sonderbotschafter" der WHO, und die Aufgabe dieser handverlesenen Sonderbotschafter sind[71]:

- *„Verstärkung der Botschaften des Generaldirektors;*
- *Verbreitung der WHO-Leitlinien zur COVID-19-Bereitschaft und -Reaktion;*
- *Beteiligung an hochrangiger Lobbyarbeit und politischem Engagement;*
- *Strategische Beratung zu Bereitschaft, Einsatzbereitschaft und Reaktion auf COVID-19-Ausbrüche;*
- *Zusammenarbeit mit regionalen Gremien und nationalen Regierungen;*
- *regelmäßige Berichterstattung an den Generaldirektor über ihre Arbeit und die Situation in den Ländern."*

Die WHO gibt den Staaten der Welt die Richtlinien vor, nach denen diese gegen Covid-19 vorgehen sollen. Und diese Richtlinien werden unter anderem von Dr. Nkengasong geschrieben, der seit Jahren auf der Gehaltsliste der NGOs und Think Tanks steht.

Als die WHO zusammen mit der EU und den G20 im Mai 2021 das „Global Health Summit 2021"[72], also eine Art Weltgesundheitskonferenz, abgehalten hat, war Dr. Nkengasong als einer der wichtigsten leitenden Experten mit dabei[73].

---

71 https://www.who.int/emergencies/diseases/novel-coronavirus-2019/who-director-general-s-special-envoys-on-covid-19-preparedness-and-response

72 https://www.who.int/news-room/events/detail/2021/05/21/default-calendar/global-health-summit-2021

73 https://global-health-summit.europa.eu/panel-scientific-experts_en

Apropos Global Health Summit 2021: Erinnern Sie sich noch an Peter Piot? Das war der Ehemann von Heidi Larson und Leiter eines Londoner Instituts, das von Bill Gates mit über 180 Millionen Dollar finanziert wurde und der unter anderem Sonderberater von EU-Kommissionschefin von der Leyen in Sachen Covid-19 ist. Peter Piot war zusammen mit Dr. Nkengasong einer dieser leitenden Experten, die den Staaten der Welt im Mai 2021 gesagt haben, was in Sachen Covid-19 zu tun sei.

Übrigens hat Dr. Nkengasong auch ganz direkten Einfluss darauf, welche Entscheidungen die Bundesregierung im Umgang mit der Pandemie getroffen hat, denn nebenbei ist Dr. Nkengasong auch noch Vorstandsmitglied des wissenschaftlichen Beraterstabes des RKI[74].

Aber Dr. Nkengasong und Peter Piot sind eigentlich nur kleine Fische im Vergleich zum Beispiel zu Margaret Hamburg. Diese Dame ist Ärztin und hat in den USA Karriere gemacht und schon unter Präsident Clinton eine leitende Funktion im Gesundheitsbereich in der US-Regierung bekommen. Danach ging sie zu den NGOs. Sie ist zusammen mit Dr. Nkengasong im Beraterstab der NTI[75]. Außerdem ist sie Vorsitzende der American Association for the Advancement of Science[76], der weltweit größten wissenschaftlichen Gesellschaft, und Herausgeber mehrerer Zeitschriften, darunter Science. Darüber hinaus hat sie leitende Funktionen in vielen der NGOs, die in diesem Buch eigene Kapitel haben.

Sie ist beim Center for Strategic and International Studies (CSIS)[77], sie ist im Vorstand des Council on Foreign Relations[78], sie ist im wissenschaftlichen Beratungskomitee der Bill & Melinda Gates Foun-

74 https://www.rki.de/EN/Content/Institute/Committees/SAB_ZIG/SAB_ZIG_Members.html

75 https://www.nti.org/about/board-and-advisors/

76 https://www.aaas.org/person/margaret-hamburg

77 https://healthsecurity.csis.org/authors/margaret-hamburg/

78 https://www.cfr.org/bio/margaret-peggy-hamburg

dation[79], sie ist Vorstandsmitglied der Impfallianz GAVI[80], sie war schon beim Gründungsmeeting von CEPI dabei[81], sie ist im Strategischen Beratungsgremium für Infektionen des Wellcome Trust[82] und sie ist Beraterin für globale Gesundheit bei der University of Washington[83], die in den USA eine wichtige Rolle bei der Pandemie spielt. Hier habe ich nur die Posten von Margaret Hamburg aufgelistet, die sie bei NGOs hat, die in diesem Buch eigene Kapitel haben. Die Liste ihrer Posten ist noch länger.

Ich habe immer wieder geschrieben, dass sich ab 2017 die Planspiele für eine mögliche Pandemie gehäuft haben. Das will ich nun am Beispiel der Planspiele aufzeigen, die alleine die Johns Hopkins University organisiert hat. Das waren fünf Stück.

Das erste hieß „Dark Winter", fand am 22. und 23. Juni 2001 statt, und wurde vom Johns Hopkins Center for Civilian Biodefense Strategies zusammen mit dem Center for Strategic and International Studies (CSIS) und anderen Organisationen durchgeführt. Es ging dabei um einen fiktiven Angriff mit Pocken, und es waren neben Margaret Hamburg auch der CIA-Chef und die Stabschefs der US-Streitkräfte daran beteiligt[84]. Den US-Präsidenten spielte dabei übrigens Sam Nunn, der zur gleichen Zeit zusammen mit Ted Turner die NTI gegründet hat.

Das zweite Planspiel der Johns Hopkins University hieß „Atlantic Storm" und fand am 14. Januar 2005 statt. Wieder ging es um einen

79 https://www.gatesfoundation.org/about/leadership/scientific-advisory-committee

80 https://www.gavi.org/governance/gavi-board/members/margaret-peggy-hamburg

81 https://www.glopid-r.org/cepi-developments/

82 https://wellcome.org/what-we-do/our-work/vaccines-and-drug-resistant-infections-strategic-advisory-board

83 https://globalhealth.washington.edu/margaret-hamburg

84 https://www.centerforhealthsecurity.org/our-work/events-archive/2001_dark-winter/about.html

Biowaffenangriff, dieses Mal spielte Madeleine Albright die US-Präsidentin. Finanziert wurde das Planspiel unter anderem von der NTI[85].

Nach zwölf Jahren Pause veranstaltete die Johns Hopkins University plötzlich jedes Jahr so ein Spiel. Im Oktober 2017 hieß das Planspiel „SPARS Pandemic 2025–2028“ Die Ergebnisse des Planspiels sind als Buch online[86], und wer das liest, der stellt besonders bei den Strategien, um Menschen zur Impfung zu ermutigen, der Vorausberechnung der Todeszahlen und den Quarantänemaßnahmen eine frappierende Ähnlichkeit zur Covid-19-Pandemie fest.

Im Mai 2018 folgte das Planspiel „Clade X“, an dem auch Margaret Hamburg wieder teilgenommen hat[87]. Dieses Mal wurde eine Atemwegserkrankung durch ein Laborvirus simuliert, die sich als Pandemie weltweit ausbreitet. Wieder wurden Reiseverbote trainiert, und als Ergebnis des Spiels wurde verkündet, man müsse die Impfstoffproduktion beschleunigen.

Von dem fünften Planspiel, das im Oktober 2019, nur zwei Monate vor dem ersten Auftreten von Covid-19 in China stattfand, haben Sie vielleicht schon gehört. Es hieß „Event 201“ und simulierte, wie ein SARS-Virus von der Fledermaus auf den Menschen überspringt und eine weltweite Pandemie auslöst[88]. Darin war sogar die Rede von Zensur der Medien, um „Falschinformationen“ über die Krankheit zu unterdrücken, um zu verhindern, dass die Impfbereitschaft der Menschen zu gering ist. Der im Grunde einzige Unterschied zu der echten Covid-19-Pandemie war, dass das Virus in dem Planspiel nicht in China, sondern in Brasilien aufgetreten ist.

---

85 https://www.centerforhealthsecurity.org/our-work/events-archive/2005_atlantic_storm/flash/index.htm

86 https://jhsphcenterforhealthsecurity.s3.amazonaws.com/spars-pandemic-scenario.pdf

87 https://www.centerforhealthsecurity.org/our-work/events/2018_clade_x_exercise/players/

88 https://www.centerforhealthsecurity.org/event201/scenario.html

Event 201 wurde zusammen mit der Bill & Melinda Gates Foundation und dem Weltwirtschaftsforum organisiert[89]. Einige der Teilnehmer werden wir in diesem Buch noch wieder treffen, daher möchte ich sie kurz vorstellen.

Timothy Grant Evans[90] war bei der WHO, und er war auch Direktor der Rockefeller Foundation. Chris Elias[91] ist der Leiter des „Global Development Program" der Bill & Melinda Gates Foundation und sitzt in einer Vielzahl von Vorständen und Gremien bei Universitäten und Organisationen.

Avril Haines war Rechtsberaterin der US-Regierung unter den Präsidenten Bush und Obama und hat unter anderem dafür gesorgt, dass das Folterprogramm der CIA juristisch sauber aussah, und sie hat unter Obama die Drohnenmorde der USA, denen tausende unschuldiger Zivilisten als „Kollateralschäden" zum Opfer gefallen sind, juristisch als legal eingeordnet. Unter Obama wurde sie auch stellvertretende CIA-Chefin. Als Trump US-Präsident wurde, bekam sie einen Job bei der Columbia University und hat bei Event 201 mitgespielt[92]. Präsident Biden hat sie nach seiner Wahl im November 2020 zur Geheimdienstkoordinatorin ernannt.

Interessant ist auch, dass George Fu Gao an Event 201 teilgenommen hat[93]. Gao ist ein chinesischer Virologe und Immunologe. Vor allem aber ist er Generaldirektor des Chinesischen Zentrums für Krankheitskontrolle und -prävention. Gao ist sehr aktiv, und unter anderem ist er auch Berater der Leopoldina[94].

89 https://www.centerforhealthsecurity.org/event201/191017-press-release.html

90 https://www.centerforhealthsecurity.org/event201/players/evans.html

91 https://www.centerforhealthsecurity.org/event201/players/elias.html

92 https://www.centerforhealthsecurity.org/event201/players/haines.html

93 https://www.centerforhealthsecurity.org/event201/players/gao.html

94 https://www.leopoldina.org/mitgliederverzeichnis/mitglieder/member/Member/show/george-f-gao/

Margaret Hamburg war, während Event 201 stattgefunden hat, anderweitig beschäftigt. Sie hat Ende Oktober zusammen mit Dr. Fauci, dem wichtigsten Berater der US-Regierung in der Pandemie, an einer Veranstaltung des Milken Institute namens „Universal flu vaccine" (also „universeller Grippeimpfstoff") teilgenommen[95]. Dabei sprachen US-Regierungsvertreter, darunter Anthony Fauci, über die Notwendigkeit, „das System zu sprengen" („to blow the system"), um die behördliche Kontrolle von mRNA-Impfstoffen zu umgehen. Bei dem Treffen wurde auch die Notwendigkeit erörtert, eine „Aura der Aufregung" („aura of excitement") zu schaffen und die Grippe „sexy" zu machen, um die Finanzierung durch die Regierung wiederzuerlangen und eine „Hyperproduktion" von mRNA-Impfstoffen zu erreichen, von denen sie und andere Teilnehmer des Treffens glaubten, dass sie den „traditionellen Impfstoffen auf Eibasis" („traditional egg-based vaccines") überlegen seien.

Das war am 29. Oktober 2019, nur zwei Monate vor der Entdeckung der ersten Covid-19-Patienten in China. Und man muss es sich auf der Zunge zergehen lassen: Regierungsvertreter, die für die behördliche Kontrolle von Medikamenten und Impfstoffen zuständig sind, reden davon, diese behördliche Kontrolle zu umgehen. Wenn man solche Kontrolleure hat, dann freut sich die Pharmaindustrie. Und die bezahlt die Leute schließlich über ihre NGOs.

Und noch etwas fällt auf, wenn man sich die Podiumsdiskussion anschaut. Sie beginnt nämlich genauso, wie dieses Buch, mit der Schweinegrippe, und die Teilnehmer bedauern es, wie gering damals die Impfbereitschaft war. Daher müsse man die Grippe „sexy" machen, damit die Menschen sich mehr impfen lassen.

Ist es aber wirklich eine krude Verschwörungstheorie von Mr. X und mir, dass die Pharmaindustrie spätestens seit der Schweinegrippe, also seit 2010, daran gearbeitet hat, wie man die Menschen mit einer Pan-

95 https://www.c-span.org/video/?465845–1/universal-flu-vaccine#

demie impfbereit machen kann? Immerhin haben sogar Vertreter der US-Regierung und ihrer Gesundheitsbehörden schon vor der Pandemie auf Podiumsdiskussionen ganz offen genau über diese Frage gesprochen, wie man die Grippe „sexy" machen kann. Und als Beispiel haben sie die Impfunlust bei der vollkommen ungefährlichen Schweinegrippe angeführt.

Dass Margaret Hamburg zu diesem Zeitpunkt im Oktober 2019 für mRNA-Impfstoffe eingetreten ist, ist bemerkenswert, denn die mRNA-Technologie, mit der heute die ganze Welt gegen Covid-19 geimpft wird, war zu dem Zeitpunkt noch nie für die Anwendung beim Menschen zugelassen worden, obwohl die Pharmaindustrie das seit der Entdeckung des Verfahrens 1990 versucht hat. Aber es ist der Pharmaindustrie in über 30 Jahren nicht gelungen, dieses Verfahren so verträglich zu machen, dass es einen normalen Zulassungsprozess bestanden hätte. Wegen Covid-19 wurden im Rahmen von Notfallzulassungen solche Impfstoffe erstmals in den Impfstoffen von BioNTech/Pfizer und Moderna für die Anwendung beim Menschen zugelassen.

Geändert hat sich aber nichts, die (potenziellen) Probleme, die mRNA-Impfungen verursachen, sind nicht gelöst. Aber Corona sei Dank wurden diese Impfstoffe Ende 2020, also ziemlich genau ein Jahr nach der Veranstaltung „Universal flu vaccine" in Notfallzulassungen zur Anwendung am Menschen freigegeben, und jetzt wird der mRNA-Impfstoff von BioNTech/Pfizer weltweit massenhaft verimpft. Die US-Gesundheitsbehörde hat in ihrem Factsheet[96] zum BioNTech/Pfizer-Impfstoff noch im Sommer 2021 ausdrücklich darauf hingewiesen, dass der Impfstoff nicht zugelassen wurde und nur als zeitlich begrenzte Ausnahme zur Anwendung freigegeben wurde. Die tatsächliche Zulassung erfolgte erst später, als schon Millionen von Menschen damit geimpft waren.

96 https://web.archive.org/web/20210729161208/https://www.fda.gov/media/144414/download

Das Problem ist, dass über die Langzeitfolgen von mRNA-Impfstoffen absolut nichts bekannt ist, weil sie eben noch nie für die Anwendung beim Menschen zugelassen worden sind. Wenn man aber ein vollkommen unerprobtes Verfahren bei Millionen von Menschen weltweit einsetzt und dann abwartet, was wohl die Langzeitfolgen sind, dann ist der per Definition ein Menschenversuch.

Auch Pfizer ist das anscheinend nicht ganz geheuer, denn Pfizer verlangt von Ländern[97], die den Impfstoff zulassen, eine Haftungsbefreiung bei Impfschäden. Auch die EU hat allen westlichen Pharmakonzernen eine Haftungsbefreiung garantiert[98].

Wenn wir uns nun daran erinnern, wie dieses Kapitel über die von Ted Turner gegründete NTI begonnen hat, nämlich mit seinem Ziel, das Bevölkerungswachstum zu verlangsamen (oder genauer gesagt, die Weltbevölkerung zu reduzieren), dann finde ich all diese Dinge, bei denen die NTI wie eine Spinne im Netz sitzt, ein bisschen gruselig.

Center for Global Development (CGD)

Nach diesen ersten beiden Kapiteln über NGOs wollen wir noch einmal kurz zusammenfassen, dass es einerseits die NGOs gibt, die von reichen Leuten als „Foundation“ (Stiftung) gegründet werden, um deren Vermögen legal der Steuer zu entziehen und es weiter zu mehren. Dazu brauchen sie politischen Einfluss, den sie sich über ihre „edlen“ Förderprogramme kaufen, indem sie diejenigen bezahlen, die ihre Ideen politisch voranbringen. Diese reichen Stiftungsgründer sind daher per Definition Oligarchen.

97 https://de.rt.com/amerika/113728-wegen-impfstoffkaufs-pfizer-uebte-massiven-druck-auf-suedamerika-aus/

98 https://ec.europa.eu/commission/presscorner/detail/en/IP_20_1524

Und es gibt NGOs, die man Think Tanks nennt, die von einflussreichen Leuten gegründet werden, um Seilschaften und Netzwerke mit politischem Einfluss zu bündeln, die dann Geld von den Foundations der Oligarchen bekommen, um den gewünschten politischen Einfluss auszuüben.

Um dieses Prinzip an Beispielen aus der Praxis aufzuzeigen, habe ich als erstes über Open Philanthropy und dann über die Nuclear Threat Initiative (NTI) berichtet. Wir werden uns nun in diesem und den folgenden Kapiteln weitere Think Tanks anschauen, bevor wir später wieder zu den Foundations kommen. Auf diese Weise sehen wir, wie Netzwerke von wem bezahlt werden, um die gewünschten politischen Entscheidungen herbeizuführen, und anschließend werden wir sehen, wie die Foundations als Folge davon immer reicher und mächtiger werden.

Wenn all die vielen Namen von Personen und Organisationen in den ersten Kapiteln noch „schwere Kost" waren, weil Sie wahrscheinlich von vielen zum ersten Mal gehört haben, wird es mit der Zeit immer leichter verständlich, weil wir bestimmten Personen und Organisationen immer wieder begegnen werden. Das gilt auch für das Center for Global Development (CGD), das wir ja bei Open Philanthropy schon kennengelernt haben.

Das CDG ist ein 2001 gegründeter Think Tank, der gemäß eigenen Angaben vor allem zu den Themen Effektivität von Hilfsmaßnahmen, Bildung, Globalisierung und weltweite Gesundheit sowie den Auswirkungen von Handel und Migration auf die weltweite Entwicklung forscht. Das CDG veröffentlicht auf seiner Seite Zuwendungen ab 100.000 Dollar, die es bekommen hat. Und schon da wird deutlich, was man auch auf den Charts sieht, die die Software von Mr. X erstellt hat: Das CDG hängt inzwischen hauptsächlich an der Bill & Melinda Gates Foundation, und wenn man bedenkt, dass das CDG unter den Top 15 der einflussreichsten Think Tanks der USA ist, zeigt das einmal mehr die Macht, die Bill Gates inzwischen hat.

Für 2021 zeigt das CDG auf seiner Seite 28 laufende Programme, für die es 100.000 oder mehr Dollar erhalten hat, und deren Financiers[99], wobei manche Programme davon auch schon seit Jahren laufen. Elf dieser Programme wurden von der Bill & Melinda Gates Foundation mit insgesamt etwa 46 Millionen Dollar finanziert. Alle anderen Programme zusammen, die andere Auftraggeber finanziert haben und die ebenfalls für 2021 angezeigt werden, wurden mit weniger als 30 Millionen Dollar finanziert. Bill Gates ist also der „beste Kunde" des CDG.

Wenn man sich die elf Programme anschaut, die Bill Gates 2021 beim CDG finanziert hat, bestätigt sich wieder meine These, dass die Pandemie für die Foundations schon vorbei ist. Lediglich eines der Programme bezieht sich konkret auf Covid-19. Und das ist ein für die Verhältnisse von Bill Gates eher kleines Programm mit einem Budget von 1,45 Millionen Dollar für den Zeitraum November 2020 bis April 2022 mit dem Titel:

„Unterstützung von Forschung und Öffentlichkeitsarbeit, um das Verständnis der Entscheidungsträger für die geschlechtsspezifischen Auswirkungen der COVID-19-Pandemie zu vertiefen"

Interessant ist der Titel eines mit 14,5 Millionen Dollar ausgestatten Förderprogramms von Bill Gates beim CDG. Es läuft von Oktober 2018 bis Dezember 2023 und trägt den Titel:

„Unterstützung für iDSIplus: Stärkung und Ausweitung der institutionellen Kapazitäten der Länder, um bessere Entscheidungen für die Gesundheit zu treffen"

In dem Programm, das knapp ein Jahr vor Beginn der Pandemie gestartet wurde und das wohl die ganze Pandemie hindurch laufen wird, soll das CDG den Ländern der Welt im Auftrag von Bill Gates erklären, welche „besseren Entscheidungen" die Länder im Bereich der Gesundheit treffen sollten. Ob damit auch die Entscheidung darüber gemeint sein könnte, welche Impfstoffe ein Land kaufen soll?

99 https://www.cgdev.org/section/funding

Die meisten anderen Programme, die Bill Gates beim CDG aktuell fördert, haben mit der Pandemie nichts mehr zu tun. Und wieder fragt man sich, warum Leute, die sich vor der Pandemie mit – im Fall von Bill Gates – Milliarden Dollar auf eine möglicherweise nie kommende Pandemie vorbereitet haben, nun, da die Pandemie da ist, dafür kaum noch Geld ausgeben, obwohl doch gerade jetzt viel Geld für den Kampf gegen die Pandemie und zur Abmilderung ihrer Folgen gebraucht wird. Die Antwort habe ich schon gegeben: Weil das vor der Pandemie Investitionen waren und nun die Ernte eingebracht wird. Dass das so ist, zeigt sich hier ein weiteres Mal.

Auch personell sind die Bill & Melinda Gates Foundation und das CDG eng verbunden. So hat zum Beispiel Dr. Hannah Kettler, die beim CDG als Direktorin für Finanzierung und Partnerschaften im PATH Center for Vaccines Innovation and Access arbeitet, vorher 16 Jahre im Global Health Program der Bill & Melinda Gates Foundation gearbeitet. PATH ist eine weitere NGO, die sich mit weltweiter Gesundheit beschäftigt.

Und auch der schon erwähnte Christopher Elias, der Chef der Bill & Melinda Gates Foundation, ist immer wieder bei CDG-Veranstaltungen dabei.

Dass Open Philanthropy das CDG finanziert, haben wir schon gesehen. Und dass Bill Gates mittlerweile der größte Financier des CDG ist, wissen wir auch schon. Aber das CDG wird auch noch von anderen finanziert, zum Beispiel vom Wellcome Trust, den wir uns später noch genauer anschauen.

Jetzt will ich an einem Beispiel aufzeigen, welche Macht diese Netzwerke haben. Am 3. August 2021 haben Experten ein Papier mit dem Titel „US-Notfallplan zur weltweiten COVID-19-Hilfe: Dringende Maßnahmen zur weltweiten Beendigung der Pandemie und Beschleunigung der Erholung und Sicherheit der USA“[100] veröffentlicht. Dar-

100 https://csis-website-prod.s3.amazonaws.com/s3fs-public/publication/210803_Covid_Emergency_Plan.pdf?u.AsSOEbxuU3frYFmUFeJs5qiE_xCJAt

in haben sie im Kern zwei Dinge gefordert: Erstens solle US-Präsident Biden parallel zur UNO-Generalversammlung Ende September 2021 einen weltweiten Impfgipfel einberufen. Zweitens sollen sich alle Teilnehmer dieses Impfgipfels verpflichten, bis Mitte 2022 mindestens 70 Prozent der Weltbevölkerung zu impfen. Bezahlen sollen das die USA, die EU und die G7, also die Staaten des Westens, und natürlich sollen dabei nur „Qualitätsimpfstoffe der USA und ihrer Alliierten" zum Einsatz kommen.

Da wir wissen, dass die USA und ihre Alliierten de facto hauptsächlich den Pfizer-Impfstoff verimpfen (und noch ein bisschen Johnson & Johnson und Moderna), ist klar, welcher Impfstoff in erster Linie gemeint war.

Unterzeichnet wurde der „Notfallplan" von den Chefs von vier NGOs, beziehungsweise Think Tanks. Das waren das Center for Global Development (CGD), das Center for Strategic and International Studies (CSIS; siehe nächstes Kapitel), die Covid Collaborative und die Duke Center.

Die Covid Collaborative wurde 2020 für den Kampf gegen Covid-19 in den USA gegründet, und dort sitzen unter anderem Margaret Hamburg und Rebecca Katz als Berater[101]. Die Duke Center sind eine Reihe von NGOs, die sich mit Gesundheitsthemen befassen.

Dieser Notfallplan war die Basis für einen offenen Brief[102], den diese NGOs ebenfalls am 3. August an das Weiße Haus geschrieben haben und in dem sie ihre Kernforderungen ebenfalls gestellt haben. Den offenen Brief haben auch noch Vertreter anderer NGOs als Unterstützer der Forderungen unterschrieben.

101 https://www.covidcollaborative.us/the-collaborative

102 https://healthpolicy.duke.edu/sites/default/files/2021–08/USEPCR%20Cover%20letter_FINAL_For%20Distribution.pdf

Das waren zum Beispiel Thomas Bollyky in seiner Funktion als Leiter des Global Health Program des Council on Foreign Relations[103], der vorher beim CDG gearbeitet und auch mal die Bill & Melinda Gates Foundation beraten hat. Auch die Rockefeller Foundation hat den Brief als Unterstützer unterschrieben. Von unseren alten Bekannten hat auch Margaret Hamburg den Brief als Unterstützerin unterschrieben, wobei sie sich anscheinend nicht für eine NGO entscheiden konnte, in deren Namen sie unterschreiben wollte, weshalb sie den Brief als ehemalige Direktorin der US-amerikanischen Food and Drug Administration (FDA) unterschrieben hat.

Besonders interessant ist die Unterschrift von Scott Gottlieb, der den Brief im Namen des American Enterprise Institute als Unterstützer unterschrieben hat. Darauf kommen wir gleich nochmal zurück.

In dem offenen Brief konnte man zum Beispiel folgende Forderung lesen:

„einen „Globalen Impfgipfel“ auf Präsidentenebene vor der UN-Generalversammlung im September zu veranstalten, an dem man Führungskräfte des öffentlichen und privaten Sektors aus der ganzen Welt zusammenbringt (…) und sich verpflichten, die notwendigen Maßnahmen zu ergreifen, um Lücken in der Impfstoffversorgung zu schließen und die Finanzierungs- und Kapazitätslücken bei der Verteilung und Bereitstellung von Impfstoffen, sowie der Schaffung von Nachfrage zu schließen“.

Es ging in dem Brief nicht nur darum, genug Impfstoffe zu produzieren und zu finanzieren. Es ging auch darum, Nachfrage zu schaffen, also die unwilligen Länder davon zu überzeugen, gefälligst die „Qualitätsimpfstoffe“ der USA, also von Pfizer, zu kaufen.

Wer bisher noch glaubt, der US-Präsident habe viel zu entscheiden, der wird sich nun wundern, denn wenn die einflussreichsten Think Tanks der USA dem Weißen Haus einen offenen Brief schreiben, dann ist das keine Bitte, sondern eine Anweisung.

---

103 https://www.cfr.org/expert/thomas-j-bollyky

Es hat keine acht Wochen gedauert und schon hat Biden die Forderungen umgesetzt. Parallel zur Generalversammlung der UNO hat US-Präsident Biden am 26. September ein virtuelles Gipfeltreffen mit Vertretern von 100 Staaten veranstaltet, auf dem der US-Präsident genau das angekündigt hat, was in dem offenen Brief gefordert wurde. Er hat von anderen Staaten gefordert, dem Beispiel der USA zu folgen, wie zum Beispiel die Tagesschau berichtet hat. Bei der Tagesschau konnte man erfahren[104]:

„*Als organisatorischen Rahmen hob Biden eine transatlantische Impfpartnerschaft aus der Taufe. „Heute bringen wir die EU-US-Partnerschaft für eine globale Impfoffensive auf den Weg“,* sagte er, *um enger zusammenzuarbeiten. Das Ziel sei es, bis September kommenden Jahres 70 Prozent der Weltbevölkerung geimpft zu haben.*“

Biden (und auch die EU) haben sich innerhalb von acht Wochen verpflichtet, alle Forderungen aus dem offenen Brief Eins zu eins umzusetzen – so groß ist die Macht dieser NGOs und Think Tanks.

Das Impfprogramm soll laut dem Notfallplan mindestens 6,5 Milliarden Impfdosen umfassen, bei einem geschätzten Preis von knapp 20 Dollar pro Impfdosis von Pfizer reden wir von knapp 130 Milliarden Dollar, die die EU und die USA mal eben locker gemacht haben, ohne irgendein Parlament zu fragen. Was das über die „westlichen Demokratien“ und wer dort in Wahrheit die Entscheidungen trifft, aussagt, darf sich nun jeder selbst fragen.

Kommen wir zurück zu Scott Gottlieb, der den Brief im Namen des American Enterprise Institute als Unterstützer unterzeichnet hat. Was wir in dem offenen Brief (und auch in den wenigen Medienberichten darüber) nicht erfahren, ist, dass Scott Gottlieb zufälligerweise auch noch Vorstandsmitglied von Pfizer ist[105].

Das bedeutet im Klartext, dass das CDG, welches zum größten Teil von Bill Gates finanziert wird, der wiederum Aktionär bei BioNTech und

104 https://www.tagesschau.de/ausland/amerika/us-impfkampagne-101.html

105 https://www.pfizer.com/people/leadership/board-of-directors/scott_gottlieb-md

Pfizer ist und daher an den Impfungen verdient, dem US-Präsidenten schreibt, er solle gefälligst dafür sorgen, dass die ganze Welt Pfizer-Impfstoffe kauft und mindestens 70 Prozent der Weltbevölkerung damit geimpft werden. Und als Unterstützer unterschreibt den Brief ein Vorstand von Pfizer, der sich für die dumme Öffentlichkeit hinter seinem Posten bei einem Think Tank versteckt, anstatt seine wahren Interessen offen zu zeigen und als Vorstand von Pfizer zu unterschreiben.

Mal ehrlich: Geht es eigentlich noch dreister?

Und der US-Präsident setzt diesen Wunsch augenblicklich um, und auch die EU steigt sofort mit Milliarden in das Vorhaben ein. Das Ganze hat keine zwei Monate gedauert.

Das ist wahre Macht – und die hat nicht der US-Präsident, die haben die Gründer der NGOs und Think Tanks.

Center for Strategic and International Studies (CSIS)

Das Center for Strategic and International Studies (CSIS)[106] ist ein 1962 als Center for Strategic and International Studies of Georgetown University gegründeter Think Tank. Allerdings hat die Georgetown University 1986 entschieden, alle Verbindungen zum CSIS abzubrechen[107]. Der Grund war, dass die Universität kritisierte, dass das, was das CSIS tue, nicht das sei, „was eine Universität tun sollte", denn das CSIS befasste sich weniger mit wissenschaftlicher Arbeit als mit medialer Lobbyarbeit für die Interessen bestimmter Industriezweige.

106 https://www.csis.org/

107 https://www.washingtonpost.com/archive/politics/1986/10/18/gu-severs-ties-with-think-tank/41596c55-e68e-47ac-8fad-470c12aecaea/

Und damit sind wir beim Hauptzweck des CSIS. Der Think Tank hat seinen großen Schwerpunkt auf der Geopolitik und ist Lobbyist der US-Rüstungsindustrie. Mit anderen Worten: Das CSIS unterstützt die Ziele der US-Rüstungsindustrie nach Kräften und lässt sich dafür bezahlen. Da Kriege für die Rüstungsindustrie ein „Bombengeschäft" sind, ist das CSIS in seiner Funktion als Berater der US-Regierung in der Außenpolitik ein Befürworter bewaffneter Einsätze und nicht diplomatischer Methoden.

Wir haben in den vorherigen Kapiteln gesehen, wie direkt die NGOs und Think Tanks die Entscheidungen der Politik bestimmen und wie sie dafür Studien verfassen, Konferenzen veranstalten und Regierungsberater finanzieren und auch ehemalige Regierungsmitglieder nach ihrem Ausscheiden aus der Politik bei sich aufnehmen, wofür diese natürlich hervorragend bezahlt werden. Trotzdem übersehen die Medien diese Dinge gerne, obwohl sie vollkommen offen zu Tage liegen. Auf die Rolle der Medien kommen wir später in diesem Buch noch ausführlich zu sprechen, hier wollte ich nur anmerken, dass die Medien vor diesen Dingen die Augen verschließen.

Daher ist es bemerkenswert, dass die New York Times 2016 einmal ausführlich darüber berichtet hat[108]. Die New York Times hat damals aufgezeigt, wie private Unternehmen die Inhalte der vorgeblich unabhängigen Berichte des CSIS bestimmen. Als beispielsweise General Atomics Lobbyarbeit für eine Änderung der Exportbestimmungen für seine Drohnen betrieb, finanzierte das Unternehmen einen Bericht des CSIS, der eine solche Änderung forderte. Als Huntington Ingalls Industries den Kongress davon überzeugen wollte, mehr Geld für seine atomkraftgetriebenen Flugzeugträger auszugeben, finanzierte das Unternehmen einen Bericht des CSIS, der dies forderte.

108 https://www.nytimes.com/2016/08/08/us/politics/think-tanks-research-and-corporate-lobbying.html

Für Leser dieses Buches ist es nicht neu, dass das so läuft, da die Medien das aber gerne übersehen, ist es bemerkenswert, wenn mal eine einflussreiche Zeitung darüber berichtet.

Das CSIS ist definitiv ein Think Tank, der sich in erster Linie dem Wohlergehen der US-Rüstungsindustrie widmet und sich dafür bezahlen lässt. Umso interessanter ist es, dass das CSIS vor Covid-19 auch eine zentrale Rolle bei der Vorbereitung auf eine „mögliche" Pandemie gespielt hat.

Schauen wir uns erst einmal Beispiele für Leute an, die beim CSIS eine Rolle spielen. Da gibt es zum Beispiel die „Scholars", also die „Wissenschaftler" des CSIS. Erinnern Sie sich noch an Rebecca Katz und Julie Fischer, deren Arbeit von Open Philanthropy so großzügig finanziert wurde? Die beiden haben zum Beispiel 2013 als Scholars an einem Bericht des CSIS mitgearbeitet[109], der die weltweite Gesundheitspolitik der Obama-Regierung vorgeben sollte, wobei natürlich der Kampf gegen die Malaria und das große finanzielle Engagement der Bill & Melinda Gates Foundation beim Kampf gegen die Malaria wieder prominent erwähnt wurden.

Auch die Führungsetage des CSIS[110] ist prominent besetzt. Als emeritierter Vorsitzender wird zum Beispiel Sam Nunn genannt, der zusammen mit Ted Turner die NTI gegründet hat. Aber auch sehr einflussreiche Geostrategen sind dort vertreten, die bekanntesten sind Henry Kissinger oder der inzwischen verstorbene Zbigniew Brzezinski. Es sind dort sehr viele ehemals einflussreiche Politiker der USA aufgelistet, die nach ihrer Zeit in der Politik beim CSIS gut bezahlte Posten bekommen haben, um die Projekte des CSIS (also der US-Rüstungsindustrie) voranzubringen. Und wahrscheinlich ist es nicht übertrieben, dass sie auch in ihrer aktiven Zeit als Politiker bereits tatkräftig geholfen haben, sonst hätten sie diese guten dotierten Stellen kaum (als Dankeschön für ihre Unterstützung?) bekommen.

---

109 https://www.csis.org/analysis/global-health-policy-second-obama-term

110 https://www.csis.org/programs/about-us/leadership-and-staff/board-trustees

Henry Kissinger und Sam Nunn sind auch im hochrangig besetzten Beraterstab des CSIS aufgeführt[111].

Leider ist das CSIS bei seinen Finanzen nicht so transparent wie andere NGOs und Think Tanks. Auf seiner Seite erfährt man lediglich, dass das CSIS in 2019 etwas über 42 Millionen zur Verfügung hatte und eine prozentuale Verteilung der Einnahmen nach Zuschussgebern[112]. Demnach kamen 30 Prozent der Zuschüsse und Beiträge von Unternehmen, 29 Prozent von NGOs und Think Tanks („Foundations"), 24 Prozent von der Regierung (oder von Regierungen, das lässt sich bei dem schlichten Begriff „Gouvernement" nicht sicher sagen), und individuelle Beiträge haben 11 Prozent ausgemacht. Der Rest verteilt sich auf sonstige Einnahmen.

Daran sieht man wieder den interessanten Effekt, dass die „edlen" Spender der NGOs die Macht der NGOs nutzen, um Gelder von Regierungen zur Förderung ihrer eigenen Ziele zu bekommen. Das läuft über Förderprogramme, indem ein Think Tank ein tolles Programm (zur Erreichung seiner Ziele) auflegt und das von einer Regierung fördern lässt. So könnte Open Philanthropy die US-Regierung dazu bringen, eines der Programme, das Open Philanthropy beim CSIS platziert hat, finanziell zu unterstützen. Das läuft dann wieder unter dem Begriff „öffentlich-private Partnerschaft", und am Beispiel von Bill Gates haben wir gesehen, dass man damit sehr viel Geld von Regierungen eintreiben kann, ohne selbst allzu viel Geld in die Hand nehmen zu müssen. Und so ist zu erklären, dass ein Viertel des Jahresbudgets des CSIS von der Regierung kommt.

Es gibt viele Rankings von Think Tanks, ich habe schon das Ranking von Foreign Policy genannt, aber es gibt zum Beispiel auch den 2016 erstellten „2015 Global Go To Think Tank Index Report" der Univer-

111 https://www.csis.org/programs/about-us/leadership-and-staff/counselors
112 https://www.csis.org/programs/about-us/financial-information

sität of Pennsylvania[113], der nicht nur den Einfluss der amerikanischen Think Tanks, sondern weltweiter Think Tanks analysiert und auch nicht nur deren Einfluss auf die US-Politik bewertet, sondern ihren Einfluss auf die weltweite Politik. Das CSIS ist in dem Ranking in allen Themenbereichen der führende Think Tank in den USA, der führende Think Tank für Verteidigung und nationale Sicherheit in der Welt und steht im weltweiten Ranking der Think Tanks auf Platz vier. Das CSIS wurde demnach in den letzten sieben Jahren vor der Erstellung des Rankings zum führenden Think Tank für Verteidigung und nationale Sicherheit ernannt und zum „Center of Excellence" erklärt.

Man kann den Einfluss, den das CSIS nicht nur in den USA, sondern weltweit hat, gar nicht hoch genug einschätzen. Daher wollen wir uns gleich ein paar Beispiele für handelnde Personen auch für vom CSIS organisierte Projekte anschauen.

Bevor wir dazu kommen, sei nochmal daran erinnert, dass das CSIS als Schwerpunkt seiner Arbeit nicht etwa die Gesundheitsvorsorge oder Ähnliches sieht, sondern Geopolitik und die Interessen der US-Rüstungsindustrie. Man muss also bei praktisch allem, womit das CSIS zu tun hat, immer auch die Frage stellen, wie das möglicherweise militärisch nutzbar sei.

Daher lässt es sich zum Beispiel erklären, dass das CSIS einer der Organisatoren des Pandemie-Planspiels Dark Winter im Jahre 2001 war, als ein Biowaffenangriff als Auslöser für eine Pandemie simuliert wurde.

Aber das sind alles Themen, die militärisch und geopolitisch angesiedelt sind. Warum aber hat das CSIS als eine von vier NGOs den offenen Brief an das Weiße Haus geschrieben, in dem der US-Präsident aufgefordert wurde, dafür zu sorgen, dass innerhalb eines Jahres 70 Prozent der Weltbevölkerung geimpft werden? Es gibt nun wahrlich genug NGOs und Think Tanks, die mit der Pandemie zu tun haben und auf Gesund-

113 https://repository.upenn.edu/cgi/viewcontent.cgi?referer=https://en.wikipedia.org/&httpsredir=1&article=1009&context=think_tanks

heitsthemen spezialisiert sind, deren Unterschrift unter dem offenen Brief leicht erklärbar gewesen wäre.

Eine mögliche Erklärung für die Beteiligung des CSIS an dem Brief könnte schlicht lauten, dass das CSIS eben einer der einflussreichsten Think Tanks der USA ist und man dessen Unterschrift brauchte, damit das Weiße Haus die Forderungen des offenen Briefes auch tatsächlich umsetzt. Aber jede andere Erklärung für die Beteiligung an dem offenen Brief deutet – in meinen Augen – darauf hin, dass die Geschichte eine militärische Komponente hat.

Neben Margaret Hamburg ist eine weitere interessante Person beim CSIS, ein gewisser Dr. Tom Inglesby. Er ist der Direktor des Johns Hopkins Center for Health Security at the Bloomberg School of Public Health (JHSPH)[114], die den Namen Bloomberg trägt, weil der Medientycoon Michael Bloomberg dem Johns Hopkins Center for Health Security (vor allem ab 2016) insgesamt über 3,3 Milliarden Dollar hat zukommen lassen[115], weshalb der Name geändert und der Name von Bloomberg eingebaut wurde.

Auch diesem Think Tank mit dem wohlklingenden Namen geht es vor allem um unser aller Gesundheit und wieder einmal werden öffentlich-private Partnerschaften als das Mittel der Wahl präsentiert, wie man auf deren Seite über ihr Vorgehen zur Erreichung ihrer Ziele nachlesen kann[116]:

„Zusammenarbeit mit Forschern, politischen Entscheidungsträgern und dem privaten Sektor, um Fortschritte in diesem Bereich zu erzielen."

Bemerkenswert ist die Liste der weiteren Financiers des von Micheal Bloomberg so großzügig finanzierten JHSPH. Auf der gleichen Seite erfährt man, dass sich das JHSPH bei seinen Financiers für deren „großzügige Unterstützung" bedankt. Darunter sind: Open Philanthropy, die

114 https://www.centerforhealthsecurity.org/our-people/inglesby/

115 https://hub.jhu.edu/2018/11/26/bloomberg-hopkins-legacy-of-support/

116 https://www.centerforhealthsecurity.org/who-we-are/

WHO, die Bill & Melinda Gates Foundation, die Rockefeller Foundation und die US-Behörden FDA und CDC. Und es geht auch um militärische Fragen, denn das JHSPH bedankt sich auch bei Pentagon, Homeland Security und dem US-Außenministerium für Unterstützung.

Es geht also eindeutig um militärische Themen, was man auch daran sieht, dass Tom Inglesby, der Direktor des JHSPH, im Jahre 2005 einer der Organisatoren des Pandemie-Planspiels Atlantic Storm gewesen ist[117], bei dem eine von Biowaffen ausgelöste Pandemie simuliert wurde.

Ab 2018 wurde Inglesby sehr aktiv. Er war eine der zentralen Figuren bei dem Pandemie-Planspiel Clade X, das eine Pandemie durch ein Laborvirus simuliert hat und hat im Juli 2018 den Ratgeber „6 Wege, wie sich Länder auf die nächste Infektionspandemie vorbereiten können“[118] geschrieben, in dem an erster Stelle zu lesen war:

„Entwicklung der Fähigkeit, neue Impfstoffe, Medikamente und Schnelldiagnosen für neuartige Krankheitserreger innerhalb von Monaten, nicht Jahren, herzustellen.“

Das ist dann bei der Covid-19-Pandemie auch geschehen. Wie wir uns erinnern, hat Open Philanthropy schnell reagiert und schon ein halbes Jahr nach der Veröffentlichung des Ratgebers die Gründung von Sherlock ermöglicht, die den ersten CRISPR-basierten Test für Covid-19 zugelassen haben. Da ist es sicher nur ein Zufall, dass auf der Seite des Projektes Clade X als einziger „Unterstützer“ ausgerechnet Open Philanthropy genannt wird[119].

Und die mRNA-Impfstoffe wurden ebenfalls im Eiltempo entwickelt, und die nie zuvor zur Anwendung am Menschen zugelassene Methode wurde basierend auf Notfallzulassungen weltweit verimpft.

---

117 https://www.centerforhealthsecurity.org/our-work/events-archive/2005_atlantic_storm/

118 https://www.weforum.org/agenda/2018/07/infectious-disease-pandemic-clade-x-johns-hopkins/

119 https://www.centerforhealthsecurity.org/our-work/Center-projects/completed-projects/clade-x-exercise.html

Eine weitere Konferenz zum Thema Pandemie war „Wilton Park“[120], die im November 2018 stattgefunden hat und an der Tom Inglesby ebenfalls in leitender Funktion teilgenommen hat. Neben dem JHSPH und einigen Universitäten finanzierte die NTI die Konferenz über Biogefahren.

Und natürlich hat Tom Inglesby auch an dem Planspiel Event 201 teilgenommen[121]. Das bedeutet, dass Inglesby an praktisch allen wichtigen Pandemie-Planspielen der letzten Jahre teilgenommen hat, bevor die WHO Covid-19 zur Pandemie ausgerufen hat.

Heute, während der Pandemie, ist Tom Inglesby Mitglied bei der Covid Collaborative, die ebenfalls den offenen Brief an das Weiße Haus unterzeichnet hat, den Präsident Biden umgehend umgesetzt hat.

Rockefeller Foundation

Rockefeller ist sicher einer der bekanntesten Namen der Welt, und um sein Vermögen – oder besser um das Vermögen des Rockefeller-Clans – gibt es ungezählte Gerüchte. Eines kann jedenfalls als sicher gelten: Die offiziellen Schätzungen über den Reichtum der Rockefellers sind ganz sicher zu niedrig angesetzt.

Das muss ich zunächst erklären, bevor wir zum eigentlichen Thema kommen. John D. Rockefeller, der Gründer der Rockefeller Dynastie, hat im 19. Jahrhundert das Ölimperium Standard Oil aufgebaut, das zu Anfang des 20. Jahrhunderts in den USA praktisch der Ölmonopolist war. Das jedoch wurde – weil Rockefeller den Ölpreis so nach Belieben manipulieren und somit noch mehr Geld und Macht anhäufen konnte – zusehends unpopulär. Daher gab es großen öffentlichen Druck auf den Präsidentschaftskandidaten Theodore Roosevelt, und

120 https://www.wiltonpark.org.uk/wp-content/uploads/2020/09/WP1625-Programme.pdf
121 https://www.centerforhealthsecurity.org/event201/about

er versprach, im Falle seiner Wahl gegen das Monopol vorzugehen. Aber auch schon damals war die Macht der Superreichen in den USA gewaltig, weshalb man sich die darauffolgende Geschichte genau anschauen muss.

Das deutsche Wikipedia schreibt dazu[122]:

„1906 eröffnete seine Regierung ein Verfahren gegen Standard Oil wegen des Verstoßes gegen den Sherman Antitrust Act. Dieses Verfahren gilt als ein Meilenstein der amerikanischen Rechtsgeschichte. Am 15. Mai 1911 befand der Oberste Gerichtshof der Vereinigten Staaten, dass Standard Oil gegen den Sherman Antitrust Act verstoßen hatte, und ordnete die Entflechtung des Unternehmens an, woraufhin der Aktienkurs deutlich sank. Rockefeller ging davon aus, dass sich der Kurs wieder erholen würde und kaufte die Aktien seines Unternehmens auf. Er verdiente an der nun einsetzenden Hausse nach vorsichtigen Schätzungen 200 Millionen US-Dollar“

Das bedeutet im Klartext, dass die „Entflechtung“ oder „Zerschlagung“ von Standard Oil nur Augenwischerei für das dumme Volk war, denn das Einzige, was passiert ist, war, dass der Monopolist in 34 kleinere Konzerne aufgeteilt wurde, die aber weiterhin Rockefeller gehörten. Sein Monopol (und damit seine Macht) bestand also weiter, es war von nun an nur besser getarnt. Rockefeller wurde bei der „Entflechtung“ schließlich nicht gezwungen, Teile seiner Unternehmen zu verkaufen, und sie wurden auch nicht verstaatlicht. An den Eigentumsverhältnissen änderte sich nichts.

Mehr noch: Rockefeller konnte seine Anteile an seinen Unternehmen sogar noch erhöhen, als er Aktien, die frei an der Börse gehandelt wurden, im großen Stil zurückgekauft hat. Rockefeller war einige Jahre nach der „Entflechtung“ daher reicher als je zuvor.

---

122 https://de.wikipedia.org/wiki/Standard_Oil_Company#Entflechtung

Um zu verstehen, wie reich Rockefeller war, werfen wir einen Blick in einen Artikel des Business Insider aus dem Jahre 2016[123]. Dort erfahren wir:

„Als Standard Oil Anfang des 20. Jahrhunderts zerschlagen wurde, ging der damals 72-jährige John D. Rockefeller in den Ruhestand – mit rund 900 Millionen Dollar Vermögen. Auf heutige Gegebenheiten umgerechnet war der Ölmagnat damit rund 300 Milliarden Dollar schwer.“

Rockefeller war reicher und mächtiger, als es Bill Gates, Warren Buffet und George Soros heute gemeinsam sind. Aber die Presse, die nur positiv über den Rockefeller-Clan berichtet, erzählt uns allen Ernstes, dass der Clan heute nicht einmal mehr zu den 600 reichsten Familien der Welt gehöre.

Zum Tode von John D. Rockefellers Nachfolger als Patriarch der Dynastie schrieb der srf 2017 zum Beispiel[124]:

„David Rockefeller war das letzte noch lebende Enkelkind von John D. Rockefeller (1839–1937). Sein Reichtum wurde vom US-Magazin «Forbes» zuletzt auf rund 3,3 Milliarden Dollar geschätzt.“

Anstatt ihr Vermögen in den hundert Jahren nach der Entflechtung von Standard-Oil zu mehren, sollen die Rockefellers demnach regelrecht verarmt sein. Oder anders gesagt: Oma Lotte hätte, wenn sie vor hundert Jahren 900 Millionen Dollar auf ein Sparbuch mit nur 2 Prozent Zinsen gelegt hätte, aus den 900 Millionen Dollar inklusive Zins und Zinseszins 6,5 Milliarden Dollar gemacht. Rockefeller hat sein Geld aber nicht auf ein Sparbuch gelegt, sondern in Aktien gehalten, die inklusive Dividenden und Kurssteigerungen ein Vielfaches der Verzinsung von zwei Prozent erbracht haben. Und über seine Fonds und Investments ist Rockefeller längst auch an vielen anderen Konzernen und Branchen beteiligt.

---

123 https://www.businessinsider.de/panorama/der-aelteste-milliardaer-der-welt-ist-schon-101-jahre-alt-2016–12/

124 https://www.srf.ch/news/panorama/david-rockefeller-hinterlaesst-ein-vermoegen-und-ein-vermaechtnis

Es ist ausgesprochen schwierig, das Vermögen des Clans korrekt zu schätzen, denn sie sind wahre Meister darin, ihr Vermögen zu verschleiern, indem sie es in ungezählte Foundations eingebracht und dann über Fonds investiert haben. Das Thema würde ein eigenes Buch füllen.

Hier will ich an zwei Beispielen aufzeigen, warum man die Angaben zu Rockefellers Vermögen mit größter Vorsicht genießen sollte.

Aus der „Entflechtung“ von Standard Oil sind praktisch alle heutigen Ölkonzerne der USA hervorgegangen. ExxonMobil ist im Verlauf der Jahrzehnte aus verschiedenen Teilfirmen Rockefellers zusammenfusioniert worden. Ursprünglich hießen die Teilfirmen, die heute alle in ExxonMobil aufgegangen sind: Anglo-American Oil Company, Standard Oil Company of New York, Standard Oil of New Jersey, Standard Oil Company of Louisiana und Vacuum Oil Company. Gleiches gilt für den Ölkonzern Chevron, der aus dem Standard-Oil-Nachfolger Standard Oil of Kentucky entstanden ist.

Von den Aktien dieser beiden (und all der anderen) Nachfolgekonzerne von Standard Oil hat Rockefeller sich nie im großen Stil getrennt, die Eigentumsverhältnisse werden nur über sehr geschickte Verschachtelungen versteckt. Dass das so ist, zeigt ein Blick auf die Aktionärsstruktur der beiden Konzerne.

Wer zum Beispiel bei Finanzen.net nachschaut, der erfährt, dass 99,87 Prozent der Aktien von ExxonMobil im „Freefloat“, also Streubesitz unbekannter Aktionäre, sind. Gleichzeitig wird aber auch angegeben, dass zum Beispiel vier Tochterfonds der Vanguard-Gruppe etwa 21 Prozent der Aktien von ExxonMobil halten und dass zwei Tochterfonds von BlackRock fast fünf Prozent der Aktien halten. Hinzu kommen noch diverse andere Fonds, die ebenfalls Aktionäre bei ExxonMobil sind. Am Ende der Tabelle kann man dann lesen[125]:

„Die Summe der Anteile kann 100 % überschreiten, da bestimmte Anteilseigner zum Freefloat dazu gerechnet wurden.“

---

125 https://www.finanzen.net/unternehmensprofil/exxonmobil

Da BlackRock und Vanguard das Geld anderer Leute (auch von Großanlegern) verwalten und investieren, ist es also vollkommen unklar, wer die Anteile an ExxonMobil hält, zumal sie offiziell zu fast 100 Prozent im Freefloat sind. In Wirklichkeit können fast alle Aktien des Unternehmens aber immer noch im Besitz der Rockefellers sein. Man weiß es nicht, aber ich wiederhole es: Dass der Rockefeller-Clan sich in den letzten hundert Jahren im großen Stil von seinen Aktien getrennt habe, ist nicht gemeldet worden.

Gleiches gilt für Chevron: Laut Finanzen.net sind 99,98 Prozent der Aktien von Chevron im Freefloat, während gleichzeitig BlackRock fünf Prozent und Vanguard 13 Prozent der Aktien halten[126]. Und das Prinzip gilt für alle Nachfolge-Konzerne von Standard Oil. Daher kann man nur raten, wie reich (und damit mächtig) der Rockefeller-Clan heute ist, aber ich gehe jede Wette ein, dass die offiziell geschätzten Zahlen von drei oder vier Milliarden Vermögen viel zu niedrig liegen.

Diese Intransparenz der Rockefeller-Finanzen macht auch die Arbeit an diesem Kapitel schwierig, denn eigentlich müsste man, wenn man Rockefellers Rolle bei dem Thema dieses Buches komplett verstehen will, all seine Investmentfonds, Think Tanks und Foundations berücksichtigen. Ich bin mir aber nicht einmal sicher, ob es überhaupt jemanden gibt, der genau sagen kann, welche das sind. Daher konzentrieren wir uns in diesem Buch nur auf die berühmte Rockefeller Foundation selbst. Obwohl das ganz sicher nur einen kleinen Ausschnitt der Aktivitäten des Rockefeller-Clans zeigt, ist schon dieser kleine Ausschnitt interessant genug.

Eines der bekanntesten Dokumente im Zusammenhang mit der Rockefeller Foundation und der Pandemie ist das sogenannte „Lock Step Dokument“[127]. Das ist ein Papier von 2010, in dem die Rocke-

---

126 https://www.finanzen.net/unternehmensprofil/chevron

127 http://www.riapriamolitaliainsalute.it/allegdenuncia/Doc.%2028%20Rockefeller%20 Foundation.pdf

feller Foundation vier Szenarien für die Zeit nach einer zukünftigen Pandemie durchgespielt hat. Eines der Szenarien, nämlich „Lock Step“, ähnelt der Covid-19-Pandemie, weshalb im Internet Gerüchte herumgehen, Rockefeller habe das alles schon 2010 vorhergesehen und geplant.

Das ist sicher nicht richtig, denn in dem Dokument wurden vier Szenarien durchgespielt. Wenn Rockefeller Covid-19 schon 2010 geplant hätte, dürfte es in dem Dokument nur dieses eine Szenario geben.

Trotzdem ist das Lock-Step-Dokument interessant, denn wenn man es in unsere These, die aktuelle Pandemie sei geplant worden, „einsortiert“, dann passt es exakt. Nach unserer These begann man nach dem Misslingen von Massenimpfungen während der Schweinegrippe mit der Fehleranalyse. Dazu würde es passen, dass Rockefeller sich 2010 Gedanken über Maßnahmen bei einer nächsten Pandemie und über die Frage, wie sich die Welt danach entwickelt, gemacht hat.

2010 war nach unserer Meinung der Beginn von Phase zwei, also „Brainstorming und Fehleranalyse“ und daraus resultierend die Überlegungen, wie man es in Zukunft „besser machen“ könnte. Zu dieser Phase gehört auch die im Prolog genannte Präsentation von Heidi Larson, die aus der Fehleranalyse schon Vorschläge für die Maßnahmen der Zukunft gemacht hat. Und ab 2016/2017 sehen wir dann in ungezählten Planspielen, Konferenzen und Förderprogrammen, wie man – basierend auf den Erkenntnissen der Phase zwei zu Phase drei, also der Umsetzung und Vorbereitung, übergegangen ist.

Wenn man es aus dieser Sicht betrachtet, ist so ein erstes Papier, das ergebnisoffen vier Szenarien darüber durchspielt, wie sich die Welt nach einer Pandemie entwickeln könnte, plausibel. Es ist aber ganz sicher kein Beleg dafür, dass Rockefeller schon 2010 genau wusste, wie es ablaufen würde.

Dass es eine Vorbereitung auf eine Pandemie gegeben hat, bestreitet niemand. All die Konferenzen, Förderprogramme und Planspiele haben das ja offen gesagt. Anscheinend hat das Lock-Step-Papier (oder ähnliche Dokumente) dabei durchaus Einfluss gehabt, denn in dem Lock-Step-Szenario heißt es zum Beispiel:

„Zunächst wird eine kontrolliertere Welt akzeptiert und befürwortet. Die Bürger haben ihre Souveränität – und ihre Privatsphäre – bereitwillig im Gegenzug für mehr Sicherheit und Stabilität abgegeben. Die Bürger waren gegenüber Anweisungen von oben und mehr Überwachung toleranter, haben das sogar eifrig gefordert, und die Staatsführer haben Anweisungen gegeben, die sie für passend hielten. In den entwickelten Staaten zeigte sich die überbordende Überwachung in vielen Formen: Zum Beispiel biometrische Pässe für alle Bürger.“

Wir müssen uns vor Augen führen, dass das Dokument von 2010 ist. Damals steckte das mobile Internet noch in den Kinderschuhen, und die wenigsten Menschen hatten damals Smartphones. Wenn man das auf heute übersetzt, dann werden aus den biometrischen Ausweisen elektronische Impfpässe und Tracing Apps, oder sogar das Projekt ID2020, auf das wir noch kommen werden.

Die Parallelen des Lock-Step-Szenarios zur Covid-19-Pandemie sind offensichtlich, weshalb es naheliegend ist, dass das Lock-Step-Dokument in dem Brainstorming ab 2010 eine Rolle gespielt hat, zumal auch die Planspiele, die ab 2017 verstärkt stattfanden, alle dem autoritären Szenario von Lock Step gefolgt sind. Und obwohl die WHO 2009 bei der Schweinegrippe noch gegen Maßnahmen wie Grenzschließungen und so weiter gewesen ist, wurden ab 2017 genau diese autoritären Maßnahmen immer wieder durchgespielt und dann in der Pandemie auch umgesetzt. Übrigens war die WHO auch 2019 noch ganz offiziell gegen Lockdowns und Grenzschließungen bei einer Atemwegspandemie, aber die Think Tanks haben andere Szenarien durchgespielt, und die Regierungen setzen sie seit 2020 um.

Schauen wir uns nun einige wichtige Personen an, die mit der Rockefeller Foundation zu tun haben, bevor wir dazu kommen, was Rockefeller im Zusammenhang mit der Vorbereitung auf eine Pandemie alles finanziert und organisiert hat.

Der Leiter der Rockefeller Foundation ist Rajiv Shah, ein 1973 geborener US-Amerikaner, der optisch vor allem durch sein Zahnpasta-Lächeln auffällt (tut mir leid, darauf hinzuweisen, aber wer die Fotos von ihm sieht, der versteht, was ich meine). Seine Eltern sind vor seiner Geburt aus Indien in die USA eingewandert. Er hat Gesundheitswirtschaft studiert und war offenbar ein sehr talentierter Student, denn schon während des Studiums wurde seine Forschung von der US-Regierung mit einer halben Million Dollar gefördert.

2001 kam Shah zur Bill & Melinda Gates Foundation, wo er mehrere Programme geleitet hat, darunter auch ein Programm zur Entwicklung der Landwirtschaft in Afrika, das Bill Gates zusammen mit der Rockefeller Foundation gefördert hat.

In dieser Zeit hat Rajiv Shah sich ein wichtiges Finanzinstrument ausgedacht, die „International Finance Facility for Immunisation" (IFFIm). Wir haben immer wieder gesehen, dass die „großzügigen Retter der Welt", wie Bill Gates, in Wahrheit nur einen kleinen Teil der Summen für ihre Projekte beisteuern, während sie die Steuerzahler (der westlichen) Staaten den Löwenanteil aufbringen lassen. Außerdem unterstelle ich den „Weltenrettern", dass es ihnen nicht um edle Projekte, sondern um Geldverdienen geht. Und genau da setzen die IFFIm von Shah an.

Die IFFIm sind ein Finanzinstrument der Impfallianz GAVI, die Bill Gates schon 2001 gegründet und mit Milliarden ausgestattet hat. Auf der Seite des „Investor Center" der GAVI kann über die von der GAVI eingeführten „Vaccine Bonds" lesen[128]:

„Vaccine Bonds (Impfstoffanleihen) sind auch für Anleger interessant, die eine sozial verantwortliche Investition mit einem klaren, eindeutigen Zweck suchen. Impfstoffanleihen bieten Anlegern eine Möglichkeit zur Portfoliodiversifizierung mit attraktiven risikobereinigten Renditen in einer preisgekrönten sozial verantwortlichen Anlage mit klarer und ein-

128 https://iffim.org/investor-centre/vaccine-bonds

deutiger Due-Diligence-Prüfung und tragen gleichzeitig zum Schutz des Lebens von Millionen von Kindern bei."

Und 2018 sagte Arunma Oteh, Vizepräsidentin der Weltbank, in einer Rede über den Erfolg des von Shah erdachten Instrumentes IFFIm[129]:

„*Eine weitere Herausforderung, die durch innovative Finanzierungen angegangen wurde, ist die Bereitstellung von Impfstoffen für die 71 ärmsten Länder der Welt. Zu diesem Zweck wurde 2006 die Internationale Finanzierungsfazilität für Impfungen (IFFIm) eingerichtet. Sie dient der Vorfinanzierung von Impfstoffen durch die Ausgabe von Impfstoffanleihen, die durch rechtsverbindliche Zusagen der Geber abgesichert sind. IFFIm hat 6,5 Milliarden Dollar an Gebermitteln erhalten, die über 25 Jahre hinweg von Australien, Frankreich, Italien, den Niederlanden, Norwegen, Südafrika, Spanien, Schweden und dem Vereinigten Königreich zu zahlen sind. Die Weltbank, die für die Finanzverwaltung von IFFIm zuständig ist, hat IFFIm in den letzten zehn Jahren bei der Beschaffung von mehr als 5,7 Mrd. USD auf den Kapitalmärkten unterstützt, und zwar auf der Grundlage dieser Zusagen.*"

Das klingt edel, oder? Aber wollen wir mal analysieren, was Frau Oteh tatsächlich gesagt hat. Im Klartext sagte sie: Die GAVI holt sich von den genannten Staaten Zusagen, dass sie der GAVI in Zukunft über Jahre verteilt Milliarden überweisen werden. Um das Geld aber sofort zur Verfügung zu haben, können Anleger die Impfanleihen bei der GAVI kaufen, deren Rückzahlung inklusive Zinsen indirekt von den Staaten garantiert werden.

Wenn es Bill Gates tatsächlich um die Rettung der Welt gehen würde, dann könnte er die – für ihn lächerliche – Summe von 6,5 Milliarden doch selbst für Impfstoffe ausgeben. Oder er könnte die 6,5 Milliarden zumindest aus eigener Tasche „vorschießen" und sie dann im Laufe der Jahre von den Staaten zurückbekommen, ohne Zinsen zu verlangen.

---

129 https://www.worldbank.org/en/news/speech/2018/05/15/leveraging-innovative-finance-for-realizing-the-sustainable-development-goals

Das will Bill Gates aber nicht, stattdessen sammelt er Zusagen von Staaten ein, verkauft diese Zusagen als (staatlich garantierte) Wertpapiere der GAVI an Investoren, die an den von den Staaten zugesicherten Hilfsgeldern dann Zinsen verdienen. Und an dem Geld, das die GAVI damit für die Beschaffung von Impfstoffen zur Verfügung hat, verdient Gates auch noch, weil seine Foundation als Aktionär an den Firmen beteiligt ist, die die bestellten Impfstoffe (oder Medikamente, Nahrungsergänzungsmittel und so weiter) liefern.

Im Klartext: Die GAVI ist keine wohltätige Organisation, die ganz selbstlos und mit Geldern von Bill Gates die Welt durch Impfungen retten will, sie ist ein ausgesprochen ausgeklügeltes Geschäftsmodell, an dem Bill Gates in mehrerlei Hinsicht verdient. Das Geschäftsmodell der GAVI, mit wenig eigenem Geld möglichst viel staatliches Geld einzusammeln, das dann für Dinge ausgegeben wird, an denen der edle Stifter am Ende selbst Geld verdient, wurde von Shah mit der Entwicklung der IFFIm perfektioniert.

Erinnern Sie sich noch an die öffentlich-privaten Partnerschaften? Genau das ist damit gemeint: Ein Milliardär setzt ein wenig Geld ein, die Staaten packen ein Vielfaches an Geld oben drauf, und dann wird dieses Geld im Sinne des edlen Milliardärs ausgegeben, um seine politischen und/oder geschäftlichen Interessen zu unterstützen.

Ein weiterer sehr wichtiger Begriff in diesem Zusammenhang sind die Sustainable Development Goals (SDG, auf Deutsch „nachhaltige Entwicklungsziele" der UNO), was ebenfalls ganz toll klingt. Das ist jedoch ein eigenes Thema, auch wenn wir im Rahmen der Pandemie-Vorbereitung immer wieder auf die SDG stoßen. Ich werde das Thema der Vollständigkeit halber im letzten Kapitel anreißen. Hier erwähne ich die SDG nur deshalb, weil wir diesen immer wieder begegnen und zum Beispiel die zitierte Rede der Weltbank-Vizepräsidentin Arunma Oteh die SDG zum Thema hatte, wobei sie nur am Rande auf die IFFIm eingegangen ist. In ihrer Rede ging es darum, wie man Finanzinstrumente wie die IFFIm auch zur Finanzierung der Förderung der SDG einsetzen könnte.

Kommen wir zurück zum Werdegang von Rajiv Shah. Auch er nutzte die Drehtüren zwischen Staat und NGOs und wurde 2009 von der damaligen US-Außenministerin Hillary Clinton als neuer Chef von USAID vereidigt. Er hat USAID reformiert und den Einfluss der Wirtschaft auf diese ohnehin nur für Förderung der US-Konzerne im Ausland zuständige Behörde USAID noch einmal erhöht. Dabei setzte er sich für ein neues Entwicklungsmodell ein, das auf der Zusammenarbeit mit dem Privatsektor beruht[130].

Ein Beispiel dafür, was das bedeutet, gab es 2014. Die Washington Post schrieb 2014 ganz begeistert[131]:

„In einem ungewöhnlichen Schritt berief Shah, Leiter von USAID, im vergangenen Jahr ein externes Gremium ein, dem Führungskräfte aus der Wirtschaft und millionenschwere Philanthropen angehörten, um jeden von der Behörde ausgegebenen Dollar zu überprüfen und nach Ineffizienzen zu suchen."

Auch das klingt gut, aber es bedeutet in Wahrheit, dass Shah Milliardäre und ihre Konzerne den Haushalt von USAID nach Geldern durchsuchen ließ, die dann für deren eigene Ziele verwendet wurden. Und das Ergebnis konnte sich sehen lassen, denn Shah verkündete anschließend, dass man 2,9 Milliarden Dollar gefunden habe, die man „neu ausrichten" werde.

Es ging dabei wieder um edle Programme, das Geld sollte für die Gesundheit von Müttern und Kindern unter fünf Jahren „neu ausgerichtet" werden. Und dreimal dürfen Sie raten, was mit dem Geld getan wurde.

130 https://www.nytimes.com/2010/10/23/world/23shah.html

131 https://www.washingtonpost.com/national/health-science/with-help-of-private-industry-usaid-review-finds-29-billion-for-maternal-child-health/2014/06/24/4dec87e4-fae7–11e3–8176-f2c941cf35f1_story.html

Es wurde einem Programm zugeschlagen, über das man schon 2012 erfahren konnte[132]:

„Die Initiative wird über Afrika hinaus auf andere Länder mit hoher Sterblichkeitsrate ausgedehnt, darunter Indien und Pakistan, die zusammen mit Nigeria, Äthiopien und der Demokratischen Republik Kongo für die Hälfte der weltweiten Kindersterblichkeit verantwortlich sind. Sie wird eine Reihe von Techniken einsetzen, anstatt nach einem einzigen Wundermittel zu suchen: Einführung neuer Impfungen und Impfstoffe, Unterstützung schwangerer Frauen mit Mikronährstoffen und Überarbeitung von Ernährungsstandards.“

Wie gesagt bin ich kein Impfgegner, und ich freue mich über jedes durch eine Impfung gerettete Kind. Aber dieses Beispiel zeigt ein weiteres Mal auf, wie Shah auch als Leiter der Behörde USAID die Pläne seines Gönners Bill Gates unterstützt und fast drei Milliarden Dollar an Steuergeldern „gefunden“ hat, die er an Pharmakonzerne überweisen konnte, um Impfstoffe und irgendwelche Nahrungsergänzungsmittel zu kaufen. Bill Gates, der das – wie gesehen – nicht eben aus Uneigennützigkeit tut, wird mit der Arbeit seines Schützlings sehr zufrieden gewesen sein.

2017 wurde Shah, der übrigens auch das Young-Global-Leaders-Programm des Weltwirtschaftsforums durchlaufen hat[133], zum Präsidenten der Rockefeller Foundation gewählt[134]. Damit ist er gleichzeitig in vielen sehr einflussreichen Think Tanks vertreten, zum Beispiel in der von David Rockefeller gegründeten Trilateralen Kommission[135], im Council on Foreign Relations[136] oder im Atlantic Council, wo er als Direktor

---

132 https://www.washingtonpost.com/opinions/a-startling-and-welcome-drop-in-child-mortality/2012/05/30/gJQAlaRi2U_story.html

133 https://www.younggloballeaders.org/community?page=86

134 https://www.rockefellerfoundation.org/news/rockefeller-foundation-names-dr-rajiv-shah-next-president/

135 http://www.trilateral.org/pdf/TC_MEMBERSHIP_LIST.pdf

136 https://www.cfr.org/membership/roster

aufgeführt ist[137]. Und natürlich ist Shah auch Mitglied der COVID-Collaborative, die den offenen Brief an das Weiße Haus mit verfasst hat. Und das war nur eine kleine Auswahl von Shahs Posten und Mitgliedschaften.

Eine weitere sehr interessante Person in Verbindung mit der Rockefeller Foundation ist Tim Evans, ein Mann, der aus dem Hintergrund Fäden zieht, aber nicht einmal einen Eintrag bei Wikipedia hat. Er ist seit 2015 Direktor für Gesundheit, Ernährung und Bevölkerung bei der Weltbank und war vorher unter anderem bei der Rockefeller Foundation. Die Weltbank schreibt über ihn, dass er sich durch die „Entwicklung innovativer Partnerschaften, einschließlich der GAVI“ und anderer Organisationen ausgezeichnet hat[138]. Auch hier finden wir wieder den Hinweis auf die für die Oligarchen so lukrativen öffentlich-privaten Partnerschaften.

Tim Evans hat ab 2017 aktiv an der Vorbereitung auf eine Pandemie mitgearbeitet. So hat er an einem Papier der Weltbank mitgearbeitet, das den Titel „Von Panik und Vernachlässigung zu Investitionen in die Gesundheitssicherheit: Finanzierung der Pandemievorbereitung auf nationaler Ebene“ trug und im Dezember 2017 veröffentlicht wurde[139].

Im Zuge seiner Arbeit hat er sehr eng mit der Nuclear Threat Initiative (NTI) zusammengearbeitet. Die NTI hat zum Beispiel Ende Juni 2018 eine bemerkenswerte Veranstaltung abgehalten. Dabei hat die NTI mit dem Weltwirtschaftsforum und dem Wellcome Trust (siehe nächstes Kapitel) eine Konferenz zu Thema „Biosicherheit und Risikominderung“ veranstaltet, an der unter anderem auch Elizabeth Cameron teilgenommen hat, deren Arbeit von Open Philanthropy so großzügig finanziert wurde.

---

137 https://www.atlanticcouncil.org/about/board-of-directors/

138 https://live.worldbank.org/experts/tim-evans

139 https://documents1.worldbank.org/curated/en/979591495652724770/pdf/115271-REVISED-FINAL-IWG-Report-3-5-18.pdf

Über die Veranstaltung vom Juni 2018 schreibt die NTI[140]:

„Aufbauend auf den Ergebnissen dieses Treffens wird das NTI im Herbst eine globale Gruppe führender Persönlichkeiten einberufen, um weitere internationale Normen zur Verringerung biologischer Risiken im Zusammenhang mit technologischen Fortschritten zu ermitteln und zu veröffentlichen sowie konkrete Wege zu deren Umsetzung zu empfehlen."

Wieder ging es um „internationale Normen", also Richtlinien für Staaten im Falle einer Pandemie. Und natürlich hat die NTI bei der Gelegenheit auch mitgeteilt, dass die Veranstaltung durch die „großzügige Unterstützung" von Open Philanthropy erst ermöglicht wurde.

Das könnte man für unwichtig halten, wenn man das der Veranstaltung zu Grunde liegende „Rahmenpapier" nicht kennt. In diesem Papier geht es um die Gefahren, die von Genforschung – und explizit vom Gene Drive – ausgehen. Das ist doch spannend: Die gleichen NGOs und Think Tanks, die im Kampf gegen Malaria die Forschung am Gene Drive massiv finanzieren und fördern, veranstalten gleichzeitig Diskussionen über die Gefahr, die von der Technologie ausgeht.

In dem Rahmenpapier kann man unter anderem auch lesen[141]:

„Jeder bedeutende Durchbruch in der Biotechnologie – wie der Entdeckung und breiten Anwendung fortschrittlicher Gentechnologie (z. B. CRISPR) oder die Entwicklung von Gene Drives – bedeutet neue Forderungen nach nationale Politik und Governance zur Risikominimierung."

Und nur ein halbes Jahr später hat Open Philanthropy Sherlock gegründet, die in den USA den ersten Covid-19-Test auf Basis der CRISPR-Technologie zugelassen hat.

In dem Rahmenpapier wurde auch explizit ein Genforschungsprogramm der DARPA[142] erwähnt. Die Defense Advanced Research

---

140 https://web.archive.org/web/20211005142553/https://www.nti.org/newsroom/news/nti-bio-partners-wellcome-trust-and-world-economic-forum-host-meeting-biosecurity-innovation-and-risk-reduction/

141 https://media.nti.org/documents/Framing_Paper_June_21_NTI-WT-WEF.pdf

142 https://www.darpa.mil/news-events/2016–09–07

Projects Agency (DARPA) (auf Deutsch etwa „Organisation für Forschungsprojekte der Verteidigung") ist eine Behörde des Verteidigungsministeriums der Vereinigten Staaten, die Forschungsprojekte für die Streitkräfte der Vereinigten Staaten durchführt. Dabei forscht die DARPA explizit an „Science-Fiction"-Technologien, also an allem, was eigentlich noch wie Fantasy und Hollywood klingt, aber technisch möglich sein könnte. Für solche Forschungen gibt die DARPA Geld. Und es geht dabei immer um Waffentechnik und ihre militärische Anwendung, es geht nicht etwa um Programme der Gesundheitsversorgung.

Im Februar 2019 fand die schon mehrmals erwähnte Veranstaltung im Rahmen der Münchner Sicherheitskonferenz statt. Daran hat auch Tim Evans teilgenommen. Wieder sei daran erinnert, dass diese Veranstaltung unter anderem von der NTI und dem CDG organisiert und von Open Philanthropy finanziert wurde.

Die Veranstaltung in München orientierte sich unter anderem am „Global Preparedness Monitoring Board"[143], das einschätzen sollte, wie gut Staaten auf einen Krankheitsausbruch, also eine Pandemie, vorbereitet sind. Das Board wurde 2018 unter Leitung der ehemaligen norwegischen Ministerpräsidentin Gro Harlem Brundtland gegründet, die eine wichtige Rolle bei der WHO spielt.

In ihrer Pressemeldung über das Global Preparedness Monitoring Board schrieb die WHO 2018[144]:

„Die Weltbank hat außerdem die Fazilität für die Finanzierung von Pandemienotfällen eingerichtet und im Mai dieses Jahres ihre erste Barauszahlung für den Ebola-Ausbruch in der Demokratischen Republik Kongo vorgenommen. Im Rahmen ihres IDA-18-Engagements unter-

---

143 https://www.gpmb.org/#tab=tab_1

144 https://www.who.int/news/item/10–09–2018-global-preparedness-monitoring-board-convenes-for-the-first-time-in-geneva

stützt die Weltbank die Entwicklung von Pandemiebereitschaftsplänen in 25 Ländern mit niedrigem und mittlerem Einkommen."

Da freut man sich doch, dass die Weltbank einen Notfallfond für Pandemienotfälle eingerichtet hat, der unter die Verantwortlichkeit von Tim Evans fallen dürfte. Aber anstatt den Jahre vor der Pandemie bereitgestellten Fond während der Covid-19-Pandemie zu erweitern und seine Arbeit zu verlängern, hat die Weltbank ihn wie geplant im April 2021, also auf dem Höhepunkt der Pandemie, geschlossen[145].

Wieder sehen wir, wie unmittelbar vor der Pandemie eine Menge zur Pandemievorbereitung getan und bezahlt wurde, aber als die Pandemie dann da war, sind diese Dinge eingestellt worden, und die Steuerzahler – vor allem der westlichen Staaten – haben die Finanzierung der Pandemiebekämpfung übernommen, während die „Philanthropen" und ihre NGOs mit dem Geldverdienen begonnen haben.

Ende Mai 2019 kam, wieder unter der Schirmherrschaft der NTI, eine sehr hochrangige Gruppe zusammen, um die Ergebnisse der Veranstaltung in München und der ebenfalls von der NTI organisierten Veranstaltung „Wilton Park" von 2018 zu analysieren[146]. Dort waren als wichtige Redner unter anderem dabei: Dr. Chris Elias, der Präsident der Bill & Melinda Gates Foundation, Dr. Tim Evans von der Weltbank und Dr. Elizabeth Cameron von der NTI. Außerdem waren auch leitende Vertreter der WHO und der Johns Hopkins University anwesend.

Man beachte: Die ganzen wichtigen Planspiele und Konferenzen zur Auswertung der Ergebnisse der Planspiele wurden von NGOs organisiert und bezahlt, die nun an der Pandemie verdienen. Vertreter der Staaten, die die Rechnung bezahlen, waren nie dabei. Bestenfalls konnte man mal Vertreter von US-Behörden finden, die aber auch eng an die NGOs angebunden sind.

---

145 https://www.worldbank.org/en/topic/pandemics/brief/pandemic-emergency-financing-facility

146 https://www.nti.org/newsroom/news/nti-bio-focuses-high-consequence-deliberate-and-global-catastrophic-biological-risks-during-world-health-assembly-side-event/

Als Abschluss der Vorbereitungen könnte man Event 201 ansehen, das zwei Monate vor der Entdeckung der ersten Covid-19-Fälle in Wuhan und ein halbes Jahr nach der Analyse der vorherigen Planspiele abgehalten wurde. Und auch dort waren wieder weitgehend die gleichen Leute dabei[147], zum Beispiel Chris Elias von Bill Gates und Tim Evans von der Weltbank. Außerdem waren Vertreter der United Nations Foundation (die kümmert sich um die „nachhaltigen Entwicklungsziele"), Schlüsselpartner des Weltwirtschaftsforums und ein Vizepräsident von Johnson & Johnson dabei. Hinzu kamen Vertreter von Firmen wie der Lufthansa und anderen. Der einzige Vertreter einer Behörde beim Event 201 war der stellvertretende Leiter des amerikanischen CDC.

Den Regierungen wurden, nachdem die WHO die Covid-19-Pandemie ausgerufen hatte, die Ergebnisse dieser – zwar teilweise durchaus hochkarätigen, aber in erster Linie interessengeleiteten – Forscher als Handlungsanweisungen vorgelegt. Die Entscheidungen darüber, wie in der Pandemie verfahren werden sollte, waren bereits spätestens 2019 gefallen, und sie wurden während der Pandemie umgesetzt, ohne sie an die tatsächlichen Gegebenheiten der Pandemie anzupassen.

Vielleicht erinnern Sie sich an den Mai 2020. Damals machte ein Referatsleiter des Bundesinnenministeriums Schlagzeilen, weil er alles, was die Bundesregierung damals zur Bekämpfung der Pandemie getan hat, in Frage gestellt und vor den Folgen gewarnt hat. Er hat nach Konsultationen mit Experten darauf hingewiesen, dass die Maßnahmen nicht angemessen seien und dass die Datenlage keine Grundlage für diese Maßnahmen, also Lockdown etc., hergebe. Er wurde dann medial geschlachtet und vom Dienst suspendiert, weil er dafür plädiert hat, nach Lage der Fakten und nicht nach einem vorgegebenen Schema vorzugehen.

Man sieht, wenn man sich nur an zwei Personen (Rajiv Shah und Tim Evans) „entlanghangelt", die eng mit der Rockefeller Foundation ver-

147 https://www.centerforhealthsecurity.org/event201/players/index.html

bunden sind, wie weit die Netzwerke dieser Foundation gespannt sind. Es ist bemerkenswert, dass die Rockefeller Foundation kaum auf Think Tanks zurückgreift, so wie es Bill Gates, Open Philanthropy und viele andere Milliardäre und ihre Foundations tun. Das scheint die Rockefeller Foundation nicht nötig zu haben, denn sie wurde schon 1913 gegründet und dürfte längst ihre eigenen, sehr wirkungsvollen Einflussmöglichkeiten auf die US-Regierung haben, ohne auf viel später gegründete Think Tanks zurückgreifen zu müssen.

Die Macht der Rockefellers wurde in den 1970ern deutlich, als die (westliche) Welt im Umbruch war. 1971 wurde das System von Bretton Woods beendet, demzufolge der Dollar eine goldgedeckte Währung gewesen ist. Um die Dominanz der USA zu erhalten, die von jeher auf dem Dollar beruhte, hat Henry Kissinger mit Saudi-Arabien die Bindung des Dollars an den Ölpreis ausgehandelt. Das war die Geburt des „Petrodollars", dessen weltweite Akzeptanz es in der Folge durchzusetzen galt, wenn man die Macht der USA dauerhaft erhalten wollte. Damals ist unser heutiges Finanzsystem entstanden, das auf Fiat money statt auf goldgedeckten Währungen beruht.

In dieser – aus Sicht der US-Eliten gefährlichen – Zeit hat David Rockefeller die sehr einflussreiche Trilaterale Kommission gegründet, und sein Bruder Nelson wurde in dieser Zeit sogar US-Vizepräsident.

Das ging so: Spiro Agnew, der Vizepräsident von US-Präsident Nixon, musste 1973 wegen eines Korruptionsskandals zurücktreten, woraufhin Nixon den nicht gewählten Gerald Ford zu seinem Vizepräsidenten gemacht hat. Als dann Nixon 1974 wegen Watergate zurücktreten musste und Ford US-Präsident wurde, holte der sich Nelson Rockefeller, den Bruder von David Rockefeller, als Vizepräsident ins Weiße Haus. So hatte der Rockefeller-Clan in diesen wichtigen Zeiten direkten Einfluss darauf, die Macht der USA (und damit seine eigene Macht) zu erhalten.

Ich erzähle diese Geschichte nur, um zu zeigen, wie groß die Macht des Rockefeller-Clans in den USA ist, denn im Gegensatz zu einem – zweifellos ebenfalls sehr mächtigen – Bill Gates muss Rockefeller nicht auf Think Tanks zurückgreifen, wenn er seine Ziele erreichen möchte. Dazu haben die Rockefellers längst ihr kaum durchschaubares Geflecht eigener Think Tanks und NGOs.

Bill Gates lernt jedoch schnell, wenn man bedenkt, welche Macht er sich in wenigen Jahren mit den von ihm gegründeten Organisationen GAVI und CEPI geschaffen hat. Ob Rockefeller es gerne getan hat oder nicht, aber er hat den – aus seiner Sicht – Emporkömmling Bill Gates in den „Guten Club" geholt, weil an Bill Gates bereits kein Weg mehr vorbeiführt.

Ich sagte schon, dass die Rockefeller Foundation den einflussreichen Think Tanks kein Geld bezahlt. Sie hat offensichtlich in den über hundert Jahren ihrer Existenz ihre eigenen Wege gefunden, um Einfluss auszuüben. Einer der Wege dazu scheint zu sein, dass Rockefeller mit Organisationen zusammenarbeitet, die andere „Philanthropen" beraten. Dazu hat der Rockefeller-Clan sogar eine eigene solche Organisation gegründet: Die Rockefeller Philanthropy Advisors[148]. So kann Rockefeller die Macht von „Philanthropen" bündeln und – zumindest teilweise – zur Erreichung seiner eigenen Ziele einsetzen.

Aber die Rockefeller Foundation arbeitet auch mit anderen derartigen „Philanthropen-Beratern" zusammen, wie zum Beispiel dem New Venture Fund (NVF)[149]. Dieser Fund managt hunderte Millionen Dollar für Projekte anderer Geldgeber, was nach einem edlen Geschäftsmodel klingt: Man verstärkt die „guten Projekte", indem man verschiedene kleinere Geldgeber bündelt.

Aber wie immer, wenn es so klingt, als würden die „Philanthropen" Gutes tun, muss man genau hinschauen. Und wenn man sich den NVF anschaut, erfährt man, dass er von einer gewinnorientierten Firma namens Arabella Advisors gegründet wurde. Arabella nutzt eine spezielle Rechtsform der US-Gesetzgebung, sie ist eine sogenannte

148 https://www.rockpa.org/

149 https://newventurefund.org/

„Benefit Corporation", das sind Firmen, die – vereinfacht gesagt – mit sozialen Projekten Geld verdienen wollen. Das Geschäftsmodel von Arabella ist es, Geldflüsse zu verschleiern, dazu hat die Firma mehrere Funds gegründet, einer davon ist der NVF. Das englische Wikipedia schreibt über Arabella:

> *„Arabella Advisors und die mit ihr verbundenen Unternehmen nutzen Steuervorschriften, nach denen Gruppen, die ein steuerliches Sponsoring in Anspruch nehmen, kein Formular 990 beim Internal Revenue Service einreichen müssen. Bei „Pass-Through"-Vereinbarungen wird die Finanzierung von einer Organisation an eine andere weitergegeben, was es schwierig macht, nachzuvollziehen, wo das Geld eines Spenders landet."*

Im Klartext: Das Geschäftsmodell von Arabella ist es, Geldströme intransparent zu machen.

Schon 2018 berichtete Politico[150], dass über eine NGO namens The Sixteen Thirty Fund 140 Millionen Dollar zur Unterstützung von Projekten der US-Demokraten geflossen sind. Dabei handelte es sich vor allem um Projekte, die Stimmung gegen den damaligen US-Präsidenten Trump machen oder seine Personalentscheidungen torpedieren sollten. Und der The Sixteen Thirty Fund ist ebenfalls ein Fund von Arabella.

Politico spricht von „Dark Money", also „dunklem Geld", was bedeutet, dass die Herkunft der Mittel verschleiert wurde und kaum nachvollziehbar ist. Der Einfluss dieser Gelder ist aber gewaltig, nur wurde der Öffentlichkeit zum Beispiel verschwiegen, dass die Kampagne gegen Kandidaten, die Trump zu Obersten Richtern machen wollte, von diesem Geld bezahlt wurde. Auch in Deutschland haben wir die Kampagne in den Medien erlebt, manche erinnern sich vielleicht noch an die Vorwürfe der sexuellen Belästigung gegen Brett Kavanaugh, einen von Trumps Kandidaten für den Obersten Gerichtshof der USA.

---

150 https://www.politico.com/news/2019/11/19/dark-money-democrats-midterm-071725

Das waren Kampagnen, die mit diesen Geldern finanziert wurden. So wird hinter den Kulissen Einfluss ausgeübt, Politik gemacht und die Öffentlichkeit bewusst desinformiert.

Und auch im Wahlkampf Biden gegen Trump war Arabella aktiv. Open Secrets, eine etablierte private US-Organisation, die Wahlkampfspenden überwacht, hat über die Rolle der Arabella-Funds im Wahlkampf Biden gegen Trump berichtet und viele Millionen Dollar an „Dark Money" aufgedeckt, die über verschiedenste Wege gegen Trump eingesetzt wurden, zum Beispiel für Kampagnen in sozialen Netzwerken. Eines der Themen, das dabei gegen Trump aufgefahren wurden, war sein angebliches Versagen im Kampf gegen Covid-19. Unter anderem hat Open Secrets geschrieben[151]:

„Ein gemeinsamer Nenner der Gruppen ist die Rolle des liberalen Dark-Money-Machtzentrums Sixteen Thirty Fund und seines Schwesterunternehmens New Venture Fund. Die Gruppen haben mindestens 80 Gruppen auf eine Art und Weise finanziell unterstützt, die fast keine Papierspur hinterlässt. Sixteen Thirty fungiert als Durchgangsstelle, die Millionen von Dollar an Zuschüssen von wohlhabenden Spendern weiterleitet. Acronym und American Bridge haben jeweils Hunderttausende von Sixteen Thirty Fund erhalten, während der Stiftungszweig von Priorities USA Foundation mindestens 100.000 Dollar gegeben hat."

Wenn man nun noch weiß, dass die Rockefeller Foundation dem New Venture Fund (NVF) 2018 und 2019, also vor dem Wahlkampf, über 13 Millionen Dollar[152] gespendet hat, kann man sich denken, wofür das Geld gewesen sein könnte. 2017 hat Rockefeller dem NVF sogar über 55 Millionen Dollar überwiesen.

---

151 https://www.opensecrets.org/news/2020/03/super-pacs-target-trump-with-coronavirus-ad/

152 https://www.rockefellerfoundation.org/grants/?post_type=grant&grant_active_status=&keyword=New+Venture+Fund&from_month=&from_year=&to_month=10&to_year=2021

Die Rockefeller Foundation spendet dem NVF regelmäßig Geld, aber diese hohen Summen vor der US-Wahl 2020 sind außergewöhnlich. Zum Vergleich: Bevor Trump an die Macht kam, hat Rockefeller dem NVF in 2015 und 2016 nicht einmal zwei Millionen gespendet.

So zieht die Rockefeller Foundation hinter den Kulissen die Strippen der US-Politik, indem sie zum Beispiel massiv Geld in „Dark-Money"-Projekte gibt, mit denen sie dann ihre Ziele erreichen will, ohne dass jemand Rockefeller dahinter vermutet. Die Rockefeller Foundation steht nicht gerne im Rampenlicht, sie agiert lieber aus dem Verborgenen. Aber das man von ihr – im Gegensatz zum Beispiel zu Bill Gates – so wenig in den Medien hört, bedeutet nicht, dass sie sie keinen Einfluss ausübt.

Möglichst nicht in den Medien aufzutauchen, ist von der Rockefeller Foundation offensichtlich gewollt. Und ihr Vorgehen, also Gelder über „Philanthropen-Berater" zu verteilen und zu Dark Money zu machen, macht es schwer, ihre vollständige Rolle bei der Pandemie-Vorbereitung zu untersuchen. Im Gegensatz zu den anderen NGOs (Bill Gates, Open Philanthropy oder Wellcome Trust) versteckt die Rockefeller Foundation ihre interessanten Zahlungen vor der Öffentlichkeit.

Eine weitere Organisation, die die Rockefeller Foundation, finanziert, wollen wir uns noch anschauen. Dabei handelt es sich um die Medicines for Malaria Venture (MMV).

Die MMV gibt als ihren größten Finanzier derzeit Bill Gates an, der die MMV seit dem Jahr 2000 mit über 700 Millionen Dollar finanziert hat. Die MMV wurde 1999 gegründet und einer der Gründer war die Rockefeller Foundation[153].

Die MMV hat sich dem Kampf gegen Malaria verschrieben und sie finanziert Forschungen an Malaria-Medikamenten[154] und Impfungen gegen Malaria. Und nun erinnern wir uns, was ich schon erwähnt habe:

153 https://www.mmv.org/about-us/what-we-do/our-history

154 https://www.mmv.org/about-us/what-we-do/our-strategic-focus-2017–2021-treating-and-eradicating-malaria

Wenn die NGOs die Malaria bekämpfen, dann muss man nicht lange suchen, und man findet das Wort „Gene Drive“.

Im September 2021 hat das MMV einen Bericht über britische Forschungserfolge veröffentlicht[155]. An der Forschung waren das MMV, der Pharmakonzern GlaxoSmithKline, das Imperial College London (welches übrigens von Bill Gates Forschungsgelder bekommt) und das vom Wellcome Trust gegründete Jenner Institut (siehe nächstes Kapitel) beteiligt. Und wenn man in dem Bericht ein wenig blättert, findet man auf Seite 15 zum Beispiel folgende Passage:

> *„In Zusammenarbeit mit Partnern in Westafrika haben Forscher des Imperial College London und von Polo GGB vor kurzem ein einjähriges Experiment abgeschlossen, bei dem sie erfolgreich Populationen von Malaria-übertragenden Moskitos unterdrückt haben, indem sie eine spezielle Art der genetischen Veränderung, die so genannten Gene Drives, eingesetzt haben, um weibliche Moskitos unfruchtbar zu machen. Gene Drives beeinflussen das genetische Erbgut der Mücke, so dass sich eine genetische Veränderung innerhalb weniger Jahre in einer ganzen Insektenpopulation ausbreiten kann. Ein kürzlich durchgeführtes Experiment, bei dem 12,5 bzw. 25 % der Studienpopulation mit veränderten Mücken besetzt wurden, führte innerhalb eines Jahres zu einem vollständigen Zusammenbruch der Population: Zum ersten Mal konnte die Wirksamkeit eines Gene Drives unter Bedingungen nachgewiesen werden, die der natürlichen Umgebung entsprechen.“*

Unbeachtet von der Weltöffentlichkeit wird der Gene Drive bereits in freier Wildbahn getestet. Erinnern wir uns: Open Philanthropy hat 2017 für die Vorbereitung der Gene-Drive-Forschung in freier Wildbahn in Afrika viel Geld ausgegeben, inklusive einer „Finanzierungsreserve“, um die Aufsichtsbehörden afrikanischer Länder davon zu überzeugen, Genversuche an Insekten in freier Wildbahn durch-

155 https://www.mmv.org/newsroom/publications/best-british-how-british-backed-science-can-accelerate-end-malaria

führen zu dürfen. Offensichtlich hatte Open Philanthropy dabei Erfolg.

Finanziert werden diese Forschungen unter anderem über das MMV, das unter anderem von der Rockefeller Foundation gegründet wurde und von Bill Gates mit hunderten Millionen Dollar finanziert wird.

Ich habe nichts gegen den Kampf gegen Malaria, aber wenn man dabei eine Technik entwickelt, mit der man Lebewesen so verändern kann, dass eine Population *„innerhalb eines Jahres zu einem vollständigen Zusammenbruch“* kommt, dann ist das fragwürdig, denn da die Genome aller Tiere (und damit auch des Menschen) weitgehend gleich funktionieren, kann man diese Technik auch bei allen anderen Lebewesen der Erde anwenden. Die Gefahr dieser Technologie, deren Erforschung und Erprobung in freier Wildbahn vor der Öffentlichkeit versteckt wird, ist mit der von Atomwaffen zu vergleichen.

Und die NGOs, die sich daran beteiligen und das finanzieren, lassen sich den Großteil der Kosten von den Steuerzahlern bezahlen, denn die Anschaffung der dabei entwickelten Medikamente werden die Steuerzahler später in Form von „Hilfsprogrammen“ bezahlen. Und sogar die Forschung, an deren Ergebnissen die „Weltenretter“ dann Milliarden verdienen, findet mit staatlichen Geldern statt, denn es wird bei all den Projekten auf die öffentlich-privaten Partnerschaften gesetzt.

Laut dem Jahresbericht des MMV für 2020[156] haben den größten Teil des Jahresetats des MMV die Staaten bezahlt. Sie haben fast 54 Prozent beigesteuert, übrigens war auch das deutsche Bundesforschungsministerium einer der Geldgeber.

Bill Gates hingegen kontrolliert aktuell wohl das MMV, denn er ist der größte Einzelspender und hat 43 Prozent des Jahresetats beigesteuert. Und wer zahlt, bestellt nun mal die Musik.

Zum Abschluss des Rockefeller-Kapitels möchte ich Ihnen eine interessante Meldung der von Bill Gates finanzierten WHO nicht vorenthal-

156 https://www.mmv.org/sites/default/files/uploads/docs/about_us/Finances_2020.pdf

ten. Am 12. Juli 2021 hat die WHO gemeldet, bereits am menschlichen Genom experimentieren zu wollen[157]:

„Zwei neue Berichte, die heute von der Weltgesundheitsorganisation (WHO) veröffentlicht wurden, enthalten die ersten globalen Empfehlungen, die dazu beitragen sollen, das Human Genome Editing als Instrument für die öffentliche Gesundheit zu etablieren, wobei der Schwerpunkt auf Sicherheit, Wirksamkeit und Ethik liegt. (...) „Humanes Genom-Editing hat das Potenzial, unsere Fähigkeit zur Behandlung und Heilung von Krankheiten zu verbessern, aber die volle Wirkung wird sich nur entfalten, wenn wir es zum Nutzen aller Menschen einsetzen, anstatt die gesundheitliche Ungleichheit zwischen und innerhalb von Ländern zu verstärken", sagte Dr. Tedros Adhanom Ghebreyesus, WHO-Generaldirektor.

Zu den potenziellen Vorteilen der Genom-Editierung beim Menschen gehören eine schnellere und genauere Diagnose, gezieltere Behandlungen und die Vorbeugung von genetischen Störungen. Somatische Gentherapien, bei denen die DNA eines Patienten verändert wird, um eine Krankheit zu behandeln oder zu heilen, wurden bereits erfolgreich zur Behandlung von HIV, Sichelzellanämie und Transthyretin-Amyloidose eingesetzt. Diese Technik könnte auch die Behandlung einer Reihe von Krebsarten erheblich verbessern.

Es bestehen jedoch einige Risiken, z. B. bei der Keimbahn- und vererbbaren Genom-Editierung beim Menschen, bei der das Genom menschlicher Embryonen verändert wird und an nachfolgende Generationen weitergegeben werden könnte, um die Eigenschaften der Nachkommen zu verändern."

Und nun raten Sie mal, wer in dem Expertengremium der WHO[158] sitzt, das die Richtlinien für das „Human Genome Editing", also die Ver-

157 https://www.who.int/news/item/12–07–2021-who-issues-new-recommendations-on-human-genome-editing-for-the-advancement-of-public-health

158 https://www.who.int/groups/expert-advisory-committee-on-developing-global-standards-for-governance-and-oversight-of-human-genome-editing/about

änderung des menschlichen Genoms, ausarbeiten soll. Da sitzt auch wieder Margaret Hamburg, also die Dame, die an so ziemlich allen Schlüsselstellen der Pandemie-Vorbereitung gesessen hat, die zwei Monate vor der Pandemie gefordert hat, eine „Hyperproduktion" von mRNA-Impfstoffen zu erreichen, die die Gene-Drive-Projekte voranbringt und so weiter. Diese Dame wird nun (mit)entscheiden, wie das menschliche Genom verändert wird.

Übrigens arbeiten die vollkommen offen, sogar einige ihrer Gesprächsrunden kann man im Netz finden. So gab es zwei Tage nach der zitierten Pressemeldung der WHO eine Videokonferenz[159] der Experten zu dem Thema, in der Margaret Hamburg zum Beispiel erzählt hat, dass die WHO schon im Dezember 2018 ein Expertengremium zum Thema „Veränderung des menschlichen Genoms" eingerichtet hat.

In dem Expertengremium der WHO sitzt auch eine interessante Person aus Deutschland, nämlich Alena M. Buyx, die Vorsitzende des deutschen Ethikrates. Die hat auch eine sehr positive Meinung über all diese Dinge. Der Spiegel hat im Februar 2021 zum Beispiel über eine Expertendiskussion mit ihr berichtet[160]. In dem Spiegel-Artikel konnte man unter anderem lesen:

„»Gibt es eine moralische Pflicht, sich impfen zu lassen? Ja!«, sagte Buyx im SPIEGEL-Spitzengespräch mit Markus Feldenkirchen. (…) Buyx fasst ihren Blick auf die Diskussionen in einem Satz zusammen: »Jede Dosis muss in einen Arm.«"

Wenn man bedenkt, dass es immer die gleichen Financiers sind, die diejenigen bezahlen, die mit aller Gewalt den massenhaften Einsatz der experimentellen mRNA-Impfstoffe vorantreiben und auch die For-

---

159 https://who.zoom.us/rec/play/hr6 m6DtBugYk3FD-XeB7wjkktqCbW1tvYFvRXp-wk1uBdowlAyaw2djCsIMLexLNSbjuQDngUoRXU40P.MaiMm-4wvHMqjKQz?continueMode=true&_x_zm_rtaid=BDcPMIXlTHGRmySCK6YaSw.1634642014131.09766202b7d30431f11ca7744a8b1665&_x_zm_rhtaid=511

160 https://www.spiegel.de/politik/deutschland/corona-ethikrat-vorsitzende-alena-buyx-sieht-moralische-pflicht-zum-impfen-a-ce57df69–2e2a-4f09-a08c-e06765046230

schung am Gene Drive organisieren, und dass diese Finanziers auch an beidem verdienen, dann gruselt es mich mal wieder.

Wellcome Trust

In Deutschland werden nicht viele Menschen vom Wellcome Trust gehört haben, dabei ist er eine der reichsten und mächtigsten Stiftungen der Welt. Der Wellcome Trust wurde 1936 in London gegründet, um das Vermögen des Pharmaunternehmers Henry Wellcome zu verwalten, nachdem er gestorben war. Dabei handelte es sich um die Aktien von Burroughs Wellcome & Company, einem großen Pharmakonzern, die in den Wellcome Trust überführt wurden.

Dass wir heute nicht mehr wissen, welcher Pharmakonzern das war, liegt daran, dass das Unternehmen in den folgenden Jahrzehnten immer wieder mit anderen Pharmakonzernen fusioniert wurde und dass der Name Wellcome dabei in den 1990er Jahren verschwunden ist[161]. Heute heißt der Konzern, der aus all den vielen Fusionen hervorgegangen ist, GlaxoSmithKline (GSK).

Der Wellcome Trust hat von Anfang an das getan, was wir in diesem Buch immer wieder beobachtet haben: Er hat sich als Ziel gesetzt, die „Forschung zu fördern, um die Gesundheit von Mensch und Tier zu verbessern". Zu diesem Zweck hat er Lobbyarbeit für bestimmte Projekte gemacht, selbst ein wenig Geld für die Forschung daran gespendet, aber gleichzeitig den Löwenanteil von Staaten bezahlen lassen. Und natürlich waren das dann Projekte, an denen am Ende der Wellcome-Konzern, bzw. seine Nachfolgekonzerne Geld verdient haben, deren Aktien dem Wellcome Trust gehörten.

161 https://de.gsk.com/de-de/uber-uns/unsere-geschichte/

Heute gilt der Wellcome Trust als die weltweit zweitreichste NGO, die medizinische Forschung „fördert". Die reichste derartige NGO ist die Bill & Melinda Gates Foundation. Unter den weltweiten Stiftungen gilt der Wellcome Trust mit seinen über 40 Milliarden Dollar Vermögen als viertreichste Stiftung.

Über das Vorgehen des Wellcome Trust gab es sogar manch eine Veröffentlichung in der Fachpresse, aber die großen Medien hat das nie wirklich interessiert, und daher hat nur ein Fachpublikum davon erfahren. So ging aus den „Paradise Papers", einem Leak einer Offshore-Anwaltskanzlei im Jahre 2017, hervor, dass Wellcome seine Beteiligungen über Offshore-Firmen verschleiert und dann als „philanthropische" Stiftung Projekte politisch gefördert und finanziell unterstützt hat, an denen die Stiftung anschließend weit mehr verdient hat als sie „gespendet" hat, wenn die Staaten eingestiegen sind, um die für ein „philanthropisches" Projekt nötigen Waren mit Steuermilliarden zu kaufen und das edle Projekt der „Philanthropen" zu fördern[162].

Die renommierte britische medizinische Fachzeitung The BMJ hat 2021 ausführlich berichtet[163], wie der Wellcome Trust an der Covid-19-Pandemie verdient hat, und die Fachzeitung hat dabei das gleiche System kritisiert, das ich in diesem Buch kritisiere: Ein „Philanthrop" fördert ein Projekt, spendet ein wenig Geld, holt dann den Großteil der Gesamtkosten von Regierungen und verdient anschließend an den Bestellungen der Regierungen, weil der „Philanthrop" rein zufällig an eben jenen Firmen beteiligt ist, bei denen die Regierungen die Bestellungen platzieren.

Laut Presseberichten hat sich der Wellcome Trust in den 1990er Jahren von seinen Beteiligungen an den Nachfolgekonzernen des Pharma-

162 https://web.archive.org/web/20210320112849/https://www.sciencemag.org/news/2018/12/private-research-funders-court-controversy-billions-secretive-investments

163 https://web.archive.org/web/20210320113021/https://www.bmj.com/content/372/bmj.n556

konzerns Wellcome getrennt, ist demnach also nicht mehr an GlaxoSmithKline beteiligt. Überprüfen kann das niemand wirklich, denn der Wellcome Trust veröffentlicht – im Gegensatz zum Beispiel zur Bill & Melinda Gates Foundation – keine Details über seine Investments. Jedenfalls erfährt man im finanziellen Jahresbericht des Wellcome Trusts[164] nichts darüber, was nicht verwundert, wenn der Wellcome Trust seine Investitionen und Beteiligungen über Offshore-Firmen verschleiert.

Was man aber aus seinen Jahresberichten ersehen kann ist, dass der Wellcome Trust sehr erfolgreich investiert, denn sein Vermögen wächst beständig und beträgt nach Angaben des Wellcome Trust aktuell 29,1 Milliarden britische Pfund[165], was etwas über 40 Milliarden Dollar entspricht.

Das höchste Entscheidungsgremium im Wellcome Trust ist das Board of Governors, das natürlich hochrangig besetzt ist. So sitzt da zum Beispiel Elhadj As Sy, der früher bei dem UNAIDS-Programm der UNO war. Das UNAIDS-Programm scheint eine wichtige Quelle für Personal der NGOs zu sein, denn dort haben zum Beispiel auch Heidi Larson und ihr Ehemann Peter Piot gearbeitet, bevor sie 2009 in den Dienst von Bill Gates getreten sind. Zur Erinnerung: Piot wird von Gates sehr großzügig finanziert und ist der persönliche Covid-Berater der Chefin der EU-Kommission. Und er ist Berater bei der Leopoldina und einigen anderen wichtigen Organisationen, die der Politik einflüstern, welche Entscheidungen sie in Sachen Covid-19 zu treffen haben.

Elhadj As Sy hat außerdem eng mit dem Global Fund to Fight AIDS, Tuberculosis and Malaria (normalerweise schlicht „Global Fund" genannt) zusammengearbeitet, zu dem wir in dem Kapitel über die „UNO-Nachhaltigkeitsziele" SDG kommen. Und Elhadj As Sy arbeitet

164 https://cms.wellcome.org/sites/default/files/2020–12/wellcome-trust-annual-report-financial-statements-2020.pdf

165 https://wellcome.org/who-we-are/investments

beim von der ehemaligen norwegischen Ministerpräsidentin Brundtland gegründeten WHO Global Preparedness Monitoring Board, auf das wir ebenfalls in einem anderen Kapitel noch genauer eingehen werden.

Apropos Norwegen: Camilla Stoltenberg[166], die Chefin des „Folkehelseinstituttet" (zu Deutsch: „Volksgesundheitsinstitut"), ist Mitglied des Expertengremium für öffentliche Gesundheit des Wellcome Trust. Das Folkehelseinstituttet ist ein dem norwegischen Gesundheitsministerium unterstelltes Verwaltungsorgan, das für die Aufsicht, Forschung, Dienstleistung und Beratung im Gesundheitswesen zuständig ist. Mit solchen Personalien sichert sich der Wellcome Trust Einfluss auf politische Entscheidungen.

Wir haben also mal wieder den bekannten Filz, wenn private Organisationen sich mit derartigen Personalien Zugriff auf wichtige Behörden sichern und man am Ende nicht mehr weiß, ob eine Regierungsentscheidung das Ergebnis der Arbeit objektiver Experten oder das Ergebnis von Lobbyarbeit der milliardenschweren Konzerne und NGOs ist. Genau das aber ist es, was die Konzerne und NGOs mit den öffentlich-privaten Partnerschaften anstreben. Für die läuft also alles nach Plan.

Die wichtigste Person beim Wellcome Trust ist ihr Direktor Jeremy Farrar. Seiner Position entsprechend ist er, genauso wie Rajiv Shah, der Chef der Rockefeller Foundation, oder Chris Elias, der Chef der Bill & Melinda Gates Foundation, in vielen Organisationen vertreten und hat an vielen Papieren mitgearbeitet und an vielen entscheidenden Konferenzen teilgenommen.

Jeremy Farrar war zunächst Professor für Tropenmedizin in Oxford, und im Jahr 2004 haben er und sein vietnamesischer Kollege Tran Tinh Hien festgestellt, dass die tödliche Vogelgrippe (H5N1) wieder beim Menschen auftaucht[167]. Zusätzlich zu seiner akademischen Arbeit war

166 http://www.healthdata.org/about/camilla-stoltenberg

167 https://www.ft.com/content/e6e8b13a-f2df-11e3-a3f8–00144feabdc0

Farrar 2012 Mitglied einer Arbeitsgruppe des Center for Global Development (CGD), die die Prioritäten für Entscheidungsträger beim Thema globale Gesundheit ausgearbeitet hat[168].

2013 wurde Farrar Direktor des Wellcome Trust.

2015 war er Co-Autor eines Artikels im The New England Journal of Medicine mit dem Titel „Establishing a Global Vaccine-Development Fund“[169] (auf Deutsch: „Einen weltweiten Impfstoff-Entwicklungs-Fond gründen“), der ein wichtiger Teil der Vorbereitung zur Gründung von Bill Gates' Epidemie-Koalition CEPI war.

2017 war Farrar Mitglied des Internationalen Beratergremiums zur globalen Gesundheitspolitik des deutschen Bundesgesundheitsministeriums[170]. Dabei befand er sich in der erlauchten Gesellschaft von zum Beispiel Chris Elias, dem Chef der Bill & Melinda Gates Foundation. Geleitet wurde das Gremium von Ilona Kickbusch, die auch Leiterin des Global Health Center beim Weltwirtschaftsforum ist[171], das wiederum entscheidend an der Gründung der CEPI beteiligt war. Obwohl Ilona Kickbusch der deutschen Öffentlichkeit kaum bekannt ist, spielt sie hinter den Kulissen bei Fragen der (deutschen) Gesundheitspolitik eine sehr wichtige Rolle.

Farrar ist außerdem auch beim Global Preparedness Monitoring Board der ehemaligen norwegischen Ministerpräsidentin Brundtland dabei[172], das ein Projekt von WHO und Weltbank ist, bei dem übrigens auch Tim Evans mitarbeitet.

---

168 https://www.cgdev.org/working-group/priority-setting-institutions-global-health

169 https://www.nejm.org/doi/10.1056/NEJMp1506820

170 https://web.archive.org/web/20210304221424/https://www.bundesgesundheitsministerium.de/en/press/2018/international-advisory-board.html

171 https://www.weforum.org/agenda/authors/ilona-kickbusch

172 https://www.worldbank.org/en/news/press-release/2018/05/24/who-and-world-bank-group-join-forces-to-strengthen-global-health-security

Im Mai 2020 wurde Farrar Mitglied des Beraterstabes der britischen Regierung in Fragen zu Covid-19 und künftigen Impfstoffen[173] und konnte so Einfluss auf die Covid-Entscheidungen der britischen Regierung nehmen.

Im Mai 2021 war Farrar auch beim Covid-19 gewidmeten Weltgesundheitsgipfel dabei, den die EU-Kommission organisiert hat. Außerdem waren dort als Experten oder Organisatoren Peter Piot, Camilla Stoltenberg (die norwegische Behördenleiterin, die ebenfalls beim Wellcome Trust sitzt) und Lothar Wieler, der Präsident des RKI[174].

Besonders interessant ist eine Episode, auf die wir im Kapitel über die amerikanische Spur zu Covid-19 im Detail eingehen. Hier fasse ich sie nur kurz zusammen.

2014 hat die US-Regierung ein Verbot für die Forschung an „Monsterkeimen" ausgesprochen. Damit waren Viren gemeint, die bei Tieren vorkommen, für Menschen aber nicht ansteckend sind. Verboten wurde in den USA die Forschung daran, wie man diese Viren so manipulieren kann, dass sie auf den Menschen überspringen können.

Dr. Fauci, der von den Medien gefeierte Chef-Berater des Weißen Hauses in Sachen Covid-19 und Leiter der National Institutes of Health (NIH, auf Deutsch „Nationale Gesundheitsinstitute"), einer Behörde des US-Gesundheitsministeriums, fand das Verbot aber doof. Daraufhin hat er einer NGO in New York Forschungsgelder überwiesen, die diese an das Biolabor in Wuhan überwiesen hat, aus dem laut Gerüchten Covid-19 entsprungen sein könnte.

Die New Yorker NGO wird von einem gewissen Dr. Peter Daszak geleitet, der in Wuhan zusammen mit Dr. Shi, der führenden chinesischen Spezialistin für Coronaviren von Fledermäusen, mit dem Geld von Dr. Fauci ausgerechnet daran geforscht hat, wie man Coronaviren

173 https://www.gov.uk/government/news/funding-and-manufacturing-boost-for-uk-vaccine-programme

174 https://global-health-summit.europa.eu/panel-scientific-experts_en

von Fledermäusen so manipulieren könnte, dass sie für den Menschen ansteckend werden.

Wenn sich herausstellen sollte, dass Covid-19 tatsächlich aus dem Labor in Wuhan stammt, müsste Peter Daszak viele unangenehme Fragen beantworten, und auch Dr. Fauci hätte einiges zu erklären.

Als die Gerüchte, Covid-19 könnte aus dem Labor in Wuhan stammen, überhandnahmen, hat die WHO Anfang 2021 eine Expertenkommission nach Wuhan geschickt, um das Labor zu untersuchen. Danach hat die WHO-Kommission einen Bericht veröffentlicht, in dem man erfahren konnte, dass es extrem unwahrscheinlich sei, dass Covid-19 aus dem Labor in Wuhan stamme. Der Bericht wurde Anfang Februar 2021 veröffentlicht.

Natürlich war Peter Daszak ein leitender Experte in dem WHO-Team und er ist danach durch die Medien getingelt, um überall zu erzählen, dass Covid-19 nicht aus dem Labor in Wuhan stammen kann. Der Interessenkonflikt ist unübersehbar, aber die Medien berichten darüber nicht, obwohl der Interessenkonflikt den ganzen WHO-Bericht entwertet.

Wie gesagt gehen wir auf dieses Thema im Kapitel über die amerikanische Spur zu Covid-19 im Detail und mit Quellen ein, das war nur die Kurzfassung.

Schon im März 2020 wurde eine „Erklärung zur Unterstützung der Wissenschaftler, Fachleute des öffentlichen Gesundheitswesens und Mediziner in China im Kampf gegen COVID-19“[175] veröffentlicht, in der die Experten dem WHO-Bericht volle Rückendeckung gegeben haben. Die Erklärung endete mit den Worten:

„*Wir laden andere dazu ein, sich uns anzuschließen und die Wissenschaftler, Fachleute des öffentlichen Gesundheitswesens und Mediziner in Wuhan und ganz China zu unterstützen. Stehen Sie an der Seite unserer Kollegen an vorderster Front!*“

175 https://www.ncbi.nlm.nih.gov/pmc/articles/PMC7159294/

Und wie sollte es anders sein? Einer der 27 Experten, die an der Erklärung mitgearbeitet haben, war Peter Daszak. Übrigens waren auch Christian Drosten und Jeremy Farrar mit dabei, aber das sei nur am Rande erwähnt.

Bevor wir nun darauf kommen, welche Organisationen und Events der Wellcome Trust vor und während der Pandemie gefördert hat, muss ich noch zwei Veranstaltungen erwähnen, bei denen Farrar dabei war, obwohl der Wellcome Trust nicht als Förderer erwähnt wird. Da ist zunächst das von Open Philanthropy bezahlte Pandemie-Planspiel des NTI bei der Münchner Sicherheitskonferenz im Februar 2019[176], an dem buchstäblich das gesamte Who-is-Who der führenden NGOs teilgenommen hat, an dem allerdings praktisch keine Vertreter von Staaten oder Behörden teilgenommen haben.

Kurz danach, am 8. Mai 2019, war Farrar auch bei einer Veranstaltung der CDU/CSU-Bundestagsfraktion, die unter dem Motto „Globale Gesundheit stärken UN-Nachhaltigkeitsziel umsetzen“[177] veranstaltet wurde. Das klingt wieder ganz toll, aber es geht eben wieder um die UN-Nachhaltigkeitsziele SDG, die gar nicht so toll sind, wie sie klingen. Neben Farrar und einigen CDU-Größen inklusive Bundeskanzlerin Merkel und Gesundheitsminister Spahn waren da auch noch weitere alte Bekannte: Ilona Kickbusch, WHO-Chef Tedros Adhanom Ghebreyesus, Christian Drosten, und übrigens gehörte auch Georg Nüßlein zu dem erlauchten Kreis der Redner bei der Veranstaltung. Nüßlein hat 2021 im Zuge der sogenannten „Maskenaffäre“ Schlagzeilen gemacht, weil er sich an Maskengeschäften mit dem Bundesgesundheitsministerium bereichert hat.

---

176 https://www.nti.org/wp-content/uploads/2021/09/Participants_List_TTX_on_Deliberate_Bio_Event_2019_MSC_2.14_FINAL.pdf

177 https://www.cducsu.de/veranstaltungen/globale-gesundheit-st-rken-un-nachhaltigkeitsziel-umsetzen/referenten

Außerdem war auch Joe Cerrell dabei, der als Geschäftsführender Direktor Globale Politik bei der Bill & Melinda Gates Foundation angekündigt wurde. Cerrell ist eine der Schlüsselfiguren bei den UNO-Nachhaltigkeitszielen und auch bei Bill Gates.

Die CDU/CSU-Bundestagsfraktion hat sich also von den führenden amerikanischen und britischen NGOs einflüstern lassen, welche Politik sie machen soll. Wer sich gefragt hat, wie das in der Praxis funktioniert, der findet hier ein Beispiel dafür: Man trifft sich, hält Reden und spricht natürlich auch diskret beim Kaffee oder Abendessen über das, was getan werden sollte. So haben die NGOs, beziehungsweise ihre milliardenschweren Stifter, ihre Botschaft nicht nur an die Kanzlerin und den Gesundheitsminister weitergegeben, sondern auch gleich an die Spitzen der Bundestagsfraktion, damit sie die Fraktion auf anstehende Abstimmungen im Interesse der Oligarchen (sorry, es muss natürlich „Wohltäter" heißen) einstimmen können.

Wir haben gesehen, dass jede NGO eine mehr oder weniger individuelle Methode entwickelt hat, ihre Interessen zu lobbyieren. Open Philanthropy ist unter den NGOs noch ein Nesthäkchen und auch keines der reichsten, weshalb Open Philanthropy sich der Dienste der einflussreichsten Think Tanks bedient, um Einfluss auszuüben.

Die Rockefeller Foundation ist hingegen ein alter Hase mit über hundert Jahren Erfahrung und entsprechend guten eigenen Kontakten, weshalb Rockefeller die Think Tanks fast gar nicht nutzt und seine Zahlungen außerdem als Dark Money weitgehend unsichtbar macht.

Der Wellcome Trust hat aufgrund seiner Geschichte beste Kontakte zu Universitäten, an denen er Forschungsprogramme (natürlich mit zusätzlich von Regierungen eingetriebenen Mitteln) gefördert hat, die dann den Firmen zugutekommen, an denen der Wellcome Trust beteiligt ist, wobei Wellcome seine Beteiligungen über Off-Shore-Gesellschaften verschleiert. Außerdem hat sich der Wellcome Trust in unzähligen Beratungsgremien von Staaten platziert.

Das ist ein sehr direkter Weg, Einfluss auf politische Entscheidungen zu nehmen, denn die (westlichen) Regierungen setzen immer mehr auf Berater, wenn sie Entscheidungen treffen, wie wir aus Deutschland wissen, wo die Presse jedes Jahr meldet, dass die Regierung immer mehr Geld für externe Berater ausgibt, was auch schon zu diversen Skandalen (Beraterskandal im Vereidigungsministerium, Mautskandal, etc.) geführt hat.

Eine Spinne im Netz der globalen Gesundheitspolitik ist die Bill & Melinda Gates Foundation, denn obwohl wir uns Bill Gates in einem gesonderten Kapitel anschauen werden, sehen wir seine Foundation und seine Leute in jedem einzelnen Kapitel dieses Buches, auch wenn es um ganz andere NGOs und Think Tanks geht. Ohne – oder besser gesagt gegen – Bill Gates geht in Fragen der globalen Gesundheitspolitik (inklusive Impfen, Pandemievorbereitung, etc.) nichts mehr, denn er hat seine Leute einfach überall platziert.

Schauen wir uns nun ein paar Beispiele für das Vorgehen des Wellcome Trust an.

Das Bundesgesundheitsministerium hat 2019 den Global Health Hub Germany[178] gegründet, der von Gesundheitsminister Spahn eröffnet und vom Ministerium mit einer Anschubfinanzierung ausgestattet wurde. Der Hub sagt über sich:

„*Der Global Health Hub Germany ist ein Netzwerk, das alle Akteure zusammenbringen will, die an Globaler Gesundheit interessiert sind. Der Hub möchte den Austausch fördern, neue Partnerschaften initiieren, Kooperationen und innovative Ansätze unterstützen – und das über die Grenzen von Sektoren und Akteursgruppen hinweg.*“

Das ist löblich. Aber es bedeutet, dass hier ein weiteres Netzwerk geschaffen wurde, über das die NGOs Einfluss auf die Politik nehmen können. Und siehe da: Der Hub wird von einem sogenannten „Len-

178 https://www.globalhealthhub.de/de/content/ueber-den-hub

kungskreis"[179] geführt, in dem jeweils zwei Vertreter aus bestimmten Gruppen sitzen, zum Beispiel zwei Vertreter aus dem „Parlamentarischen Raum", das sind zwei Bundestagsabgeordnete, oder zwei Vertreter der „Zivilgesellschaft" und so weiter. Und natürlich gibt es auch zwei Vertreter von „Stiftungen". Und was glauben Sie, wer da sitzt? Richtig: Jeweils ein Vertreter des Wellcome Trust und der Bill & Melinda Gates Foundation.

Während ich dieses Buch schreibe, gibt der Hub 231 Mitgliederorganisationen an, und natürlich sind der Wellcome Trust und die Bill & Melinda Gates Foundation dabei. Außerdem sind da noch das RKI, die Charité, Pharmakonzerne wie Johnson & Johnson oder Pfizer. Diese mächtigen Player sichern sich mit der Mitgliedschaft in diesen Netzwerken sowohl politischen Einfluss als auch Einfluss auf kleinere Organisationen, die sich geehrt fühlen, mit den Big Playern der globalen Gesundheitspolitik an einem Tisch zu sitzen.

Oder was glauben Sie, wer dort bei Entscheidungsfindungen den Ton angibt, das Deutsche Medikamentenhilfswerk und die Deutsche Krebshilfe, oder Gates, Pfizer und der Wellcome Trust?

Ein anderes Beispiel ist das International Vaccine Institute (IVI)[180], das 1997 von der UNO in Südkorea gegründet wurde. Seit 1999 finanziert die Bill & Melinda Gates Foundation das Institut großzügig, das begann im November 1999 mit einer Zahlung von über 37 Millionen Dollar[181]. Seitdem hat Gates dem Institut 54-mal Geld überwiesen, oft zweistellige Millionenbeträge.

Das Institut teilt auf seiner Seite mit[182], es habe „*Regierung, Industrie, Wissenschaft und Zivilgesellschaft bis hin zu zwischenstaatlichen Organisa-*

179 https://www.globalhealthhub.de/index.php/de/content/lenkungskreis

180 https://www.ivi.int/

181 https://www.gatesfoundation.org/about/committed-grants?q=%22International%20Vaccine%20Institute%22

182 https://www.ivi.int/who-we-are/our_partners/

tionen" als Partner und Unterstützer, und unter der Rubrik „Philanthropie" findet sich unter anderem wieder der Wellcome Trust. Und über die Bill und Melinda Gates Foundation erfahren wir dort, dass sie seit dem Jahr 2000 „ein Schlüsselunterstützer" des Institutes ist.

Unter der Rubrik „Global Health" führt das IVI fast nur von Gates finanzierte Organisationen, also WHO, GAVI und CEPI als Partner. Und in der Rubrik „Industrie" werden die wichtigsten Pharmakonzerne wie Pfizer, GlaxoSmithKline, Merck, Sanofi und so weiter aufgeführt.

Natürlich dürfen die Regierungen nicht fehlen, denen die Lobbyisten ihre Ideen einflüstern wollen und die am Ende die Rechnung bezahlen, wenn man zum Beispiel für ein Impfprojekt Milliarden von den Staaten haben will. Das Institut führt das deutsche Gesundheitsministerium, die britische staatliche UKAID, das amerikanische CDC oder die von Dr. Fauci geleitete Behörde NIH auf. Und wenn es darum geht, von den Staaten Geld einzutreiben, darf natürlich die EU nicht fehlen, die dort auch genannt wird.

Auch hier sehen wir also ein Beispiel dafür, wie Konzerne und „Philanthropen" ein auf den ersten Blick ehrbares Institut der UNO „gekapert" haben, um ihre Interessen durchzusetzen. Das ist ja auch gewollt, man erinnere sich wieder an die öffentlich-privaten Partnerschaften, die die NGOs in der UNO voranbringen wollen. Darauf werden wir im Kapitel über das Weltwirtschaftsforum noch sehr genau eingehen.

Eine andere wichtige Organisation, von der die wenigsten je gehört haben dürften, ist die „Global Research Collaboration for Infectious Disease Preparedness" (GLOPID-R). Die wurde 2013 gegründet und soll im Falle von Pandemien und anderen Infektionskrankheiten die internationale Reaktion koordinieren helfen. Dort sitzen tatsächlich mal überwiegend Regierungsorganisationen und Behörden, wie zum Beispiel das Bundesforschungsministerium und Gesundheitsministerien anderer Länder.

Aber Gates und der Wellcome Trust, die ja über ihre vielen, strategisch platzierten Berater ohnehin schon großen Einfluss auf die Entscheidungen der Regierungen haben, haben nichts dem Zufall überlassen. Sie sind – als einzige große „Philanthropen-NGOs“ ebenfalls Mitglieder bei GLOPID-R, um darauf zu achten, dass auch alles nach ihren Vorstellungen läuft[183]. Und damit das auch wirklich sichergestellt ist, sitzt Jeremy Farrar in der Führungsspitze von GLOPID-R[184]. Natürlich war GLOPID-R bei Covid-19 vom ersten Tag an dabei, als es um die Ausarbeitung der Empfehlungen an die Regierungen der Welt im Umgang mit der Pandemie ging[185].

Der Wellcome Trust ist 2018 auch eine Partnerschaft mit dem NTI, dem Weltwirtschaftsforum und der Münchner Sicherheitskonferenz eingegangen und führt zusammen unter der Überschrift „Biosicherheitsinnovationen und Risikoreduzierung“[186] mit diesen Partnern unter dem Dach der Münchner Sicherheitskonferenz einmal pro Jahr Planspiele zu Pandemien durch. Dabei handelt es sich nicht um die schon mehrfach erwähnten Planspiele vom NTI bei der Münchner Sicherheitskonferenz, sondern um eine weitere Reihe solcher Spiele und natürlich ist auch Open Philanthropy wieder als Financier dabei. Auch die Teilnehmer sind alte Bekannte, so spielt hier wieder Elizabeth Cameron mit, und auch Jeremy Farrar war zum offiziellen Startschuss der jährlichen Planspiele angereist.

Was beim Wellcome Trust aber besonders auffällt, sind seine Geheimdienstkontakte. An sehr vielen Projekten, an denen der Wellcome Trust beteiligt ist, ist auch die schon erwähnte DARPA beteiligt, die für das Pentagon die Erforschung von „Science-Fiction-Waffen“ finanziert.

Eine weitere solche Organisation, ist In-Q-Tel. Das ist ein Risikokapitalgeber, also ein Investmentfond, den die CIA gegründet hat,

183 https://www.glopid-r.org/about-us/members/

184 https://www.glopid-r.org/governance/

185 https://www.glopid-r.org/our-work/novel-coronavirus-covid-19/glopid-r-covid-19-timeline/

186 https://www.nti.org/news/nti-bio-partners-wellcome-trust-and-world-economic-forum-host-meeting-biosecurity-innovation-and-risk-reduction/

um sich Start-Ups zu sichern, die an (Zukunfts-)Technologien forschen, die die CIA interessant findet. Die Namensgeber haben dabei Humor bewiesen, denn das „Q" in dem Namen steht für Q aus den James-Bond-Filmen, der 007 mit den neuesten Technologien ausrüstet.

Ich bin vor einiger Zeit bei einer Recherche zu den Ursprüngen von Google auf In-Q-Tel gestoßen. Die CIA hat in den 1990er Jahren zwei Studenten gefördert, die an der sogenannten automatisierten Web-Crawling- und Page-Ranking-Anwendung gearbeitet haben. Die Studenten haben CIA-Mitarbeitern alle paar Monate über ihre Fortschritte berichtet, das letzte Mal am 4. September 1998. Das war der Monat, in dem Google gegründet wurde. Die beiden von der CIA geförderten Studenten waren die Google-Gründer Sergey Brin und Larry Page und die mit dem CIA-Geld erforschte Technologie war die technische Basis für Googles Suchmaschine.

Auch später blieb Google mit der CIA und der DARPA in engem Kontakt, denn leitende Mitarbeiter der DARPA wechselten zu Google, und Google Street View hieß ursprünglich Keyhole und war ein Start-Up, das In-Q-Tel 2003 gekauft und 2004 für eine unbekannte Summe an Google abgegeben hat. Google hat Keyhole dann in Google Street View umbenannt. Das waren nur ein paar Beispiele, über all das habe ich vor einiger Zeit recherchiert und einen ausführlichen Artikel[187] geschrieben, weshalb ich In-Q-Tel ganz gut kenne.

Der Wellcome Trust hat vermutlich 2018 einen Fond gegründet, den er „Wellcome Leap"[188] genannt hat. Wellcome Leap ist auch ein Risikokapitalgeber, der sich auf Forschungen unter anderem im Bereich Impfstoffe spezialisiert hat. Der Fond hat sich zum Ziel gesetzt, *„bis 2030 eine kleine Zahl von Durchbrüchen"* zu erreichen, unter anderem, damit sie *„zum weiteren Funding [also Eintreiben von Geldern*

---

187 https://www.anti-spiegel.ru/2021/wie-die-us-geheimdienste-google-erschaffen-haben/
188 https://www.wellcomeleap.org/

anderer Organisationen – Anm. d. Verf.], Erforschung und Kommerzialisierung aufgenommen" werden[189].

Man möchte also die Entwicklung bestimmter Technologien beschleunigen und sie anstatt in bis zu 20 Jahren schon in 5 bis 10 Jahren zur Verfügung haben und damit Geld verdienen. Dazu hat der Wellcome Trust den Fond mit einer Startfinanzierung von 300 Millionen Dollar ausgestattet und zieht seitdem andere Geldgeber an, die ebenfalls Geld zuschießen.

Chefin von Wellcome Leap wurde Regina Durgan. Durgan war von 2009 bis 2012 die Chefin der DARPA, also eine der wichtigsten Geheimnisträgerinnen der USA in Sachen strenggeheimer Waffenforschung. Trotzdem konnte sie 2012 von dort problemlos zu Google wechseln[190], ohne dass man in den USA Angst um die Staatsgeheimnisse hatte, die Durgan kannte.

Wenn Sie das nicht verwundert, stellen Sie sich eine einfache Frage: Hätte die Dame wohl zu einem russischen oder chinesischen Konzern wechseln dürfen? Wohl kaum.

Google arbeitet eng mit Pentagon und CIA zusammen, da hat man in Washington keine Angst um die eigenen Geheimnisse, denn Google hat ohnehin im Bereich autonome Roboter mit dem Pentagon geforscht, das sich davon Fortschritte beim Bau von Kampfrobotern erhofft und auch bekommen hat.

2016 ging Durgan dann zu Facebook, wo sie aber nur 18 Monate blieb. Bei meiner Recherche über In-Q-Tel und Google verlor sich die Spur von Durgan nach ihrem Abgang bei Facebook, denn als sie ihren Ausstieg bei Facebook verkündete, sprach sie nur von einer „neuen Herausforderung"[191], die sie annehmen wollte. Welche das war, sagte sie

189 https://wellcome.org/what-we-do/our-work/wellcome-leap

190 https://www.faz.net/aktuell/wirtschaft/personalwechsel-chefin-von-pentagon-forschungsagentur-geht-zu-google-11682438.html

191 https://techcrunch.com/2017/10/17/facebooks-consumer-hardware-chief-regina-dugan-is-leaving-the-company/

nicht und selbst bei Wikipedia, wo ihre Karriere gut zu verfolgen ist, endet ihr Lebenslauf derzeit mit ihrem Abgang bei Facebook, obwohl das schon drei Jahre her ist.

Nun weiß ich endlich, was die neue Herausforderung von Durgan ist; sie wurde 2018 Chefin von Wellcome Leap und forscht dort unter anderem intensiv im Bereich der mRNA-Impfstoffe. Damit hat Durgan Erfahrung, denn schon in ihrer Zeit bei der DARPA, also vor 2012, hat sie dort mit einem Milliardenbudget unter anderem an mRNA-Impfstoffen forschen lassen, wie Wellcome Leap ganz offen schreibt[192].

Zur Erinnerung: Die DARPA ist keine Gesundheitsbehörde, die Medikamente entwickelt oder sich um die Gesundheit der Bevölkerung sorgt, die DARPA entwickelt für das Pentagon die Waffen der Zukunft. Heute werden also Millionen Menschen mit einem Impfstoff geimpft, dessen Ursprünge in der (Bio-)Waffenforschung des Pentagon liegen.

Das ist keine übertriebene Aussage, denn die DARPA hat die Forschung an mRNA-Impfstoffen noch ausgeweitet, nachdem Durgan die DARPA 2012 verlassen hat. Verantwortlich war dafür Dr. Matthew Hepburn, der 2013 zur DARPA gekommen ist und vorher in Biowaffenlabors des Pentagon gearbeitet hat. Hepburn hat 2013 Pfizer über sieben Millionen Dollar[193] und Moderna sogar 25 Millionen[194] zur Forschung an mRNA-Impfstoffen überwiesen, und 2020, nachdem die Covid-19-Pandemie ausgerufen war, hat Moderna wieder Geld von der DARPA erhalten, nämlich 56 Millionen Dollar für kleine, aber schnelle Produktionsstätten für mRNA-Präparate[195].

---

192 https://www.wellcomeleap.org/

193 https://www.fiercepharma.com/r-d/pentagon-tasks-pfizer-radically-rethinking-vaccine-development

194 https://investors.modernatx.com/news-releases/news-release-details/darpa-awards-moderna-therapeutics-grant-25-million-develop

195 https://investors.modernatx.com/news-releases/news-release-details/darpa-awards-moderna-56-million-enable-small-scale-rapid-mobile

2021 hat Hepburn verkündet, die DARPA habe einen Chip entwickelt, den man unter die Haut eines Menschen pflanzen kann, der dann ständig das Blut auf Krankheitserreger, zum Beispiel Covid-19, untersucht. Das ist kein Scherz, das hat Hepburn am 11. April 2021 in einem Interview mit CBS[196] erzählt.

Und während die Welt nun mit den experimentellen mRNA-Impfstoffen gegen Covid-19 geimpft wird, hat Wellcome Leap bereits Durchbrüche bei der Beschleunigung der Produktion von mRNA-Impfstoffen verkündet[197], natürlich mit freundlicher finanzieller Unterstützung der CEPI.

Wie all die anderen NGOs, die in dieser Geschichte eine Rolle spielen, interessiert sich auch der Wellcome Trust besonders für die Genforschung, die gerne hinter der Malariabekämpfung „versteckt" wird. Der Wellcome Trust hat unglaublich viele Organisationen (mit)gegründet und/oder finanziert, die sich mit der Genforschung selbst und auch mit Lobbyarbeit beschäftigen, um die gesellschaftliche Akzeptanz der genetischen Veränderung von Lebewesen zu erhöhen. Dafür schauen wir uns einige Beispiele an.

Im Jahre 2000 hat Wellcome zusammen mit GlaxoSmithKline und anderen Konzernen, Organisationen und staatlichen Stellen das Structural Genomics Consortium gegründet, das sich der Erforschung des (menschlichen) Genoms gewidmet hat. Heute arbeitet das Structural Genomics Consortium am Projekt „Target 2035"[198], das das Ziel hat, bis 2035 das gesamte Proteom, also die Gesamtheit aller Proteine in einem Lebewesen, zu erforschen.

Mitbegründer des Structural Genomics Consortium war eine weitere Stiftung namens Genome Canada. Genome Canada wurde im Februar 2000, also unmittelbar vor dem Structural Genomics Con-

196 https://www.cbsnews.com/news/last-pandemic-science-military-60-minutes-2021–04–11/
197 https://wellcomeleap.org/r3/
198 https://www.sciencedirect.com/science/article/pii/S1359644619301382?via%3Dihub

sortium, unter anderem von der kanadischen Regierung gegründet[199]. Neben der Genforschung macht diese NGO auch noch Lobbyarbeit für die gesellschaftliche Akzeptanz von Genveränderungen zum Beispiel in der Landwirtschaft[200]. Laut eigenen Angaben hat Genome Canada zwischen 2000 und 2017 2,5 Milliarden Euro in seine Projekte investiert[201], wobei es sich über seine Finanzierung erstaunlich bedeckt hält und nur mitteilt, dass insgesamt 61 Prozent des Geldes vom kanadischen Staat und 39 Prozent von „anderen Partnern" gekommen sind.

Auch hier sehen wir wieder die öffentlich-private Partnerschaft, bei der der Steuerzahler den Löwenanteil der Kosten an Forschungsprojekten trägt, aber später nicht etwa die Patente erhält, um auch Einnahmen für den Staatshaushalt zu generieren. Die Rolle der Regierungen, also der Steuerzahler, ist es jedes Mal, für die Forschung den Löwenanteil zu bezahlen, um dann die mit den staatlichen Forschungsgeldern entwickelten Medikamente oder Impfstoffe bei den Konzernen einzukaufen. Die Konzerne und ihre Aktionäre sparen bei den Forschungskosten, verdienen anschließend aber das Geld.

Im Vorstand von Genome Canada sitzt unter anderem Dr. Jennifer Gardy[202], die im Hauptberuf jedoch stellvertretende Leiterin der Epidemiologie-Abteilung der Bill & Melinda Gates Foundation ist.

Der Wellcome Trust ist außerdem traditionell mit der Oxford University verbunden, so eng, dass er da sogar ein eigenes Gebäude hat, das Henry Wellcome Building. In dem Gebäude sitzen diverse Forschungseinrichtungen, die Wellcome finanziert und/oder gegründet hat, so zum Beispiel Wellcome Centre for Human Genetics, das – wie der Name schon sagt – am menschlichen Genom forscht und dafür

199 https://www.genomecanada.ca/en/20-years-collaborating-future

200 https://www.genomecanada.ca/en/programs/genomics-society-ge3ls

201 https://www.genomecanada.ca/en/about/accountability/co-funding

202 https://www.genomecanada.ca/en/about/governance/board-directors/jennifer-gardy

nach eigenen Angaben ein Budget von 20 Millionen Pfund jährlich zur Verfügung hat[203].

Für die Genforschung hat der Wellcome Trust schon 1994 einen eigene Forschungscampus gegründet[204], den Wellcome Genome Campus. Dort ist auch das Wellcome Sanger Institute angesiedelt, das schon im Jahr 2000 an der Entschlüsselung des menschlichen Genoms beteiligt war[205]. Das Sanger Institute sagt auch ganz offen, dass es in Großbritannien und weltweit Lobbyarbeit für die Gentechnik bei den Entscheidungsträgern der Regierungen macht[206]:

„*Das Sanger Institute berät alle Regierungsebenen im Vereinigten Königreich und in der ganzen Welt in Bezug auf die Rolle, die Auswirkungen und die Bedeutung der genomischen und biowissenschaftlichen Forschung.*"

Das Sanger Institute spricht zwar davon, dass es die Regierungen berät, aber da man dort ein großer Freund der Genforschung ist, ist es nicht schwer zu erraten, in welche Richtung Sanger die Regierungen wohl berät.

Übrigens sieht man, wenn man sich das Management des Sanger Institute[207] anschaut, etwas, worauf schon ich lange hinweisen wollte: Dort sitzen Wissenschaftler, weil es eine Forschungseinrichtung ist. Wenn man sich hingegen die Think Tanks und NGOs anschaut, dann sitzen bei denen eben keine aktiven Experten, sondern Mediziner oder Biologen, die schon lange keine Labors mehr von innen gesehen haben, dafür aber hervorragende Netzwerker, also Lobbyisten, sind, die die (westlichen) Regierungen beraten.

Man fragt sich unversehens: Warum lassen sich die Regierungen eigentlich nicht von „echten" Wissenschaftlern beraten, sondern von Lobbyisten?

---

203 https://www.well.ox.ac.uk/about-us/

204 https://www.wellcomegenomecampus.org/aboutus/history/

205 https://www.sanger.ac.uk/news_item/first-draft-book-humankind-has-been-read/

206 https://www.sanger.ac.uk/about/who-we-are/influencing-policy/

207 https://www.sanger.ac.uk/people/leadership/

Im Kapitel über die Rockefeller Foundation habe ich das Papier vom September 2021 erwähnt, in dem das Medicines for Malaria Venture (MMV) über die Erfolge des Gene Drive bei Malaria übertragenden Moskitos berichtet hat. An dem Projekt war auch das Jenner Institut beteiligt, das seinen Sitz ebenfalls in Oxford hat und vom Wellcome Trust, der Bill & Melinda Gates Foundation, der EU-Kommission, dem britischen Gesundheitsministerium und anderen Organisationen finanziert wird[208].

Das Jenner Institut hat auch an Covid-19-Impfstoffen gearbeitet, dabei aber auf das falsche Pferd gesetzt, denn es war an der Entwicklung des Vektorimpfstoffes von AstraZeneca beteiligt, aber in der Pandemie hat man gezielt auf die mRNA-Technologie gesetzt.

Zum Abschluss des Kapitels über den Wellcome Trust noch etwas Unterhaltsames. Wer so viel Geld, Zeit und Energie in solche Projekte steckt, wie es die NGOs tun, der möchte natürlich auch, dass sie funktionieren und dass die Menschen nicht – wie bei der Schweinegrippe – keine Lust auf Impfungen haben oder gar kritische Fragen zur Genforschung stellen. Da ist es hilfreich, dass man sich im Westen sein eigenes „Wahrheitsministerium" gründen kann, was heute „Faktenchecker" genannt wird und gegen „Fake News" vorgeht. Wenn ein Faktenchecker (und die haben heute alle Medien) die Fakten „checkt", dann sollen die Leser das Gefühl bekommen, dies sei die Wahrheit, die reine Wahrheit und vor allem die einzige Wahrheit.

Dazu hat sich der Wellcome Trust zusammen mit Gleichgesinnten 2015 First Draft News gegründet die neben dem Wellcome Trust vom Facebook Journalism Project, der Ford Foundation, der Google News Initiative, den Open Society Foundations von George Soros, Twitter und anderen finanziert werden[209] und uns erzählen, was die Wahrheit ist und was Falschinformationen sind. Und natürlich erfahren wir bei

208 https://www.jenner.ac.uk/about/funders-partners

209 https://firstdraftnews.org/about/

First News Draft auch alle „Wahrheiten" über Covid-19-Impfungen[210]. Oder zumindest erfahren wir dort das, wovon der Wellcome Trust und seine Milliardärsfreunde wollen, dass wir es für die Wahrheit halten. Solche Organisationen gibt es viele, sie sind jede für sich unwichtig, aber in der Masse schaffen sie beim Leser das Gefühl, dass ganz viele unabhängige Organisationen und Experten zu dem gleichen Schluss kommen, also muss das ja die Wahrheit sein.

So hat der Spiegel zum Beispiel schon im April 2020, als die Pandemie gerade erst begonnen hatte und es noch gar keine Impfstoffe gab, unter der Überschrift „Verschwörungstheoretiker hetzen gegen Bill Gates"[211] davor gewarnt, dass „*Verschwörungstheoretiker den Glauben an Covid-Impfungen untergraben*" könnten. Im Spiegel war zu lesen:

> „*Claire Wardle, Leiterin der Faktencheck-Organisation First Draft, fürchtet, dass die Hetze gegen Gates zum Beispiel dazu beitragen könne, dass das Vertrauen in Impfungen sinke.*"

Wer nicht weiß, was First Draft News ist, der hält die Organisation für seriös, denn sie ist ja laut Spiegel eine „Faktencheck-Organisation", dabei ist das nur ein bezahltes PR-Organ des Wellcome Trust und seiner Freunde. Derartige kleine Organisationen wie First Draft News gibt es viele, und sie kosten nicht viel, nur Büromiete und Gehälter für eine Handvoll Mitarbeiter. Das sind Peanuts im Vergleich zu den sonst eingesetzten Summen, aber die Wirkung auf die Öffentlichkeit ist sehr groß, weil man sich in einem Presse-Artikel problemlos auf eine ganze Reihe von Organisationen mit wohlklingenden Namen berufen kann, die die gewollte Meinung bestätigen.

Dass diese Organisationen von denen gegründet und bezahlt werden, die wollen, dass diese Meinung verbreitet wird, müssen die Leser der „Qualitätsmedien" ja nicht wissen.

---

210 https://firstdraftnews.org/tackling/vaccines-and-misinformation-get-the-support-you-need/

211 https://www.spiegel.de/netzwelt/web/corona-krise-verschwoerungstheoretiker-hetzen-gegen-bill-gates-a-0a6cbe14–22a7–40de-a149–8e8c0ddfef1a

Weltwirtschaftsforum (WEF)

Das Weltwirtschaftsforum (WEF) ist eine sehr bemerkenswerte Organisation, denn es wurde nicht von einem Oligarchen gegründet, sondern entstand 1971 als Stiftung mit dem Namen „European Management Forum", die über moderne Managementtechniken diskutieren und sie entwickeln wollte. Aber Klaus Schwab, der Gründer der Stiftung, muss ein ausgesprochen intelligenter und fähiger Mann und vor allem ein genialer Netzwerker sein, denn er hat seine ursprünglich recht kleine Stiftung ausgebaut und sie 1987 in Weltwirtschaftsforum umbenannt. Seit 1988 finden die Jahrestreffen des Weltwirtschaftsforums in Davos statt, für die das Forum vielen Menschen ein Begriff ist, auch wenn sie gar nicht so genau wissen, was das Weltwirtschaftsforum eigentlich ist.

Wir haben schon gesehen, dass jede Stiftung ihre eigenen Rezepte hat, um die Ziele ihres Gründers durchzusetzen. Das Weltwirtschaftsforum ist da keine Ausnahme. Schwab selbst ist nicht einflussreich, weil er zu den reichsten Menschen der Welt gehört, denn zu denen gehört er nicht. Sein Einfluss beruht darauf, dass der den Reichsten der Reichen in den über 50 Jahren, die sein Forum besteht, eine einflussreiche Plattform geschaffen hat, die der Erreichung der Ziele der Reichsten der Reichen den Weg ebnen kann.

Es ist also eine Art wechselseitige Abhängigkeit, denn am Weltwirtschaftsforum führt heute kein Weg mehr vorbei, wenn es um die Erreichung globaler Ziele geht, weil das Weltwirtschaftsforum die Reichsten der Reichen vereint und mit den Regierungen der Welt bestens vernetzt ist. Andererseits wäre das Weltwirtschaftsforum aber ohne diese Reichsten der Reichen, die seine Mitglieder sind, eine leere Hülle ohne Einfluss.

Die Macht von Schwab gründet sich darauf, dass er all diese Leute zusammengebracht hat und als Leiter des Forums natürlich geschickt seine eigenen Ziele voranbringen kann, weil er die Themen des Forums setzt.

Wie er auf diese Weise seine Ziele voranbringt, werden wir uns im Laufe dieses Kapitels anschauen.

Das Weltwirtschaftsforum wird heftig kritisiert, der Guardian nannte es im Januar 2020 den „Hohepriester der Plutokratie", was in meinen Augen sehr treffend formuliert ist. Der Guardian schrieb damals[212]:

„Im Grunde genommen ist das Weltwirtschaftsforum der Hohepriester der Plutokratie, d. h. der Herrschaft der Superreichen. Es ist ein gutes Beispiel für das dauerhafte ideologische Erbe des Neoliberalismus, ein oft ignorierter Aspekt der neoliberalen Hegemonie. Während die Staaten die Kontrolle über ihre Volkswirtschaften behalten haben, haben die nationalen Politiker weitgehend auf ihre Macht über Wirtschaft und Politik verzichtet. In dem Glauben, dass „der Markt" der beste Mechanismus zur Lösung aller Probleme ist, von der Beschäftigung bis zur Gesundheitsversorgung, werden Ökonomen und Unternehmer nun als die besten Problemlöser für unsere politischen Probleme angesehen.

Ob durch den „Stakeholder-Kapitalismus" – das offizielle Thema des WEF 2020, das zwar sinnvoll klingt, aber so vage ist, dass es bedeutungslos ist – oder durch die Philanthropie von Milliardären wie Bill Gates und George Soros, die Plutokraten setzen die Prioritäten des sozialen Wandels und Aktivisten wie „Greta" und Prominente wie „Bono" können bestenfalls am Rande mitmischen."

Da das in meinen Augen den Nagel auf den Kopf trifft, wollen wir das, was der Guardian geschrieben hat, kurz analysieren. Dazu muss man zunächst wissen, was Plutokratie bedeutet. Wikipedia definiert Plutokratie wie folgt[213]:

„Die Plutokratie ist eine Herrschaftsform, in der Vermögen die entscheidende Voraussetzung für die Teilhabe an der Herrschaft ist, also die Herrschaft des Geldes (Geldherrschaft; sinnähnlich auch „Geldadel" genannt).

212 https://www.theguardian.com/commentisfree/2020/jan/25/davos-world-economic-forum-capitalism-plutocracy

213 https://de.wikipedia.org/wiki/Plutokratie

Sie kann institutionalisiert sein (z. B. über das Zensuswahlrecht) oder indirekt ausgeübt werden durch die Abhängigkeit der gewählten Entscheidungsträger von den Plutokraten."

Entscheidend ist in unserer Welt die „*Abhängigkeit der gewählten Entscheidungsträger von den Plutokraten*", denn dass die politischen Entscheidungsträger im Westen von den Oligarchen (oder Plutokraten) abhängig sind, ist offensichtlich. Ich habe das in meinem Buch „Abhängig beschäftigt" aufgezeigt, indem ich zunächst beschrieben habe, wie die NGOs die Macht ausüben (wofür wir auch in diesem Buch ein Beispiel nach dem anderen sehen) und vor allem, dass praktisch alle Politiker, die es in Deutschland „nach oben" schaffen, von den Netzwerken der Reichsten der Reichen abhängig sind. Dazu habe ich mir in dem Buch die Lebensläufe der führenden Politiker Deutschlands angeschaut, und dabei hat sich genau das bestätigt: Wer in der deutschen Politik Karriere machen will, kommt an den NGOs der Reichen und Mächtigen und ihren Netzwerken nicht vorbei. So sichern sich die Plutokraten ihren Einfluss und machen die Entscheidungsträger von sich abhängig. Wer gehorsam ist, der macht Karriere, und wenn die politische Karriere vorbei ist, winken gut bezahlte Posten in den Konzernen oder NGOs der Reichsten der Reichsten. Wie gut geschmiert diese Drehtür funktioniert, haben wir in diesem Buch am Beispiel der USA an vielen Beispielen gesehen.

Und genau das hat der Guardian in seinem Artikel von 2021 beschrieben. Die Plutokraten vertreten den Neoliberalismus, weil der ihnen maximale Macht gibt. Wenn der Staat sich zurückzieht und „den Märkten" das Ruder überlässt, haben die großen Konzerne freie Bahn, kleinere Konkurrenten zu vernichten oder zu schlucken und so Macht und Geld zu mehren.

Und auch der Satz in dem Guardian-Artikel, dass „*Ökonomen und Unternehmer nun als die besten Problemlöser für unsere politischen Probleme angesehen*" werden, ist längst zu einem Glaubenssatz geworden. Mit diesem Argument werden Privatisierungen staatlicher Unternehmen wie

Wasserversorger und so weiter vorangetrieben. Der Satz beschreibt den zentralen Glaubenssatz der öffentlich-privaten Partnerschaften, bei denen Politiker das Steuergeld hergeben, damit die *„Ökonomen und Unternehmen"* das Ruder übernehmen.

Das geht, wie der Guardian zu Recht beschreibt, so weit, dass *„die Plutokraten die Prioritäten des sozialen Wandels setzen"*. Die Plutokraten bestimmen inzwischen über so ziemlich alles, nicht nur über die Wirtschaft, sondern auch über soziale und gesellschaftliche Trends. Und genau das ist das Ziel von Klaus Schwab. Das deutsche Wikipedia[214] schreibt mit vielen Quellenverweisen korrekterweise über Schwab und sein Buch „Die vierte Industrielle Revolution":

„Im Januar 2016 machte Schwab den Titel seines neuen Buches Die vierte industrielle Revolution zum Motto des Weltwirtschaftsforums in Davos. Alle teilnehmenden Wirtschafts- und Politikgrößen bekamen Schwabs Gedanken in Buchform ausgehändigt, flankiert von einem gleichlautenden Videoclip und einer zehnminütigen Doku auf YouTube. Darin klärt er über seine Mission auf, legt die Herausforderungen der digitalen Vernetzung dar, welchen Einfluss er von den technischen Umwälzungen auf unser individuelles Leben und die Menschheit erwartet, was er unter der Vierten Industriellen Revolution versteht und warum er der Meinung ist, dass diese dringend politisch eingehegt werden müsse. Schwab glaubt, die Verschmelzung unserer physischen, digitalen und biologischen Identitäten werde die neuen Technologien auch in den bisher privaten Raum unseres Geistes eindringen lassen, unsere Gedanken lesen und unser Verhalten beeinflussen. Bereits 2020/21 beruhe ein Großteil der COVID-19-Pandemiebekämpfung auf Technologien der Vierten Industriellen Revolution, etwa die genetische Sequenzierung, die Biotechnologie zur Impfstoffentwicklung (mRNA- und Vektorplattformen) oder die Apps und Software zur Kontaktverfolgung (Massenüberwachung). Schwab prognostiziert, dass bis 2025 implantierbare Handys auf den Markt kommen, synthe-

214 https://de.wikipedia.org/wiki/Klaus_Schwab

tische Organe, wie Lebern, im 3D-Druck produziert und transplantiert werden und die ersten Konzerne durch Künstliche Intelligenz geführt werden. Schwab gilt als Befürworter des Transhumanismus.“

Wir erinnern uns wieder an die Genforschung, die die NGOs hinter den Kulissen weit vorangebracht haben, ohne dass die breite Öffentlichkeit etwas davon weiß. Was in Sachen künstliche Intelligenz tatsächlich erreicht wurde, ist weitaus schwieriger herauszufinden. Aber aus Sicht von Klaus Schwab laufen die Dinge ganz gut.

Schwabs große Stärke scheinen wie gesagt seine hervorragenden Talente als Netzwerker zu sein, denn er und sein Weltwirtschaftsforum sind ein wichtiger Teil auch anderer wichtiger Organisationen, die die Welt beeinflussen wollen. Bei den Bilderbergern war er sogar im Steuerungskomitee[215]. So ist Schwab (offenbar nur aufgrund seiner Talente und nicht dank seines Geldes) zu einem der einflussreichsten Strippenzieher in der (westlichen) Welt geworden.

Im Gegensatz zu dem, wie positiv das Weltwirtschaftsforum normalerweise in den Medien dargestellt wird, ist es vollkommen intransparent, was seine Finanzen angeht. Aber es gibt auch Ausnahmen, so hat die Süddeutsche Zeitung 2017 unter der Überschrift „Das Weltwirtschaftsforum ist zu einer Geldmaschine geworden“[216] einen Blick auf die Finanzen des Weltwirtschaftsforums geworfen und unter anderem geschrieben:

„Bei rund 200 Millionen Euro liegt mittlerweile der Umsatz. Das Forum finanziert sich vor allem über die Beträge der Mitgliedsfirmen und der Sponsoren. Es gibt 120 strategische Partner, dazu gehören etwa die Deutsche Bank, die Deutsche Post, Audi, Henkel, Burda, Allianz, die Warteliste ist lang. Der jährliche Mindestbeitrag wurde vor zwei Jahren

215 https://web.archive.org/web/20140202095633/http://www.bilderbergmeetings.org/former-steering-committee-members.html

216 https://www.sueddeutsche.de/wirtschaft/davos-das-weltwirtschaftsforum-ist-zu-einer-geldmaschine-geworden-1.3334817

um ein Fünftel auf 600 000 Franken angehoben. „Normale" Förderer zahlen etwa die Hälfte, daneben gibt es einfache Mitglieder, die mit 50 000 Franken dabei sind. Dafür erhalten sie Zugang zu den Treffen und Informationen. Trotz der hohen Preise ist das Interesse groß. Derzeit gibt es eine lange Warteliste für die etwa 120 strategischen Partner. Es wird nur jemand aufgenommen, wenn ein anderer ausscheidet. (…) „Tatsache ist, dass das Forum auf einer starken, über die Jahrzehnte angehäuften finanziellen Basis ruht", schreibt der ehemalige FAZ-Journalist Jürgen Dunsch in dem Buch „Gastgeber der Mächtigen". Die Finanzberichte seien wenig transparent, weder die Einnahmen noch die Ausgaben aufgeschlüsselt, kritisiert er. Das Stiftungskapital werde nicht näher beziffert, laut Schätzungen liegt es bei 30 Millionen Schweizer Franken. Dazu kommen erhebliche Reserven von mehr als 130 Millionen Euro. Die offenbar nicht unbeträchtlichen Gewinne werden reinvestiert. Wie reich das Forum wirklich ist, ist unklar."

Das kann ich bestätigen, denn das Weltwirtschaftsforum veröffentlicht keine Details über seine Finanzen, die Öffentlichkeit weiß nicht, wie viel Geld es einnimmt und wofür es sein Geld einsetzt. Daher werden wir in diesem Buch auch nur sehen, wie das Weltwirtschaftsforum Einfluss ausübt, aber nur selten genaue Angaben über die von ihm eingesetzten Gelder finden.

Das ist aber auch nicht notwendig, denn das Geld für die Projekte kommt – wie üblich – zu einem kleinen Teil von den NGOs der Milliardäre und zum größten Teil von den Steuerzahlern – es ist wieder das Prinzip der öffentlich-privaten Partnerschaften, bei denen die Staaten die Projekte der Milliardäre bezahlen, an denen die Milliardäre anschließend noch mehr Geld verdienen.

Aufgrund der Tatsache, dass alle in diesem Buch behandelten NGOs und Konzerne auf die eine oder andere Weise mit dem Weltwirtschaftsforum verbunden sind, verzichte ich hier auf eine Auflistung. Das Weltwirtschaftsforum ist eine der Plattformen, wo sich die Reichsten der Reichen (also die Oligarchen oder Plutokraten, die die Medien „Philanthropen" nennen) treffen, um diskret ihre Pläne zu koordinieren und die Projekte voranzubringen, bei denen sie gemeinsame Interessen haben.

Nur eine Ausnahme möchte ich machen: Ursula von der Leyen, die derzeitige Chefin der EU-Kommission, ist schon lange sehr eng mit dem Weltwirtschaftsforum verbunden. Sie war während ihrer Zeit als Bundesministerin im Board of Trustees des WEF[217] und war auch in leitender Funktion bei Veranstaltungen des WEF dabei[218].

Von der Leyen ist in meinen Augen ein klassisches Beispiel für eine Politikerin, die ihre Karriere ausschließlich ihren Verbindungen zu den NGOs der Milliardäre verdankt, denn ich wüsste nicht, welche Projekte sie aus Sicht der Wähler in ihrer politischen Laufbahn erfolgreich umgesetzt hätte. Besonders deutlich wurde ihr Scheitern als Verteidigungsministerin, als ihre Beraterafäre bekannt geworden ist. Sie hatte hunderte Millionen an Steuergeldern ohne die gesetzlich vorgeschriebenen Ausschreibungen an Beratungsfirmen vergeben, die hunderte Millionen Euro verdient haben, ohne jedoch ihre Projekte erfolgreich durchzuführen. Anstatt dafür zur Rechenschaft gezogen zu werden, wurde sie aber zur Chefin der EU-Kommission befördert, wo sie genauso weitergemacht hat, nur eben im größeren Stil.

Kaum war sie Chefin der EU-Kommission geworden, hat von der Leyen im März 2019 für die EU-Kommission einen Beratervertrag mit BlackRock abgeschlossen. Die Ombudsfrau der EU, die das heftig kritisiert hat, erklärte den Hintergrund in einer Pressemeldung so[219]:

„Die Kommission entwickelt derzeit Instrumente und Mechanismen zur Integration von umweltpolitischen und sozialen Faktoren in den aufsichtsrechtlichen Rahmen für den EU-Bankensektor. Im Juli 2019 schrieb sie eine Studie aus, um die aktuelle Situation zu skizzieren und relevante

217 https://www.weforum.org/agenda/authors/ursula-von-der-leyen

218 https://www3.weforum.org/docs/WEF_MENA17_Meeting_Overview.pdf

219 https://www.ombudsman.europa.eu/de/press-release/de/135414

Herausforderungen zu identifizieren. Sie erhielt neun Angebote und vergab den Auftrag im März 2020 an BlackRock Investment Management, das einzige große Investmentunternehmen unter den Bewerbern.“

BlackRock, eine der größten Investmentgesellschaften der Welt, die auch noch stark in umweltschädliche Industrien involviert ist (wir erinnern uns an die Anteile an den Rockefeller-Ölkonzernen) und Mehrheiten an vielen Banken hält, sollte für die EU-Kommission ausarbeiten, wie man sicherstellen kann, dass der EU-Bankensektor in Zukunft mehr auf soziale und ökologische Fragen achtet.

Das wäre ungefähr so, als wenn man seinerzeit die Organisatoren des Gammelfleisch-Skandals die Hygiene-Richtlinien für die Fleischindustrie hätte schreiben lassen. Das ist völlig gaga!

Aber so funktionieren die öffentlich-privaten Partnerschaften in der Praxis, und von der Leyen ist ein leuchtendes Beispiel dafür, wie sehr es sich auszahlt, wenn man zu den „richtigen Leuten“ immer schön nett ist. Und das ist sie ja auch weiterhin, wir erinnern uns an ihren Covid-Chefberater Peter Piot, der von Bill Gates großzügig bezahlt wird und der von der Leyen in seiner Position als ihr persönlicher Covid-Berater gesagt hat, welchen Impfstoff sie im Namen der EU kaufen muss – nämlich den von BioNTech/Pfizer. Dass die Bill & Melinda Gates Foundation an beiden Konzernen als strategischer Investor beteiligt ist und dass Bill Gates daher an den EU-Bestellungen Milliarden verdient, ist natürlich reiner Zufall. Es muss Zufall sein, denn eine Verschwörungstheorie kann es nicht sein, schließlich teilt die Bill & Melinda Gates Foundation auf ihrer Internetseite selbst mit, an welchen Konzernen sie beteiligt ist[220].

Aber kommen wir zurück zum Weltwirtschaftsforum und dazu, wie es an der Vorbereitung auf eine Pandemie mitgearbeitet hat.

Eine interessante Person, die ein Kind des WEF ist, ist Nathan Wolfe. Nathan Wolfe ist US-Amerikaner und Virologe, der das Young-Global-Leaders-Programm des WEF durchlaufen hat und immer noch eng mit

---

220 https://sif.gatesfoundation.org/portfolio/?fwp_paged=6

dem WEF verbunden ist[221]. Das Young-Global-Leaders-Programm ist die Kaderschmiede des WEF, die Klaus Schwab 2004 gegründet hat. Dort nimmt er jedes Jahr viele junge Talente auf, um sie zu fördern, und die allermeisten von ihnen machen danach eine steile Karriere. Jens Spahn, Annalena Baerbock und viele andere einflussreiche deutsche Politiker verdanken diesem Programm und seinen Netzwerken ihren Aufstieg.

Nathan Wolfe hat keine politische Karriere gemacht, ihn interessieren von jeher Viren, die von Tieren auf den Menschen überspringen könnten. Zur Erforschung dieses Themas hat er die Firma Metabiota[222] und den Think Tank Global Viral (früher Global Viral Forecasting Institute)[223] gegründet.

Und nun kommen wieder die US-Geheimdienste ins Spiel, denn die CIA fand Metabiota so interessant, dass In-Q-Tel im großen Stil eingestiegen ist[224] und die Firma finanziell unterstützt. In-Q-Tel, also die CIA, war aber nicht der einzige Financier von Wolfe, er hat schon in den 2000er Jahren Gelder von Bill Gates, der NIH von Dr. Fauci und vielen anderen bekommen[225]. 2008 wurde er auch Mitglied im Defense Science Research Council der DARPA. Wolfe ist auf das Engste an die US-Geheimdienste und das Pentagon angebunden und bekommt von denen Geld.

Natürlich wird dabei immer in schönen Worten geschrieben, es ginge um die Abwehr von Biowaffenangriffen oder die Vorbeugung von Pandemien, aber Wolfe forscht gleichzeitig daran, wie Viren vom Tier auf den Menschen überspringen können. Das Wissen kann man auch zum Angriff einsetzen, nicht nur zur Verteidigung.

---

221 https://www.weforum.org/people/nathan-d-wolfe

222 https://metabiota.com/

223 https://www.globalviral.org/who-we-are

224 https://www.iqt.org/portfolio?&search=metabiota&taxonomy=&tax_id=

225 https://uh.edu/news-events/calendars/special-events/rockwell-lecture/wolfe-biography/

Das ist wie mit jeder Waffentechnologie: Panzer werden angeblich ja auch nur zur Verteidigung entwickelt und angeschafft, aber amerikanische Panzer mussten noch nie eingesetzt werden, um die USA vor einem Angriff zu schützen, stattdessen waren sie aber in ungezählten Ländern im Einsatz, die von den USA angegriffen wurden. Es gibt keine defensiven Waffen, jede Waffe wird zum Angriff entwickelt, sogar zum Beispiel Flugabwehrraketen, denn wie soll man ein Land angreifen, wenn man seine Bodentruppen nicht vor Luftangriffen des Gegners schützen kann? Es gibt keine rein defensiven Waffen, das gilt auch für die Forschung an Viren, an der die DARPA und In-Q-Tel so interessiert sind.

Übrigens sind Forschungen an Biowaffen laut der Biowaffenkonvention verboten, aber wenn die USA über ihre Behörden Fördergelder verteilen, um daran zu forschen, wie man Viren von Tieren dazu bringen kann, auf den Menschen überzuspringen, was ist das dann anderes, als die Forschung an (potenziellen) Biowaffen? Die USA lagern diese Forschungen an Konzerne und NGOs aus, lassen aber über ihre staatlichen Förderprogramme zum Beispiel von DARPA und In-Q-Tel trotzdem daran forschen.

Man muss bei all den schönen Worten, die einem Sand in die Augen streuen, immer im Hinterkopf behalten, dass In-Q-Tel und DARPA eben keine Gesundheitsbehörden sind, sondern Waffen und Technologien für das US-Militär und die US-Geheimdienste entwickeln sollen. Und die unterstützen Nathan Wolfe und seine Firma Metabiota, die sich mit Viren und Genforschung beschäftigt, großzügig.

2013 hat Nathan Wolfe einen Artikel für das Weltwirtschaftsforum geschrieben[226], in dem er sich auf die harmlose Schweinegrippe von 2009 bezogen und gefragt hat, wie bereit die Welt für eine neue Pandemie ist, die vom Tier auf den Menschen überspringt. 2017 haben Metabiota, In-

---

226 https://www.weforum.org/agenda/2013/04/what-if-a-deadly-new-virus-jumped-from-animals-to-humans/

Q-Tel und die Münchner Rück ein Projekt zur Risikoeinschätzung von Epidemien gestartet, wobei über Metabiota zu lesen war[227]:

„Metabiota ist der Pionier im Bereich umfassender Risikoanalysen, die Organisationen und Ländern helfen, ihre Widerstandsfähigkeit gegenüber Epidemien zu verbessern und die globale öffentliche Gesundheit zu schützen."

Außerdem ist Nathan Wolfe seit den 2000er Jahren auch beim Journal von EcoHealth[228]. EcoHealth wiederum ist die New Yorker NGO von Peter Daszak[229], der mit Geld von Dr. Fauci in Wuhan daran geforscht hat, wie man Coronaviren von Fledermäusen dazu bringen könnte, auf den Menschen überzuspringen.

Die Forschungen von Nathan Wolfe, dem Young Global Leader des WEF, sind auch genau das, was Klaus Schwab, der Chef des WEF, sicherlich gut gefällt, denn diese Forschungen sind auch für den Transhumanismus nötig, den Klaus Schwab als erstrebenswert ansieht. Schwab hat in seinem Buch „Die Vierte Industrielle Revolution" unter anderem ausgeführt, dass sie „am Ende *zu einer Verschmelzung unserer physischen, digitalen und biologischen Identitäten führen wird*" und das auch in Reden immer wieder erzählt[230].

Man muss sich vor Augen führen, was er da sagt und propagiert: Diese „Verschmelzung" unserer Identitäten bedeutet nichts anderes als die totale Überwachung, wenn alles, was uns ausmacht, digital erfasst wird. Schwab denkt dabei insbesondere an Technologien, die das Menschsein verändern werden, weil sie sich in den menschlichen Körper und Geist integrieren, um dessen Grenzen zu überwinden („transzendieren").

Wie Schwab selbst offen sagt, können diese neuen Technologien auch *„in den bisher privaten Raum unserer Gedanken eindringen, unsere Gedan-*

227 https://www.iqt.org/news/munich-re-in-q-tel-select-metabiota-to-gain-deeper-insights-into-epidemic-risk-and-global-preparedness-for-infectious-diseases/

228 https://uh.edu/news-events/calendars/special-events/rockwell-lecture/wolfe-biography/

229 https://www.ecohealthalliance.org/board-of-directors

230 https://www.youtube.com/watch?v=CVIy3rjuKGY&t=944s

ken lesen und unser Verhalten beeinflussen"[231]. Es geht um die Verschmelzung von Mensch und Technik, die Klaus Schwab in seinem Buch über die Vierte Industrielle Revolution schon für 2025 prophezeit.

De facto beruht ein Großteil der Pandemiebekämpfung auf Technologien der Vierten Industriellen Revolution von Klaus Schwab. Zum Beispiel die genetische Sequenzierung, die Biotechnologie für mRNA-Impfstoffe und die Software der Corona-Apps zur Kontaktverfolgung, die nichts anderes ist als eine Massenüberwachung. Soziale Distanzierungsmaßnahmen haben die Menschen auch dazu gezwungen, ihre reale Welt durch eine virtuelle zu ersetzen, einschließlich digitaler Versionen von Schule, Kirche, Einkaufen und sogar Partys. Während das für die meisten Menschen ein schrecklicher Verlust von sozialen Kontakten ist, ist diese Digitalisierung unseres Lebens (einschließlich Covid-Apps und digitaler Währung) Teil der Vision des WEF von Klaus Schwab für unsere Zukunft und daher seiner Ansicht nach ausgesprochen wünschenswert.

Um es überspritzt auszudrücken: Zur Umsetzung seiner Ziele kam die Pandemie für Klaus Schwab gerade recht, und hätte es sie nicht gegeben, hätte er sie erfinden müssen, um die Menschen in so einem Eiltempo davon zu überzeugen, klaglos all das über sich ergehen zu lassen, was sie 2019 noch vehement abgelehnt hätten.

Klaus Schwab spricht heute vom „Great Reset", der aber nichts anderes ist als eine Variante der Vierten Industriellen Revolution in neuen Kleidern.

Der Deutschlandfunk hat 2016 über das Buch von Klaus Schwab geschrieben[232]:

---

231 Schwab, Klaus and Davis, Nicholas. Shaping the Future of the Fourth Industrial Revolution: A Guide to Building a Better World. New York: Currency, 2018. Chapter 1

232 https://www.deutschlandfunkkultur.de/klaus-schwab-die-vierte-industrielle-revolution-der.950.de.html?dram:article_id=361268

„Implantierbare Handys, Organe aus dem 3D-Drucker, Maschinen als Chefs: Derartiges wird sich ab 2025 auf breiter Front durchsetzen, schreibt der Gründer des Weltwirtschaftsforums, Klaus Schwab in „Die Vierte Industrielle Revolution". (...) Triebkraft dieser Revolution seien physische, biologische und digitale Megatrends. Einige, die der Wirtschaftswissenschaftler aufzählt, sind bereits in aller Munde. Selbstfahrende Kraftfahrzeuge, 3D-Druck oder synthetische Biologie, mit der sich Organismen maßschneidern lassen. Das Nano-Material Graphen oder die Datenbank Blockchain sind dagegen noch etwas für Experten. Das alles aber wird sich ab 2025 auf breiter Front durchsetzen, schreibt Schwab und beruft sich dabei auf Befragungen von 800 Führungskräften. 90 Prozent der Menschheit würden dann Smartphones nutzen, das erste implantierbare Handy sei dann auf den Markt, 3D-gedruckte Lebern würden transplantiert und erste Konzerne seien von Maschinen geführt."

Laut Deutschlandfunk warnt Klaus Schwab in seinem Buch vor den Gefahren dieser Trends:

„Demnach stünden nahezu alle gesellschaftlichen Werte zur Disposition. Beispiel Arbeit: Etwa 47 Prozent aller Arbeitsplätze in den USA würden in den nächsten 20 Jahren vernichtet werden und kaum neue dafür entstehen. Und auch das Wesen der Arbeit verändere sich, wenn Unternehmen Menschen künftig nur noch auf Abruf beschäftigen würden – über „Human Cloud"-Plattformen. Oder Gleichheit: Die verschwinde durch den Plattformeffekt der digitalen Ökonomie, die immer mehr Kapital in immer weniger Händen konzentriere. Soziale Spannungen befürchtet Schwab auch durch das „Empowerment" von Individuen und Gruppen, die sich heute leichter vernetzen und sogar Gewalt ausüben könnten – an staatlichen Institutionen vorbei."

Klaus Schwab warnt also vor einem Trend, in dem viele Menschen regelrecht überflüssig werden. Anstatt aber seine und die Macht der WEF-Mitglieder zu einzusetzen, diese Trends zu verhindern und damit Gutes für die Menschen zu tun, stellt sein Buch de facto die Frage, wie die Eliten, die sich beim WEF treffen, mit dieser Gefahr umgehen könnten.

Immerhin könnten vernetzte Gruppen von frustrierten Menschen eine Gefahr für ihn und die Eliten darstellen, wenn sie revoltieren würden. Daher ist das Ziel von Klaus Schwab nicht, diesen Tendenzen entgegenzuwirken, sein Ziel ist es zu verhindern, dass die Menschen sich vernetzen und Widerstand leisten können.

Transhumanisten sehen den Schlüssel zur Abwendung dieser Gefahr in „Glücksdrogen" und ins Gehirn implantierte Chips, die gezielt die Ausschüttung von Glückshormonen steuern. Und nein, das sind keine durchgeknallten Verschwörungstheorien von mir, das sind die Thesen, die die Transhumanisten, zu denen Klaus Schwab zählt, diskutieren. Das habe nicht ich mir ausgedacht.

Einer der führenden Vordenker des Transhumanismus ist der schwedische Professor Nick Bostrom, der an der Universität von Oxford lehrt. Er schrieb schon 1998 eine ausgesprochen lesenswerte Denkschrift zum Transhumanismus, in der man dazu lesen konnte[233]:

„Persönlichkeitspillen, Medikamente und Gentherapie können weit mehr als nur ein oberflächliches, eindimensionales Vergnügen bereiten. Sie können auch die Persönlichkeit verändern. Sie können helfen, Schüchternheit zu überwinden, Eifersucht zu beseitigen, Kreativität zu steigern und die Fähigkeit zu Empathie und emotionaler Tiefe zu verbessern. Denken Sie an all die Gebete, das Fasten und die Selbstdisziplin, denen sich die Menschen im Laufe der Jahrhunderte unterzogen haben, um ihren Charakter zu veredeln. In Kürze könnte es möglich sein, die gleichen Ziele viel gründlicher zu erreichen, indem man täglich einen Pillencocktail schluckt."

1998 wusste noch niemand von den Möglichkeiten des mobilen Internets und all den anderen technischen Revolutionen, die es seitdem gegeben hat. Heute müsste man keine besonderen Pillencocktails mehr schlucken, man könnte die Wirkstoffe über Nahrungsergänzungsmittel zu sich nehmen, ohne auch nur zu wissen, was man da schluckt. Oder

233 https://nickbostrom.com/old/transhumanism.html

man denkt die Impfungen ein Stück weiter: Die ersten Pharmakonzerne reden schon davon, dass Covid-Impfungen nicht mehr mit der Spritze erfolgen müssen, man könne sie auch in Tablettenform verabreichen. Da das nicht so wirksam ist wie eine Injektion, müsste man diese zur Booster-Impfung nötigen Tabletten natürlich häufiger und regelmäßig einnehmen.

Man könnte sogar über die Impfzertifikate regelmäßig überprüfen lassen, ob ein Mensch seine Tabletten auch regelmäßig einnimmt, ansonsten gilt er als nicht geimpft und verliert seine Freiheitsrechte.

Damit kommt die digitale Technik ins Spiel: Handys wären dann Impfzertifikat, Geldbörse und noch alles mögliche andere in einem.

Haben Sie mal von dem Projekt ID2020[234] gehört? Das ist ein Projekt mit dem Ziel, jedem Menschen eine digitale Identität zu geben, also in einer Datenbank alle Daten über alle Menschen zusammenzuführen: Führerschein, Krankenakte und Krankenversicherungskarte, Personalausweis, Kreditkarten und Bankkonten (oder gleich die elektronische Währung) und so weiter, und als Gerät, das man für alle diese Dinge vorzeigen muss, könnte das Handy genutzt werden. Erinnert Sie das eventuell an die elektronischen Impfpässe, die jeder heute (in seinem Handy) mitführen soll, wenn er in ein Restaurant oder Konzert gehen möchte?

Und wer steht hinter ID2020[235]? Microsoft (also Bill Gates), die Rockefeller Foundation und mit der GAVI (also wieder Bill Gates) auch unsere anderen „üblichen Verdächtigen“, wie wir uns im Kapitel über die GAVI noch genauer anschauen werden. Hinzu kommen noch das Consulting-Unternehmen Accenture und eine kleine Foundation aus San Francisco, die sich mit „menschzentriertem Design“ („human-centered design“) beschäftigt[236].

234 https://id2020.org/

235 https://id2020.org/alliance

236 https://www.drkfoundation.org/organization/ideo-org/

Wenn man all das zusammennimmt, dann entspricht das ziemlich genau dem, was Klaus Schwab schon 2016 in seinem Buch über die Vierte Industrielle Revolution angekündigt hat, und was ohne die Covid-Pandemie niemals so schnell Realität geworden wäre.

Und es geht sehr schnell. Am 25. August 2021 hat das Weltwirtschaftsforum auf Twitter ein Video[237] gezeigt, in dem die erste FFP2-Maske präsentiert wurde, in die ein Chip eingebaut ist, der aus den Tröpfchen, die wir ausatmen, sofort medizinische Diagnosen errechnet. Das wurde dort als Riesenfortschritt gefeiert, weil man so nicht mehr mit einem Stäbchen Proben aus der Nase entnehmen muss.

Natürlich kann eine solche Maske nicht nur Covid-19 erkennen, sondern auch alles andere, worauf man Menschen anhand von Proben der Tröpfchen, die wir ausatmen, testen kann. Die Maske wurde vom Wyss-Institute in Harvard entwickelt, das – ganz im Geiste der öffentlich-privaten Partnerschaften – mit *„akademischen Einrichtungen, Industrie, Investoren, Foundations und Philanthropen, die unsere Vision teilen, die Kluft zwischen bahnbrechenden wissenschaftlichen Entdeckungen und ihren kommerziellen Auswirkungen zu überbrücken"* zusammenarbeitet[238]. Das Institut schrieb am 28. Juni über seine Maske unter anderem[239]:

> *„Die meisten Menschen verbinden mit dem Begriff „tragbar" einen Fitness-Tracker, eine Smartwatch oder drahtlose Ohrhörer. Aber was wäre, wenn modernste Biotechnologie in Ihre Kleidung integriert wäre und Sie warnen könnte, wenn Sie etwas Gefährlichem ausgesetzt sind?*
>
> *Ein Forscherteam des Wyss Institute for Biologically Inspired Engineering an der Harvard University und des Massachusetts Institute of Technology hat einen Weg gefunden, Reaktionen der synthetischen Biologie in Textilien einzubetten und so tragbare Biosensoren zu schaffen, die so angepasst werden können, dass sie Krankheitserreger und Giftstoffe erkennen*

237 https://twitter.com/wef/status/1430409648763506689

238 https://wyss.harvard.edu/collaboration/

239 https://wyss.harvard.edu/news/face-masks-that-can-diagnose-covid-19/

und den Träger warnen. Das Team hat diese Technologie in Standard-Gesichtsmasken integriert, um das Vorhandensein des SARS-CoV-2-Virus in der Atemluft eines Patienten zu erkennen. (…) „Wir haben im Grunde ein ganzes Diagnoselabor in einen kleinen, auf synthetischer Biologie basierenden Sensor geschrumpft, der mit jeder Gesichtsmaske funktioniert und die hohe Genauigkeit von PCR-Tests mit der Schnelligkeit und den niedrigen Kosten von Antigentests kombiniert", sagt Co-Erstautor Peter Nguyen, Ph.D., ein Forscher am Wyss-Institut. „Unsere programmierbaren Biosensoren können nicht nur in Gesichtsmasken, sondern auch in andere Kleidungsstücke integriert werden, um unterwegs gefährliche Substanzen wie Viren, Bakterien, Toxine und chemische Stoffe zu erkennen."“

Schöne neue, transhumanistische Welt, kann man da nur sagen. Und wenn wir uns daran erinnern, dass Dr. Hepburn von der DARPA schon einen Chip präsentiert hat, der das Gleiche kann, aber unter die Haut implantiert werden muss, dann kann man diese „Innovationen", wie Biolabors in der Kleidung, Fitness-Tracker und so weiter, auch als Schritte ansehen, die die Menschen an solche Dinge gewöhnen und darauf vorbereiten sollen, dass man all diese tollen Geräte bald nicht mehr braucht, denn ein Chip, den man auch nicht verlieren oder irgendwo vergessen kann, kann all das auf einmal, wozu man jetzt noch mehrere Geräte benötigt. Vielleicht speichert der Chip auch gleich alle Daten, die man für ID2020 braucht?

Technisch ist das kein Problem, und unsere Freunde Bill Gates und Klaus Schwab scheinen die Idee gut zu finden. Was (noch) fehlt, ist die Bereitschaft der Menschen, das mitzumachen. Aber wie es der Zufall will, bereiten die Covid-19-Pandemie und all die Maßnahmen zur Pandemiebekämpfung die Menschen darauf vor, und wenn sie erst einmal dauerhaft überall einen Impfpass vorzeigen müssen, werden sie irgendwann ganz von alleine einen eingepflanzten Chip fordern, nachdem sie einige Male nicht ins Restaurant oder Fußballstadion gelassen wurden, weil der Akku ihres Handys gerade den Geist aufgegeben hat.

Das Wyss-Institute hat noch mehr auf Lager. Am 24. September 2021 hat es gemeldet, dass es Forschungsgelder für ein fantastisches Projekt bekommen habe[240]:

„*Das Wyss Institute for Biologically Inspired Engineering wurde als einer von drei Teilnehmern an dem neuen Bundesprogramm ImmuneChip+ ausgewählt, um fortschrittliche Gewebechip-Plattformen mit Komponenten des Immunsystems und automatischer Überwachung zu entwickeln. Das Programm wird von der Biomedical Advanced Research and Development Authority (BARDA), die zum Büro des Assistant Secretary for Preparedness and Response des US-Gesundheitsministeriums gehört, und dem National Center for Advancing Translational Sciences (NCATS) unterstützt. (...)*

Lymphoide Follikel (LF) sind die kleinste funktionelle Einheit der Lymphknoten und enthalten Ansammlungen von Immunzellen, darunter B-Zellen, T-Zellen und dendritische Zellen. LFs koordinieren die Immunreaktion des Körpers gegen Krankheitserreger und sind ein wichtiger Bestandteil des Impfprozesses, bei dem ein „Gedächtnis“ eines Scheininvasors geschaffen wird, so dass beim nächsten Auftreten des Krankheitserregers eine wirksame Immunreaktion erfolgen kann. “

Alles klar? Es geht schon um Chips, die man dem Menschen einpflanzt und die quasi automatisch und permanent Impfungen gegen alles geben können, was einem so einfällt. Ob der Chip auch gleich noch die Glückshormone ausschütten kann, die die Menschen in Zukunft ruhigstellen sollen, wenn sie wegen der von Schwab fokussierten Vierten Industriellen Revolution (alias Great Reset) überflüssig werden?

Nochmal zur Erinnerung: Das sind nicht meine kruden Fantasien oder wilden Verschwörungstheorien, das erzählen diese Leute selbst.

Bei dem Programm, an dem das Wyss-Institute teilnimmt, handelt es sich um ein Programm der BARDA. Die BARDA ist im Gegensatz zur DARPA zur Abwechslung mal eine US-Behörde, die sich mit Pande-

240 https://wyss.harvard.edu/news/harvards-wyss-institute-receives-funding-award-from-barda/

mien und Genforschung beschäftigt und tatsächlich dem US-Gesundheitsministerium unterstellt ist. Allerdings ist die BARDA – lang lebe die öffentlich-private Partnerschaft – großzügig zu den Pharmakonzernen. Nur ein Beispiel: Am 9. Dezember 2019, nur knapp 20 Tage vor der Entdeckung des ersten Covid-19-Patienten in Wuhan, hat der Pharmakonzern Sanofi 226 Millionen Dollar von der BARDA bekommen, um zusätzliche Produktionskapazitäten für die Produktion von Grippeimpfstoffen aufzubauen[241].

Am 8. Januar 2020, als die Welt noch nicht wusste, was sich gerade in Wuhan anbahnt, hat das Weltwirtschaftsforum einen Bericht mit dem Titel „Biosicherheitsinnovation und Risikominderung: Ein globaler Rahmen für eine zugängliche, sichere und geschützte DNA-Synthese“[242] veröffentlicht, der im Grunde die gleichen Ziele verfolgt wie die im Sommer 2021 von der WHO eingesetzte Kommission, die die Richtlinien für die Veränderungen des menschlichen Genoms erarbeiten soll.

Das Weltwirtschaftsforum war darüber hinaus auch an einigen Veranstaltungen und Denkschriften zur Pandemievorbereitung beteiligt, die wir bereits kennengelernt haben. So zum Beispiel an den Konferenzen zu „Biosicherheit und Risikominderung“ vom NTI und dem Wellcome Trust oder an Planspielen wie Event 201, das vom Weltwirtschaftsforum, der Johns Hopkins University und der Bill & Melinda Gates Foundation unterstützt wurde.

Apropos Pandemie-Planspiele: Zufall oder nicht, aber ab 2017 wurden, wie gesehen, inflationär Planspiele zu einer möglichen Pandemie durchgespielt. Das ging zwei Jahre, bis zum letzten Planspiel, dem Event 201, im Oktober 2019. Danach haben – zumindest nach dem, was wir ge-

241 https://www.news.sanofi.us/2019–12–09-Sanofi-awarded-226-million-by-US-government-to-expand-pandemic-influenza-preparedness

242 https://www.weforum.org/reports/biosecurity-innovation-and-risk-reduction-a-global-framework-for-accessible-safe-and-secure-dna-synthesis-582d582cd4

funden haben – die Organisatoren praktisch keine weiteren Planspiele mehr in Vorbereitung gehabt, die sie vielleicht wegen der Covid-19-Pandemie absagen mussten. Das NTI, das zuvor jedes Jahr mehrere Planspiele durchgeführt hat, hat nach Event 201 nur noch im Februar 2020 ein weiteres Planspiel für die Münchner Sicherheitskonferenz angesetzt, bei dem ein im Labor erschaffenes Grippevirus um die Welt geht[243].

Übrigens hat das Weltwirtschaftsforum auch auf die Entscheidungen der Bundesregierung Einfluss. Das ist kein Geheimnis, wenn seine Schützlinge aus dem Young-Global-Leaders-Programm heute Bundesminister sind (siehe Jens Spahn) oder wenn die Bundesministerin von der Leyen „nebenbei" auch für das Weltwirtschaftsforum gearbeitet hat. Aber es gibt auch weniger sichtbaren Einfluss, denn die in Deutschland bei Fragen des Gesundheitssystems omnipräsente Ilona Kickbusch ist zum Beispiel auch mit dem Weltwirtschaftsforum verbunden und schreibt Artikel für das Forum[244].

Außerdem wurden die Impfallianz GAVI (gegründet im Jahr 2000) und die Epidemie-Koalition CEPI (gegründet 2016) von Bill Gates beide im Rahmen des Weltwirtschaftsforums aus der Taufe gehoben. Aber da diese beiden Organisationen in diesem Buch ein eigenes Kapitel haben, kommen wir dazu später.

Die Ziele, die Klaus Schwab mit dem Weltwirtschaftsforum verfolgt, sind kein Geheimnis. Egal, ob bei der Vierten Industriellen Revolution oder beim Great Reset: In seinen Plänen spielt die Demokratie keine Rolle. In der idealen Welt des Klaus Schwab regieren die Konzerne und Oligarchen, auch wenn er das in schönere Worte kleidet. Besonders deutlich wurde das bei dem 2010 vorgestellten Programm des WEF, das den Namen „Global Redesign"[245] trägt.

---

243 https://www.nti.org/events/preventing-global-catastrophic-biological-risks/

244 https://www.weforum.org/agenda/authors/ilona-kickbusch

245 https://www.weforum.org/agenda/2010/11/the-global-redesign-summit/

Das deutsche Wikipedia fasst das gut zusammen[246]:
„Das Weltwirtschaftsforum fordert in seinem „Global Redesign"-Bericht aus dem Jahr 2010, dass eine globalisierte Welt am besten von einer Koalition aus multinationalen Unternehmen, Regierungen (auch über das System der Vereinten Nationen (UN)) und ausgewählten zivilgesellschaftlichen Organisationen (CSOs) gesteuert wird. Darin wird argumentiert, dass Regierungen nicht mehr „die überwältigend dominierenden Akteure auf der Weltbühne" sind und dass „die Zeit für ein neues Stakeholder-Paradigma der internationalen Governance gekommen ist". Die Vision des WEF beinhaltet den Aufbau einer „öffentlich-privaten" UN, in der bestimmte Sonderorganisationen unter gemeinsamen staatlichen und nicht-staatlichen Governance-Systemen arbeiten."
Klaus Schwab und seine Mitstreiter wollen die Staaten (und mit ihnen automatisch auch die Demokratie) abschaffen oder zumindest entmachten und durch eine Art Weltregierung ersetzen, die sie als „öffentlich-private UN" bezeichnen. Es geht darum, dass die Oligarchen nicht nur hinter den Kulissen, sondern ganz offiziell die Macht übernehmen wollen.

In diesem Zusammenhang sei wieder an die öffentlich-privaten Partnerschaften erinnert, die von den gleichen Leuten propagiert werden und die nichts weniger als ein Schritt in Richtung der „öffentlich-privaten UN" sind.

Wenn Klaus Schwab sich etwas in den Kopf setzt, dann setzt er es auch um. Neun Jahre später, am 13. Juni 2019, haben das Weltwirtschaftsforum und die UNO das „United Nations-World Economic Forum strategic partnership agreement" unterzeichnet[247], also einen Vertrag, der genau das vorbereitet.

---

246 https://de.wikipedia.org/wiki/Weltwirtschaftsforum#Vereinnahmung_demokratischer_Strukturen_und_Institutionen

247 https://www.weforum.org/press/2019/06/world-economic-forum-and-un-sign-strategic-partnership-framework/

Im September 2019 haben über 400 zivilgesellschaftliche Organisationen und 40 internationale Netzwerke das Partnerschaftsabkommen zwischen dem WEF und der UNO in einem offenen Brief scharf kritisiert und den UN-Generalsekretär aufgefordert, es zu beenden. Sie meinen – in meinen Augen vollkommen zu Recht –, dass die UNO damit de facto von den Konzernen vereinnahmt wird. Der offene Brief[248] endete mit den Worten:

> „*Herr Generalsekretär, wenn Sie eine Allianz zwischen dem Sekretariat und transnationalen Unternehmen eingehen, um das UN-System vor denjenigen zu retten, die dem Multilateralismus feindlich gesinnt sind, und wenn Sie die öffentlichen Mittel kürzen, werden Sie das UN-System zerstören und nicht retten.*"

Es lässt sich nicht bestreiten, dass es mit Demokratie nichts zu tun hat, wenn man es zulässt, dass Konzerne und nicht etwa gewählte Regierungen die Entscheidungen treffen. Denn die Konzerne sind weder gewählt, noch vertreten sie die Interessen der Menschen. Die Konzerne vertreten per Definition nur die Interessen ihrer Eigentümer.

Die öffentlich-privaten Partnerschaften und vor allem die von Schwab offen geforderte öffentlich-private UNO sind per Definition undemokratisch. Die Forderung, dass in der öffentlich-privaten UN bestimmte Sonderorganisationen unter gemeinsamen staatlichen und nichtstaatlichen Governance-Systemen arbeiten, ist dabei besonders wichtig, denn das ist bereits teilweise Realität.

Auf einige Sonderorganisationen der UNO, wie zum Beispiel die WHO, trifft das bereits zu, denn Bill Gates hat der WHO bereits mehrere Milliarden „gespendet" und sich damit den Einfluss gekauft, den er für seine Ziele braucht. Es gibt aber noch mehr derartige Beispiele.

Man kann das gut oder schlecht finden, nur eines ist es nicht: Es ist nicht demokratisch.

---

248 https://www.cognitoforms.com/MultistakeholderismActionGroup/CorporateCaptureOfGlobalGovernanceTheWorldEconomicForumWEFUNPartnershipAgreementIsADangerousThreatToUN

Weltbank

Wer die Weltbank verstehen möchte, muss erst einmal einen Blick zurück in die Geschichte werfen. Die Weltbank wurde im Zuge der Einführung des Bretton Woods Systems gegründet. Die Bretton Woods Konferenz fand 1944 statt und war vereinfacht gesagt die Übergabe der Weltmacht vom britischen Empire an die USA. An der Konferenz nahmen 44 alliierte Staaten teil, aber dominiert wurde die Konferenz von den USA und die haben in der Konferenz bereits die wirtschaftliche Nachkriegsordnung geschaffen, deren wichtigster Pfeiler nicht mehr das britische Pfund, sondern der Dollar sein sollte.

Im Zuge dieser Konferenz wurde auch die Gründung von Weltbank und IWF beschlossen, die sehr eng zusammenarbeiten. Die Weltbank wurde Ende 1945 gegründet und unterliegt nicht den Gesetzen eines Staates, sondern ist eine Sonderorganisation der UNO.

Weltbank und IWF waren von Anfang als Instrumente der USA ausgelegt und die USA haben schon bei der Gründung dafür gesorgt, dass sie bei beiden Organisationen den größten Stimmanteil haben und so gemeinsam mit ihren Verbündeten diese Organisationen de facto beherrschen, auch wenn es formal internationale Organisationen sind. Auch das ist wieder nicht meine Behauptung, das sagen die Geostrategen in Washington ganz offen.

Zbigniew Brzezinski, Sicherheitsberater von US-Präsident Carter und bis zu seinem Tode eine der grauen Eminenzen der US-Geostrategie, hat 1997 in seinem Buch „Die einzige Weltmacht: Amerikas Strategie der Vorherrschaft“[249] (Originaltitel: „Grand Chessboard: American Primacy and Its Geostrategic Imperatives“) über von den USA dominierte Organisationen wie APEC, NAFTA, Weltbank, IWF oder WTO geschrieben:

249 ISBN-10 386445249X

„Offiziell vertreten der Internationale Währungsfonds (IWF) und die Weltbank globale Interessen und tragen weltweit Verantwortung. In Wirklichkeit werden sie jedoch von den USA dominiert, die sie mit der Konferenz von Bretton Woods im Jahre 1944 aus der Taufe hoben."

Das Buch von Brzezinski ist aufgrund seiner ehrlichen Offenheit sehr lesenswert, denn im Gegensatz zu den Medien sind die Geostrategen ehrlich, wenn sie etwas schreiben, das für ihresgleichen gedacht ist. Während Politiker und Medien uns erzählen, die Europäer wären „Verbündete und Partner", ja sogar „Freunde" der USA, sagt Brzezinski in seinem Buch offen, wie man in den Führungsetagen der USA über die „europäischen Freunde" (inklusive Deutschland) denkt:

„Der gesamte (eurasische) Kontinent ist von amerikanischen Vasallen und tributpflichtigen Staaten übersät, von denen einige allzu gern noch fester an Washington gebunden wären."

Aber das sei nur am Rande erwähnt, hier soll es nicht um Geopolitik, sondern um die Weltbank gehen, denn schon bei der Festlegung ihrer Ziele sind IWF und Weltbank auf die USA und vor allem auf die Interessen ihrer Konzerne zugeschnitten worden.

Offiziell sind IWF und Weltbank hingegen dazu da, armen oder in Not geratenen Staaten zu helfen, aber das sind wieder einmal nur schöne Worte, die verdecken sollen, worum es tatsächlich geht. Beide Organisationen knüpfen ihre Hilfsgelder nämlich an Bedingungen und das sind immer die gleichen Bedingungen, die man auch wieder mit öffentlich-private Partnerschaft überschreiben könnte.

Staaten, die Kredite von Weltbank oder IWF bekommen wollen, müssen ihre Märkte öffnen (wovon dann in erster Linie amerikanische Konzerne profitieren), sie müssen Staatsbetriebe privatisieren, was oft unter Zeitdruck geschieht, weshalb die Betriebe unter Wert abgegeben werden – natürlich in der Regel auch wieder an amerikanische oder westliche Konzerne. Außerdem müssen diese Länder die Macht ihrer Aufsichtsbehörden schwächen, die die Konzerne stören. Das schöne Wort dafür lautet „Deregulierung". Hinzu kommt noch die Forderung nach

Subventionsabbau, denn Subventionen von Firmen in anderen Staaten stören die US-Konzerne, die aber selbst nichts dagegen haben, wenn die USA sie großzügig subventionieren. Das deutsche Wikipedia fasst diese Politik sehr treffend folgendermaßen zusammen[250]:

„Das Private Sector Development (PSD) ist eine Strategie der Weltbank, die Privatwirtschaftsentwicklung in Entwicklungsländern voranzutreiben. PSD ist für sämtliche Teile der Weltbank verbindlich und alle anderen Strategien müssen hierauf abgestimmt sein. Auch die Vergabe von Krediten ist an grundlegende Reformen im Sinne der PSD geknüpft. Hierzu zählt die Förderung einer privaten Herstellung von Infrastruktur.“

Das Ziel der von den USA kontrollierten Weltbank ist es also nicht, armen Staaten zu helfen oder die Armut zu bekämpfen, obwohl das immer behauptet wird und auch die Weltbank das immer als großes Ziel verkündet. Das Ziel ist die Förderung der Privatwirtschaft, de facto der amerikanischen Großkonzerne und nicht etwa des Mittelstandes. Das verkauft die Weltbank als einzig probates Mittel zur Bekämpfung der Armut. Allerdings fallen mir keine Beispiele für Länder ein, die in den letzten Jahrzehnten in die Abhängigkeit von Weltbank und IWF geraten sind und danach einen Anstieg des Wohlstandes ihrer Bevölkerung feiern konnten.

Wer das Vorgehen und die Politik der Weltbank verstehen will, muss sie also immer aus diesem Blickwinkel betrachten: Es geht der Weltbank um die Förderung von US-Konzernen. Bei der Bekämpfung der Armut, ihrem offiziellen Ziel, ist sie eher weniger erfolgreich, aber wenn man die Erschließung neuer Märkte und Rohstoffquellen für amerikanische und westliche Konzerne als ihr Ziel ansieht, dann war und ist sie ausgesprochen erfolgreich.

Die sogenannten nachhaltigen Entwicklungsziele der UNO (SDG) habe ich immer wieder erwähnt und sie haben in diesem Buch ein eigenes Kapitel. Hier will ich nur ausdrücklich darauf hinweisen, dass

---

250 https://de.wikipedia.org/wiki/Weltbank#F %C3 %B6rderung_der_Privatisierung

sich die Weltbank der Erreichung der SDGs voll und ganz verschrieben hat[251].

Die Rolle der Weltbank bei den Vorbereitungen auf eine Pandemie ist schwer einzuschätzen. Die Verbindungen der Weltbank sind nicht so offensichtlich, wie bei den NGOs, die wir uns angeschaut haben.

Die Weltbank taucht aber immer wieder auf, so war sie zum Beispiel 1999 neben der Rockefeller Foundation und den Regierungen der Schweiz, der Niederlande und Großbritanniens einer der Gründer des MMV[252], das im September 2021 stolz über die Ergebnisse der Anwendung des Gene Drives bei Mücken berichtet hat. Die Weltbank hat MMV nach der Gründung jahrelang mit sechsstelligen Beträgen unterstützt[253].

Bei der Vorbereitung auf eine Pandemie hat die Weltbank aber auch wegen ihrer Verbindungen zu GAVI und CEPI eine Rolle gespielt, auf die wir in späteren Kapiteln näher eingehen.

Und auch die SDG sind der Weltbank wichtig. Die SDG könnten in der Zeit nach der Pandemie wichtig werden, wie wir bereits im Kapitel über das Weltwirtschaftsforum gesehen haben, aber auf die SDG kommen wir später.

Da die Weltbank aber immer wieder am Rande auftaucht und Weltbank und IWF sicher eine wichtige Rolle spielen werden, wenn es an die Behebung der durch die Covid-19-Pandemie (oder besser gesagt, der durch die mit der Pandemie begründeten Lockdown-Maßnahmen) verursachten wirtschaftlichen Schäden geht, war es mir wichtig, die Rolle der Weltbank und des IWF, für den im Wesentlichen das gleiche gilt, wie für die Weltbank, kurz zu erklären.

251 https://www.worldbank.org/en/programs/sdgs-2030-agenda

252 https://www.mmv.org/about-us/what-we-do/our-history

253 https://www.mmv.org/newsroom/news/world-bank-reviews-mmv-s-growth-and-progress

PATH

Die NGO PATH nannte sich ursprünglich „Program for Appropriate Technology in Health“ (auf Deutsch etwa „Programm für angepasste Technologie im Gesundheitswesen“), aber heute heißt sie schlicht „PATH“. PATH[254] ist ein gutes Beispiel für die Schwierigkeiten, die Mr. X und ich bei der Arbeit an diesem Buch hatten. PATH taucht in den Netzwerken oft und prominent auf und spielt für die großen NGOs ganz offensichtlich eine wichtige Rolle.

Die Bill and Melinda Gates Foundation hat PATH von 2000 bis 2020 ca. 2,5 Milliarden Dollar überwiesen. Damit gehört PATH zu den Organisationen, denen Bill Gates die größten Summen spendet.

PATH wurde 1977 gegründet und hatte im Jahr 2000, als Bill Gates angefangen hat, PATH mit Geld zu beglücken, ein Jahresbudget von 60 Millionen Dollar und 300 Mitarbeiter. 2020 hat die NGO ein Jahresbudget von über 300 Millionen Dollar und 1.600 Mitarbeitern. Die NGO wird von den Leuten von Bill Gates geleitet und Gates ist ihr mit Abstand größter Geldgeber, der aktuell jährlich über 100 Millionen beisteuert. Man kann also durchaus sagen, dass Bill Gates PATH übernommen hat, indem er mit seinen großen Spenden zum einflussreichsten Mann der NGO wurde und sich seinen Einfluss dadurch absichert, dass er seine Leute in die Geschäftsführung von PATH gesetzt hat.

PATH steht auf Platz vier der größten Geldempfänger der Bill and Melinda Gates Foundation seit ihrer Gründung vor 20 Jahren. Den ersten Platz belegt seine Impfallianz GAVI, der er fast fünf Milliarden überwiesen hat, auf Platz zwei steht die WHO mit etwa 3,3 Milliarden, den dritten Platz belegt The Global Fund, den wir beim Kapitel über die UN-Nachhaltigkeitsziele SDG genauer anschauen werden, mit ca. drei Milliarden. Und dann folgt auf Platz vier bereits PATH mit etwa 2,5 Milliarden.

---

254 https://www.path.org/

Die Frage, die Mr. X und mich in stundenlangen Telefonaten und gemeinsamen Recherchen beschäftigt hat, war: Wozu bekommt PATH von Bill Gates so viel Geld?

PATH ist ausgesprochen zurückhaltend mit Details zu seinen Tätigkeiten. Wer sich auf der Seite von PATH über deren Programme informiert, findet Texte, die eher an Werbebroschüren erinnern, die aber keine harten Fakten enthalten. Derzeit gibt PATH acht Programme an, die die NGO fördert[255]: „Gesundheitssysteme", „HIV/AIDS & Tuberkulose", „Marktdynamiken", „Mütter, Neugeborene, Kindergesundheit und Ernährung", „Medizinische Geräte und Gesundheitstechnologie", „Nichtübertragbare Krankheiten", „Primere Gesundheitsvorsorge" und „Sexuelle & reproduktive Gesundheit". Und so wolkig und allgemein gehalten, wie die Titel der Programme, sind auch die Angaben von PATH über die einzelnen Programme.

Auch in der Presse wird PATH kaum erwähnt. Das ist für jeden, der mit Amerikanern zusammengearbeitet hat, mehr als merkwürdig, denn Amerikaner sind geschäftlich nicht bescheiden, sondern sie trommeln und machen viel PR für ihre Sache. Aber hier haben wir eine NGO, die von Bill Gates mit Milliarden finanziert wird, über die man aber kaum etwas konkretes erfährt und Bill Gates scheint – im Gegensatz zu seinen Spenden für GAVI, CEPI, etc. – auch keinerlei Interesse daran zu haben, seine Großzügigkeit medial auszuschlachten.

Über seine Finanzen gibt PATH keine detaillierten Auskünfte. Über die Einnahmen erfährt man im aktuellen Jahresbericht von 2020[256] nur, dass etwa 157 Millionen Dollar von Stiftungen gekommen sind (wobei die Bill and Melinda Gates Foundation mit etwa 100 Millionen den Löwenanteil beigesteuert hat, wie man auf deren Seite herausfinden kann[257]). Die US-Regierung hat zum Jahresbudget von PATH 64 Mil-

255 https://www.path.org/programs/

256 https://path.azureedge.net/media/documents/PATH_Annual_Report_2020.pdf

257 https://www.gatesfoundation.org/about/committed-grants?q= %22path %22

lionen beigesteuert und „weitere Regierungen und NGOs" haben knapp 56 Millionen an PATH überwiesen. Bill Gates hat etwa ein Drittel zum Jahresetat von PATH beigesteuert, was auch in den vergangenen Jahren so war – das Budget von PATH war in den letzten Jahren sehr stabil.

Zu seinen Ausgaben macht PATH ebenfalls keine genauen Angaben. Für „globale Gesundheitsprogramme" hat PATH seinem Jahresbericht zufolge 87 Millionen ausgegeben, für „unentbehrliche Arzneimittel" etwa 42 Millionen, für „Technologie Analysen und Marktinnovationen" etwa 24 Millionen und die Verwaltungskosten werden mit knapp 38 Millionen angeben.

Wenn man sich die Experten von PATH anschaut, dann sind das „echte" Wissenschaftler und keine Lobbyisten, PATH scheint sich also wirklich mit Forschung zu beschäftigen. Das bestätigt auch die Liste der Partner von PATH[258], denn die wichtigsten Partner der NGO sind unter anderem die Pharmakonzerne Pfizer, Johnsons & Johnson und GlaxoSmithKline. Hinzu kommt eine auf Datenanalyse spezialisierte Firma namens Tableau. PATH schreibt über seine Partnerschaften unter anderem:

> „*Gemeinsam mit Partnern aus der Industrie entwickelt PATH Initiativen, die einen messbaren wirtschaftlichen Nutzen bringen. Wir gehen die gesundheitlichen Herausforderungen mit kommerziellen Lösungen an, die nicht nur praktikabel, sondern auch erfolgreich, nachhaltig und skalierbar sind.*"

Wenn man den Schönsprech der Eigenwerbung analysiert, dürfte das bedeuten, dass PATH mit den Konzernen Forschung betreibt, die sich für Investoren und Partner hinterher in barer Münze auszahlen soll. Das jedoch ist – vor allem in Anbetracht der eingesetzten Summen – merkwürdig, wenn man sich zum Vergleich anschaut, dass Konzerne und NGOs normalerweise für Forschungsprogramme an Universitäten bedeutend weniger Geld überweisen. Die Forschung bei PATH scheint

---

258 https://www.path.org/partner-invest/corporations/

ungewöhnlich teuer zu sein. Man fragt sich also, was der Mehrwert für die Geldgeber (vor allem für Gates) und für die Partner (also die Pharmakonzerne) bei der Kooperation mit PATH ist.

PATH ist eine NGO, die Geld nach dem Prinzip der öffentlich-privaten Partnerschaften einsammelt. In den Jahresberichten der letzten Jahre[259] nennt PATH (allerdings ohne die Summen zu nennen) neben Bill Gates das Who-is-Who der weltweiten NGOs und Stiftungen, z. B. Rockefeller, Bloomberg, die Open Society Foundations von George Soros, Wellcome Trust und viele andere. Gleiches gilt für die Pharmakonzerne, PATH nennt als Geldgeber neben den schon erwähnten Konzernen unter anderem auch Bayer, AstraZeneca und andere. Als staatliche und internationale Organisationen, die PATH finanziell unterstützen, werden unter anderem die EU-Kommission, das deutsche Wirtschaftsministerium, GAVI, CEPI, der Global Fund, die WHO, das NIH von Dr. Fauci, USAID und viele andere genannt. Besonders bemerkenswert ist, dass auch das US-Verteidigungsministerium dort aufgeführt ist.

Trotz dieser prominenten Unterstützung und der enormen Geldmittel, die PATH zur Verfügung stehen, ist der Einfluss von PATH nach allem, was man sehen kann, recht gering. Im Gegensatz zu anderen NGOs oder Think Tanks sind nur wenig konkrete Informationen darüber verfügbar, wozu PATH sein Geld und seinen Einfluss einsetzt. Daher wird mussten Mr. X spekulieren, was PATH machen könnte.

Offensichtlich will man bei PATH nicht, dass die Öffentlichkeit erfährt, was PATH genau tut. Dafür muss es Gründe geben und ein Grund, der uns eingefallen ist, könnte sein, dass PATH irgendeine Form von „Drecksarbeit“ für seine Finanziers und Partner macht, mit der diese nicht so gerne in Verbindung gebracht werden wollen, wenn mal etwas bekannt wird. Wie gesagt, das ist nur spekulativ, aber wir haben in diese Richtung gesucht und schnell Hinweise darauf gefunden, dass das so sein könnte.

259 https://www.path.org/about/finances/

Es gab immer mal wieder Meldungen über Skandale, bei denen die Erprobung neuer Impfstoffe in Indien oder Afrika zu Todesfällen geführt hat. Dabei wurde immer wieder erwähnt, dass Bill Gates die Programme finanziert hat. Auf die Berichte werden wir gleich näher eingehen, interessant ist, dass die Medien diese Themen kaum aufgegriffen haben und dass später alles so weit wie möglich dementiert wurde und andere Gründe für die Todesfälle genannt wurden.

Es handelt sich also um umstrittene Berichte und Vorwürfe gegen Bill Gates, aber interessant ist, dass die Programme in all diesen Fällen über PATH gelaufen sind. Es war PATH, das Impferprobungen durchgeführt hat, bei denen es dann zu Unregelmäßigkeiten und Vorwürfen gekommen ist. Bezahlt wurde das von Gates, der der größte Geldgeber von PATH ist, und die Impfstoffe wurden für westliche Pharmakonzerne getestet, die von PATH als deren Partner und finanzielle Unterstützer genannt werden. Und das schauen wir uns einmal genauer an.

In Indien hat PATH bis 2010 für eine Studie 23.500 Mädchen gegen HPV impfen lassen. HPV steht für Humane Papillomviren, die Krebs, insbesondere Gebärmutterhalskrebs, auslösen können. Das Geld für die Studie kam laut PATH von der Bill and Melinda Gates Foundation[260], die Impfstoffe haben die Pharmakonzerne Merck und GlaxoSmithKline gespendet.

„Gespendet“ klingt großzügig, so war es aber nicht. Die Impfstoffe waren noch in der klinischen Erprobung und die Studie war Teil der Datensammlung für ihre spätere Zulassung.

Westliche Pharmakonzerne führen die Tests neuer Medikamente mit Vorliebe in armen Ländern an deren armer Bevölkerung durch. Der Grund ist leicht zu verstehen: Wenn es zu schweren Nebenwirkungen kommt, kostet das kein Geld. Würden sie diese Tests in den USA durchführen, müssten sie im Falle schwerwiegender Nebenwirkungen mit hohen Schadenersatzklagen rechnen, von der schlechten Presse ganz zu

260 https://path.azureedge.net/media/documents/RH_hpv_lessons_learned_peru.pdf

schweigen. Wenn so etwas aber in der indischen oder afrikanischen Provinz passiert, nimmt die westliche Presse davon praktisch keine Notiz.

Im April 2010 wurde die Studie von der indischen Regierung vorsorglich gestoppt, nachdem gemeldet wurde, dass drei Mädchen nach der Impfung gestorben seien. Hierbei ist bemerkenswert, wer für The Lancet darüber berichtet hat[261]: Es war unsere alte Bekannte Heidi Larson. Bill Gates hat seine Leute, die schlechte Nachrichten bei Bedarf möglichst nett verpacken, eben überall platziert.

In Indien hat die Geschichte damals viel Wirbel gemacht, der Gesundheitsminister protestierte, dass indische Mädchen keine Versuchskaninchen seien[262]. Obwohl bis heute strittig ist, ob die Mädchen an den Impfungen oder anderen Todesursachen (im Gespräch sind ertrinken, Schlangenbisse, Vergiftung und Selbstmord) gestorben sind, kam das indische Parlament 2013 in einem Untersuchungsbericht zu einem niederschmetternden Ergebnis. Ich kann hier nicht alles zitieren, aber in dem fast 60-seitigen Bericht[263] heißt es unter anderem:

„Im vorliegenden Fall steht fest, dass PATH durch die Durchführung der klinischen Versuche für klinischen Studien für HPV-Impfstoffe in Andhra Pradesh und Gujarat unter dem Vorwand eines Demonstrationsprojekts gegen alle Gesetze und Vorschriften verstoßen hat, die von der Regierung für klinische Versuche erlassen wurden. Ihr einziges Ziel war dabei die Förderung der kommerziellen Interessen von HPV-Impfstoffherstellern, die im Falle eines Erfolgs von PATH den HPV-Impfstoff in das UIP des Landes hätten aufnehmen können. Dies ist ein schwerer Vertrauensbruch, da es bei dem Projekt um das Leben und die Sicherheit von Mädchen und Jugendlichen ging, die sich der Folgen der Impfung meist nicht bewusst

261 https://www.thelancet.com/journals/lancet/article/PIIS0140-6736(10)60881-1/fulltext

262 https://timesofindia.indiatimes.com/india/Indian-girls-not-guinea-pigs-for-anti-cervical-cancer-vaccines-Azad-/articleshow/5845395.cms

263 https://web.archive.org/web/20200429153340/http://164.100.47.5/newcommittee/reports/EnglishCommittees/Committee%20on%20Health%20and%20Family%20Welfare/72.pdf

waren. Der Verstoß ist auch ein schwerer Verstoß gegen die medizinische Ethik. Diese Handlung von PATH ist ein klarer Verstoß gegen die Menschenrechte dieser Mädchen und Jugendlichen.“

PATH wurde unter anderem vorgeworfen, sich als Kandidaten für die Studie Mitglieder von besonders armen und ungebildeten indischen Volksgruppen ausgesucht zu haben, die gar nicht verstanden haben, dass sie an einem Menschenversuch teilgenommen haben. Das Wort „Menschenversuch“ ist angemessen, denn wenn man neue Medikamente am Menschen testet, ist das per Definition ein Menschenversuch. Das ist im Zuge der Zulassung von Medikamenten unumgänglich und nicht verwerflich, aber man sollte es beim Namen nennen, vor allem, wenn den Testkandidaten nicht ausdrücklich mitgeteilt wird, worauf sie sich einlassen.

PATH wurde vorgeworfen, die Studie sei dubios abgelaufen, es habe nicht genügend Kontrollen gegeben und die Eltern der Mädchen seien nicht ausreichend informiert worden Es habe auch Verzögerungen und keine einheitlichen Standards bei der Erfassung von möglichen Todesfällen oder Nebenwirkungen gegeben. Über diese Kritik berichtete auch das Wissenschaftsmagazin Science unter der Überschrift „Indisches Parlament geht hart mit Gebärmutterhalskrebs-Studie ins Gericht“[264].

Übrigens äußerte sich 2010, als die indische Regierung die Studie stoppte, für PATH 2010 der damalige Generaldirektor der NGO zu der Geschichte[265]. Sein Name war Chris Elias und er fand natürlich, dass alles ordentlich abgelaufen sei. Bill Gates war mit seiner Arbeit so zufrieden, dass er Elias ein Jahr später, also 2011, zum Chef der Bill and Melinda Gates Foundation gemacht hat und Elias hat den Posten bis heute inne.

264 https://www.science.org/content/article/indian-parliament-comes-down-hard-cervical-cancer-trial-rev2

265 https://www.path.org/media-center/update-paths-hpv-vaccine-project-in-india/

2017 hat Indien reagiert und die finanzielle „Unterstützung" für Impfprojekte in Indien durch Bill Gates eingeschränkt. Die Kosten trägt nun eine indische Behörde, weil man ausländischen Einfluss auf Entscheidungen einschränken wollte. In der Reuters-Meldung darüber hieß es[266]:

„Kritiker haben in der Vergangenheit Bedenken geäußert, dass die Stiftung aufgrund offensichtlicher Interessenkonflikte keine Verbindung zu dem Programm haben sollte. Das liegt daran, dass die Stiftung auch GAVI unterstützt, eine globale Impfstoffallianz, die große Pharmaunternehmen zu ihren Partnern zählt."

Dieser Interessenkonflikt von GAVI wird in westlichen Medien nicht thematisiert, stattdessen wird GAVI als Impfallianz dargestellt, die Bill Gates gegründet hat, um ganz selbstlos die Welt mit Impfungen zu retten.

Ein weiteres Beispiel für solche Vorfälle bei PATH ist eine Studie über einen potenziellen Malaria-Impfstoff, die in Afrika von PATH für einen Impfstoffkandidaten von GlaxoSmithKline durchgeführt wurde. Das New England Journal of Medicine schrieb 2011 über die Studie[267]:

„Von März 2009 bis Januar 2011 haben wir 15.460 Kinder in zwei Alterskategorien – 6 bis 12 Wochen und 5 bis 17 Monate – für die Impfung mit RTS,S/AS01 oder einem malariafreien Vergleichsimpfstoff rekrutiert."

Über Nebenwirkungen konnte man dort erfahren:

„Mindestens ein schwerwiegendes unerwünschtes Ereignis, das als mit einem Studienimpfstoff in Zusammenhang stehend angesehen wurde, trat bei 11 Kindern in der älteren Altersgruppe auf: 10 von 5949 Kindern in der RTS,S/AS01-Gruppe meldeten 12 Ereignisse (7 Krampfanfälle, 3 Episoden von Pyrexie, 1 Episode von Myositis und 1 Reaktion an der

266 https://www.reuters.com/article/us-india-health-bmgf/india-cuts-some-funding-ties-with-gates-foundation-on-immunization-idUSKBN15N13K

267 https://www.nejm.org/doi/full/10.1056/nejmoa1102287

Injektionsstelle) und 1 von 2974 Kindern in der Kontrollgruppe meldete 1 Ereignis (Krampfanfall). (...) Meningitis wurde in der RTS,S/AS01-Gruppe häufiger gemeldet als in der Kontrollgruppe: 11 von 5949 Kindern gegenüber 1 von 2974 Kindern in der älteren Altersgruppe und 8 von 4358 Kindern gegenüber 1 von 2179 Kindern in der jüngeren Altersgruppe."

Diese Nebenwirkungen scheint man aber für nicht schlimm zu halten, denn 2019 hat die Malaria Vaccine Initiative von PATH ganz stolz gemeldet[268]:

„PATH begrüßt die heutige Ankündigung der Weltgesundheitsorganisation (WHO) und des Gesundheitsministeriums von Malawi, dass die ersten Kinder den Malaria-Impfstoff RTS,S/AS01 (RTS,S) im Rahmen einer Routineimpfung in Malawi erhalten haben und damit eine Piloteinführung des Impfstoffs begonnen hat. Malawi ist das erste der drei teilnehmenden Länder – die anderen sind Ghana und Kenia -, das mit der Impfung beginnt.

Der heutige Tag markiert einen wichtigen Meilenstein in der Geschichte der Malariabekämpfung – der erste Malariaimpfstoff wird in Afrika eingeführt. Die Auswertung der Piloteinführung wird dazu beitragen, Entscheidungen über den möglichen Einsatz des Impfstoffs in größerem Umfang in Gebieten Afrikas zu treffen, in denen Malaria eine Bedrohung für die öffentliche Gesundheit darstellt. PATH hat fast 20 Jahre lang auf diesen Tag hingearbeitet und ist 2001 erstmals eine Partnerschaft mit dem Hersteller GlaxoSmithKline eingegangen, um RTS,S für den Einsatz bei Kindern zu entwickeln."

Die WHO hat daraufhin ein Pilotprojekt gestartet und 800.000 Kinder mit dem Impfstoff impfen lassen. Die Ergebnisse sind jedoch eher niederschmetternd, wie die Ärztezeitung berichtet hat[269]:

268 https://www.malariavaccine.org/news-events/news/path-congratulates-malawi-introducing-first-malaria-vaccine-african-children

269 https://www.aerztezeitung.de/Medizin/WHO-startet-Pilotprojekt-zur-Malaria-Impfung-256268.html

„Die Schutzwirkung der vier Dosen vor Erkrankung beträgt nach den Studiendaten bei Kleinkindern etwa 39 Prozent über vier Jahre. Dabei werden etwa 30 Prozent der schweren bis lebensbedrohlichen Verläufe verhindert. Klinikeinweisungen und der Bedarf an Bluttransfusionen wegen schwerer Anämien wurden deutlich reduziert.“

Diese ausgesprochen niedrige Wirksamkeit von unter 40 Prozent haben auch andere Studien erwähnt, das Problem bestand von Anfang an, aber das Programm zur Entwicklung des Impfstoffes wurde trotzdem durchgezogen. Auch die WHO stört sich nicht an der geringen Wirksamkeit des Impfstoffes, denn im Oktober 2021 hat sie ihn offiziell zur Anwendung empfohlen[270]. Das Center für Global Development (CDG) hat sich parallel auch dazu geäußert[271] und die Kosten für ein Impfprogramm mit dem Impfstoff auf 630 Millionen Dollar jährlich veranschlagt. Nun müssen Staaten gefunden werden, die bereit sind, dieses Programm zu bezahlen und schon hat sich die Arbeit von GlaxoSmithKline und PATH gelohnt, denn das Impfprogramm wäre eine Lizenz zum Gelddrucken.

Das waren nur zwei Beispiele dafür, wie PATH arbeitet. Wahrscheinlich lassen sich noch weit mehr Beispiele finden, aber PATH spielt beim Thema dieses Buches nur eine kleine Rolle und hatte mit der Vorbereitung auf die Pandemie wohl nichts zu tun. Allerdings hat PATH eine Abteilung namens Center for Vaccine Innovation and Access, die über ihre Tätigkeit im Rahmen der Pandemie meldet[272]:

„Rasche Mobilisierung, um auf die COVID-19-Pandemie zu reagieren, einschließlich der Unterstützung der Impfstoffbereitschaft in den einzelnen Ländern; COVAX und andere Bemühungen, um einen gleichberechtigten Zugang zu Impfstoffen zu gewährleisten; Impfstoff-

---

270 https://www.who.int/news/item/06–10–2021-who-recommends-groundbreaking-malaria-vaccine-for-children-at-risk

271 https://www.cgdev.org/blog/malaria-vaccine-WHO-three-key-considerations-wider-use

272 https://www.path.org/programs/center-for-vaccine-innovation-and-access/about/

entwicklung und -herstellung sowie klinische Bewertung von Impfstoffen."

Sollte PATH an der Entwicklung von Covid-19-Impfstoffen beteiligt (gewesen) sein, ist das sicher kein Qualitätsmerkmal für die Impfstoffe, denn PATH hat in der Vergangenheit gezeigt, dass man es mit den Standards dabei nicht allzu genau nimmt.

Da PATH aber von denen, die an der Pandemie-Vorbereitung beteiligt waren, so großzügig finanziert wird, haben wir uns entschieden, PATH in das Buch aufzunehmen, denn es kann nicht schaden, wenn die Leser von dieser Organisation gehört haben.

Es scheint so, dass PATH „zwischengeschaltet" wird, um (medizinische) Versuche zu machen, die andere aus irgendwelchen Gründen nicht direkt machen möchten.

Hinzu kommt, dass das Geschäftsmodell von PATH auch darin besteht, Gelder von Staaten einzutreiben, um die Kosten der Konzerne bei ihrer Forschung zu senken. Wieder sehen wir den Effekt der öffentlich-privaten Partnerschaften, bei denen die Kosten der Konzerne durch staatliche Zuschüsse gesenkt werden, die Gewinne hinterher aber vollständig bei den Konzernen landen.

Global Preparedness Monitoring Board (GPMB)

Das zur WHO gehörende GPMB ist eine der erst kurz vor der Pandemie gegründeten Organisationen, die sich mit Pandemien beschäftigen. Das GPMB wurde 2018 offiziell als Reaktion auf den Ebola-Ausbruch von 2013 bis 2016 von der WHO und der Weltbank gegründet[273] In den drei Jahren sind in Afrika etwas über 11.000 Menschen an Ebola ge-

273 https://www.worldbank.org/en/news/press-release/2018/05/24/who-and-world-bank-group-join-forces-to-strengthen-global-health-security

storben. Das GPMB von der Bill and Melinda Gates Foundation auch gleich mit drei Millionen Dollar ausgestattet[274]. Als Unterorganisation der WHO soll das GPMB jedes Jahr einen Bericht vorlegen, der untersucht, wie gut die einzelnen Staaten auf eine Pandemie vorbereitet sind und soll dann zusammen mit Regierungen, UN-Agenturen, der „Zivilgesellschaft" und dem „Privatsektor" Geld eintreiben, um die Bereitschaft für Pandemien zu verbessern.

Dazu müssen wir uns wieder vor Augen führen, was das heißt. Als „Zivilgesellschaft" werden im Westen gerne die NGOs umschrieben und der „Privatsektor" sind die Konzerne. Es geht also wieder um ein Instrument, mit dem die Regierungen dazu gebracht werden sollen, tief in die Tasche zu greifen, damit dann die NGOs und Konzerne darüber nachdenken können, wofür man das Geld der Steuerzahler, dass sie von den Regierungen bekommen, ausgeben könnte.

Obwohl die wenigsten Menschen je vom GPMB gehört haben, spielt es als Unterorganisation der WHO in der Pandemie eine wichtige Rolle, vor allem beim Thema Impfen. Der Grund ist, dass die WHO für die weltweite Verteilung der Impfstoffe an arme Länder zuständig ist.

Um die armen Länder der Welt, die sich die teuren Impfstoffe nicht leisten können, trotzdem mit Impfstoffen zu versorgen, wurde COVAX (Covid-19 Vaccines Global Access) gegründet. COVAX ist Teil des Access to COVID-19 Tools (ACT) Accelerator zur Beschleunigung des „Zugangs zu COVID-19-Instrumenten", die im April 2020 von der Weltgesundheitsorganisation (WHO), der Europäischen Kommission und Frankreich als Reaktion auf die COVID-19-Pandemie gegründet wurde. Die WHO schreibt über ACT[275]:

„Der Access to COVID-19 Tools (ACT) Accelerator wurde Ende April 2020 auf einer gemeinsamen Veranstaltung des Generaldirektors der

274 https://www.gatesfoundation.org/about/committed-grants?q=%22Global%20 Preparedness%20Monitoring%20Board%22

275 https://www.who.int/initiatives/act-accelerator/about

Weltgesundheitsorganisation, des französischen Staatspräsidenten, der Präsidenten der Europäischen Kommission und der Bill & Melinda Gates Foundation ins Leben gerufen und bringt Regierungen, Wissenschaftler, Unternehmen, die Zivilgesellschaft, Philanthropen (Bill & Melinda Gates Foundation, CEPI, FIND, Gavi, The Global Fund, Unitaid, Wellcome, WHO und Weltbank) zusammen. Nach dem Start von ACT-Accelerator wurden UNICEF und PAHO Partner für COVAX, die Säule der Impfstoffe.

Diese Organisationen haben ihre Kräfte gebündelt, um ein schnelleres Ende der Pandemie zu erreichen, indem sie die Entwicklung und gerechte Verteilung der Tests, Behandlungen und Impfstoffe unterstützen, die die Welt braucht, um die Sterblichkeitsrate und die Zahl der schweren Erkrankungen zu senken, um kurzfristig die volle gesellschaftliche und wirtschaftliche Aktivität weltweit wiederherzustellen und um mittelfristig die Kontrolle der COVID-19-Krankheit auf hohem Niveau zu ermöglichen."

Das müssen wir noch einmal in Ruhe lesen, denn wir erfahren hier, wer über die weltweite Verteilung der Impfstoffe entscheidet. Das sind „*globale Gesundheitsorganisationen*", wie die WHO sie nennt. Und diese sogenannten „*Gesundheitsorganisationen*" sind die NGOs der Milliardäre, konkret: Bill and Melinda Gates Foundation und Wellcome Trust, die wir schon kennen, und außerdem die von Bill Gates gegründeten CEPI und GAVI, die wir noch kennenlernen werden. Hinzu kommt noch der Global Fund, den wir uns am Ende des Buches anschauen, wenn wir uns die „nachhaltigen UN-Entwicklungsziele" SDG anschauen und die Weltbank.

Wenn wir uns nun an den offenen Brief vom 3. August 2021 erinnern, in dem das Weiße Haus aufgefordert wurde, innerhalb von knapp zwei Monaten einen weltweiten Impfgipfel einzuberufen und dabei zu beschließen, innerhalb eines Jahres 70 Prozent der Weltbevölkerung mit (Pfizer-)Impfstoffen zu impfen, dann ergibt sich folgendes Bild: Gates und seine Freunde bezahlen die WHO, gründen nach Beginn der Pandemie COVAX und sie lassen gleichzeitig unter anderem ein Vorstandsmitglied von Pfizer einen offenen Brief verfassen, dessen Umsetzung weit über 100 Milliarden Dollar in die Kassen von Pfizer und seinen Aktionären (also unter anderem Bill Gates) spülen wird.

Hier liegt eine der Goldgruben der Pandemie: Es geht um weit über hundert Milliarden Dollar für Impfungen; Tests und alles andere sind da noch nicht mitgerechnet, und Bill Gates hat sich den vollen Durchgriff auf die Organisation der Verteilung der Impfstoffe gesichert, die die EU und die USA aus Steuermitteln bezahlen. Denn den Löwenanteil der Gelder, mit denen die Impfstoffe für das COVAX-Programm gekauft werden, kommt von den Staaten des Westens, und nicht etwa von den „Wohltätern" und „Philanthropen", die mit ihren Milliarden angeblich die Welt retten wollen. Die steuern nur symbolische Summen bei, worüber die Medien dann begeistert berichten, während die Staaten den größten Teil übernehmen und das Geld fließt dann an die „Wohltäter" zurück.

Auch der Vorstand des GPMB[276] liest sich wie ein Who-is-Who unserer NGOs. Die WHO hat GPMB von der ehemaligen norwegischen Ministerpräsidentin Gro Harlem Brundtland gründen lassen, die nach ihrer Zeit in der norwegischen Politik zur WHO gegangen ist und ab 1998 deren Chefin war. Der andere Vorstandsvorsitzende des GPMB war (und ist) Elhadj As Sy vom Wellcome Trust, der auch beim Global Fund ist. Wellcome hat sich aber nicht nur über As Sy Einfluss auf COVAX gesichert, auch Jeremy Farrar, der Chef des Welcome Trust, ist im Vorstand des GPMB.

Und natürlich hat Bill Gates auch seinen wichtigsten Mann im Vorstand des GPMB platziert. Dort sitzt nämlich auch Chris Elias, der Chef der Bill and Melinda Gates Foundation.

Eine weitere interessante Person im Vorstand des GPMB ist Dr. Victor Dzau. Der ist Präsident der US National Academy of Medicine, aber

276 https://www.gpmb.org/#tab=tab_2

auch Gründer des Duke National Health Institutes[277]. Damit sind wir wieder bei dem offenen Brief an das Weiße Haus vom 3. August 2021, denn eine der NGOs die ihn mit verfasst hat, waren drei Duke Center, darunter das Duke National Health Institute. Die Welt ist eben klein.

Außerdem ist auch Ilona Kickbusch im Vorstand des GPMB. Auch Dr. Fauci war dort eine Zeitlang Vorstand.

Das GPMG ist sofort nach seiner Gründung „ins Geschäft" eingestiegen, denn As Sy war in seiner Funktion als Co-Chef des GPMB Hauptredner beim von Open Philanthropy und NTI veranstalteten Pandemie-Planspiel im Februar 2019 bei der Münchner Sicherheitskonferenz und er hat die Veranstaltung zusammen mit Brundtland koordiniert[278].

Am 30. Januar 2020 hat das GPMB eine Erklärung zu Covid-19 veröffentlicht und gefordert, dass alle WHO-Mitgliedsstaaten sofort gemäß den Vorschriften des sogenannten IHR 2005 handeln[279]. Die Internationalen Gesundheitsvorschriften (englisch International Health Regulations, IHR) sind völkerrechtlich bindende Vorschriften der WHO, um die grenzüberschreitende Ausbreitung von Krankheiten zu verhüten und zu bekämpfen. Sie sind 1971 in Kraft getreten und 2005 wegen der zunehmenden Globalisierung und internationalen Verbreitung von Infektionskrankheiten wie dem Schweren Akuten Atemwegssyndrom (SARS) verändert worden. Die IHR 2005 sind in Deutschland 2013 durch das IGV-Durchführungsgesetz (IGV-DG) in deutsches Recht implementiert worden[280].

Damit hat sich die Bundesrepublik völkerrechtlich verbindlich dem untergeordnet, was die WHO an Maßnahmen empfiehlt, sobald sie eine sogenannte „Gesundheitliche Notlage internationaler Tragweite" aus-

277 https://www.gpmb.org/board/item/dr-victor-dzau

278 https://www.nti.org/events/tabletop-exercise-senior-global-leaders-international-response-deliberate-biological-events/

279 https://www.gpmb.org/news/news/item/30–01–2020-statement-from-the-global-preparedness-monitoring-board-on-theoutbreak-of-2019-novel-coronavirus

280 https://www.gesetze-im-internet.de/igv-dg/BJNR056610013.html

ruft. Das kann die WHO bei einem „außergewöhnlichen Ereignis" tun, bei dem sich eine Krankheit über Landesgrenzen hinweg auszubreiten droht und so zum Gesundheitsrisiko für andere Länder wird, oder die Situation als „ernst, ungewöhnlich oder unerwartet" eingestuft wird, oder die Situation möglicherweise ein sofortiges international koordiniertes Handeln erfordert[281]. Ob ein solches Ereignis eingetreten ist, entscheidet der Generaldirektor der WHO nach Beratung mit seinen Experten.

Man beachte: Dort steht nicht geschrieben, dass die entsprechende Krankheit gefährlich sein muss. Es gibt bei der Ausrufung der „Gesundheitlichen Notlage internationaler Tragweite" keinerlei objektive Kriterien über die Gefährlichkeit einer Krankheit. In meinen Augen wäre es vernünftig, zumindest eine Regelung zu haben, die zum Beispiel die Todesrate bei Erkrankten oder andere objektiv messbare Parameter berücksichtigt, bevor man einen Mechanismus in Gang setzt, der die Menschen auf der ganzen Welt betrifft.

Aber dergleichen ist nicht vorgesehen, es reicht, wenn ein paar WHO-Experten zum Beispiel eine Situation als „ernst, ungewöhnlich oder unerwartet" einstufen. Wie unsinnig das sein kann, hat die Schweinegrippe 2009 gezeigt, als – wegen einer ungefährlichen Grippe – auch eine „Gesundheitliche Notlage internationaler Tragweite" ausgerufen wurde.

Damals allerdings sah die WHO Grenzschließungen noch nicht als geeignete Maßnahme zur Eindämmung der Pandemie an. Nachdem aber all die Planspiele von 2017 bis 2019 mit harten Einschränkungen gearbeitet haben, sich also im Grunde auf das heute sogenannte Lock-Step-Papier von Rockefeller gestützt haben, hat die WHO ihre Meinung geändert und nach der Ausrufung der Pandemie schnell auch Grenzschließungen empfohlen. Dieser Meinungsumschwung der WHO kann nicht überraschen, denn in ihren Gremien sind die Ver-

281 https://www.netdoktor.de/praevention/was-ist-ein-internationaler-gesundheitsnotstand/

treter der Organisatoren der Planspiele vertreten, die damit umsetzen, was sie in den Planspielen ausgearbeitet haben.

Übrigens ist eine weitere Tatsache bemerkenswert. Seit die internationalen Gesundheitsvorschriften IHR 2005 im Jahre 2005 beschlossen wurden, wurde die Gesundheitliche Notlage sechs Mal ausgerufen: Im April 2009 bei der Schweinegrippe, im Mai 2014 bei der Poliomyelitis, im August 2014 wegen Ebola, im Februar 2016 wegen des Zikavirus, im Juli 2019 erneut wegen Ebola und dann am 30. Januar 2020 wegen Covid-19. Die Forderungen aus der Erklärung des GPMB vom 30. Januar 2020 wurde von der WHO umgehend umgesetzt.

Das ist der Hauptgrund, warum ich dem GPMB ein eigenes Kapitel gewidmet habe, denn es nimmt eine Schlüsselrolle bei der Pandemie ein, obwohl kaum jemand je von ihm gehört hat.

Die Jahresberichte des GPMB sind immer dramatisch formuliert. So lautete der Titel des Jahresberichts von 2019, als es noch keine Pandemie gab, zum Beispiel „Eine Welt in Gefahr“[282]. In dem Bericht hat das GPMB mehr Geld für die Pandemie-Vorsorge gefordert.

In seinem Jahresbericht von 2020[283] hat das GPMB auch wieder Geld für Pandemie-Vorbereitungen gefordert und mit Blick auf die wirtschaftlichen Schäden der Covid-19-Pandemie argumentiert, dass die Kosten der Pandemie 2020 bereits 11 Billionen Dollar betragen haben und das GPMB hat weitere Kosten von 10 Billionen Dollar für die Zukunft prognostiziert. Demgegenüber stünden Kosten von nur 5 Dollar pro Person auf der Welt für eine bessere Vorbereitung auf künftige Pandemien.

282 https://www.gpmb.org/docs/librariesprovider17/default-document-library/annual-reports/gpmb-2019-annualreport-en.pdf?sfvrsn=d1c9143c_30

283 https://www.gpmb.org/docs/librariesprovider17/default-document-library/annual-reports/gpmb-2020-execsum-annualreport-en.pdf?sfvrsn=b3eca80f_30

Das klingt überzeugend, ist es aber nicht, wenn man genau hinschaut. Die Kosten der Pandemie selbst liegen nicht bei insgesamt 21 Billionen Dollar, wie das GPMB behauptet. Diese wirtschaftlichen Kosten sind nicht durch die Pandemie entstanden, sondern durch die verhängten Maßnahmen wie Lockdown und Grenzschließungen.

Wenn man aber auch in Zukunft jede (gefährliche oder ungefährliche) Pandemie mit den in den Planspielen erarbeiteten Lockdown-Maßnahmen bekämpfen will, wird jede Pandemie so teuer werden, wie Covid-19. Wenn das GPMB also mit den Kosten der Pandemie argumentiert, muss man sich vorher zwangsläufig die Frage stellen, ob diese Maßnahmen in der Härte und Radikalität, wie sie eingesetzt wurden, notwendig und berechtigt waren.

Ich will diese Frage hier nicht beantworten, denn das ist eine moralische Frage, die jeder für sich beantworten muss. Ist die Zahl der weltweit offiziell registrierten Covid-Opfer so hoch, dass sich sie die Kollateralschäden der Lockdown-Maßnahmen rechtfertigen?

Während ich diese Zeilen Ende Oktober 2021 schreibe, sind laut Johns-Hopkins-Universität offiziell 5 Millionen Menschen weltweit an (oder auch nur mit) Covid-19 gestorben. Übrigens verbreitet das GPMB Fake News und übertreibt die Zahl der Opfer, denn in seinem Jahresbericht für 2021[284] meldet es 17 Millionen Corona-Opfer per Oktober 2021.

Bei einer Weltbevölkerung von fast 8 Milliarden Menschen bedeuten 5 Millionen Tote, dass 0,06 Prozent der Weltbevölkerung der Pandemie zum Opfer gefallen sind. Andererseits ist die Zahl der Hungernden (und damit auch die Zahl der Hungertoten) in der Pandemie stark gestiegen, denn die Lockdown-Maßnahmen und Grenzschließungen haben zu Verlusten bei Ernten und Aussaat geführt, was man auch an den im Zuge der Pandemie weltweit steigenden Lebensmittelpreisen ablesen kann.

284 https://www.gpmb.org/docs/librariesprovider17/default-document-library/gpmb-annual-report-2021.pdf

Die Zahl der Hungernden ist in der Pandemie laut der Welternährungsorganisation um 70 bis 161 Millionen angewachsen[285]. Das zeigt, dass die weltweiten Kollateralschäden durch die Maßnahmen der Regierungen, die sie auf Empfehlung der WHO umgesetzt haben, höher sind als die Zahl der Covid-Opfer. Man kann darüber diskutieren, welche Rückschlüsse man daraus ziehen sollte und ob die Maßnahmen tatsächlich gerechtfertigt waren. Aber diese Diskussion findet (zumindest während der Pandemie) nicht einmal statt.

Stattdessen formulieren nicht nur die Medien es so, als handele es sich um Kosten der Pandemie und nicht um die Kosten der Lockdown-Maßnahmen. So macht das auch das GPMB und da sieht es aus, wie in einem Verkaufsprospekt, nach dem Motto: „Schaut her, die Pandemie kostet 21 Billionen, aber Vorsorge kostet nur 5 Dollar jährlich pro Mensch auf der Erde!".

Dabei ist das Augenwischerei, denn eine bessere Vorbereitung auf die Pandemie hätte an ihrem Verlauf kaum etwas geändert. Als die WHO am 30. Januar die Gesundheitlichen Notlage ausgerufen hat, war Covid-19 bereits in Deutschland, denn der erste Covid-Infizierte war schon Ende Januar in Deutschland vorstellig geworden, auch wenn man erst später erkannte, dass seine als leichte Grippe diagnostizierte Erkrankung in Wahrheit Covid-19 gewesen ist[286].

Covid-19 war längst auf der ganzen Welt angekommen und wie wir danach erlebt haben, haben alle Grenzschließungen und Lockdowns die Verbreitung von Covid-19 nicht verhindern können. Das bestätigt die These der WHO aus den Zeiten der Schweinegrippe, dass solche Maßnahmen bei einer Erkrankung, die sich über Tröpfcheninfektion ausbreitet und eine Inkubationszeit von mehreren Tagen oder Wochen hat, sinnlos sind. Bis man den ersten Kranken findet, hat er schon längst viele andere infiziert und die Krankheit ist nicht mehr aufzuhalten.

---

285 https://www.tagesschau.de/ausland/welternaehrungsbericht-un-coronavirus-101.html

286 https://www.sueddeutsche.de/wissen/covid-19-coronavirus-patient-1.4832830

Die Zahlen aus Ländern, die auf strikte Maßnahmen verzichtet haben, zeigen, dass auch dort die große Katastrophe ausgeblieben ist. Daher stelle ich erneut die Frage, ob die Maßnahmen angemessen waren. Das muss jeder für sich selbst beantworten, meine Meinung dürfte aus dem hier geschriebenen klar ersichtlich sein: Die Kollateralschäden der Corona-Maßnahmen haben zu weit mehr Opfern geführt als Covid-19 selbst, wenn wir nur den weltweiten Anstieg der Hungertoten nehmen. Von anderen Kollateralschäden (verschobene Vorsorgeuntersuchungen und Krebsbehandlungen, Zunahme von Herz-Kreislauferkrankungen wegen Bewegungsmangel im Lockdown, psychischen Problemen vor allem bei Kindern wegen mangelnder sozialer Kontakte, etc.) gar nicht zu reden.

Und auch die wirtschaftlichen Schäden, die das GPMB nennt, sind keine Folge von Covid-19, sondern eine Folge der Corona-Maßnahmen. Das bedeutet, die wirtschaftlichen Schäden sind hausgemacht.

Diesen „Pandemie-Kosten" stellt das GPMB dann als „Rettung" vor künftigen Pandemien Kosten von nur 5 Dollar pro Erdenbewohner zur Pandemie-Vorsorge gegenüber. Das klingt wenig, aber es bedeutet, dass das GMPB 40 Milliarden Dollar pro Jahr für Pandemie-Vorbeugungsmaßnahmen erfordert, die aber vor den wirtschaftlichen Folgen einer Pandemie nicht schützen können, wenn man eine Pandemie mit Grenzschließungen und Lockdown bekämpft, die die Wirtschaft garantiert abwürgen.

Ich habe das GPMB mit einem eigenen Kapitel in dieses Buch aufgenommen, weil es eine wichtige Unterorganisation der WHO geworden ist und dem Generaldirektor der WHO die „Expertenvorschläge" vorlegt, die die WHO dann den Staaten der Welt mehr oder weniger bindend weiterempfiehlt. Die Entscheidungsträger beim GPMB sind wieder einmal die höchsten Vertreter von Bill Gates und dem Wellcome Trust.

Das zeigt ein weiteres Mal, dass es nicht „echte" Experten oder die Regierungen sind, die die Entscheidungen über den Umgang mit der

Pandemie treffen, sondern die Abgesandten derer, die mit der Pandemie gerade das Geschäft ihres Lebens machen.

Weltgesundheitsorganisation WHO

Die WHO ist eine – wenn nicht die – Schlüsselorganisation in der Pandemie. Der Grund dafür ist, dass sie die Empfehlungen für die Staaten herausgibt, wie sie auf die Pandemie reagieren sollten. Sie ist für die internationale Zulassung von Impfstoffen zum Beispiel für COVAX zuständig, sie entscheidet, wann eine Pandemie ausgerufen wird und so weiter. Ihre Empfehlungen sind zwar nicht alle bindend, aber sie haben eine hohe Autorität. Daher ist es bei der WHO besonders wichtig, sich anzuschauen, wer sie finanziert und wer auf die Entscheidungen der WHO Einfluss ausübt oder sie trifft.

Ein Beispiel dafür, wer die Entscheidungen der WHO trifft, haben wir beim Global Preparedness Monitoring Board (GPMB) schon gesehen: Es sind die Profiteure der Pandemie. Leider ist das keine Ausnahme, sondern die Regel bei der WHO: Ganz im Sinne der öffentlich-privaten Partnerschaften haben die Konzerne und ihre Eigentümer bei der WHO de facto das Ruder übernommen. Die WHO ist ein Paradebeispiel dafür, was Klaus Schwab mit der ganzen UNO machen möchte, wenn er von seiner Idee der öffentlich-privaten UN spricht.

Die WHO hat ein Jahresbudget von über 6 Milliarden Dollar[287], wobei es in den letzten Jahren stark gewachsen ist, denn 2015 lag es noch bei etwa 4 Milliarden. Nach den letzten von der WHO veröffentlichten Zahlen[288] sind die USA mit 15 Prozent des Budgets oder 624 Millionen Dollar der größte Geldgeber der WHO. An zweiter Stelle folgt bereits

287 https://open.who.int/2018–19/budget-and-financing/gpw-overview

288 https://open.who.int/2018–19/contributors/contributor

die Bill and Melinda Gates Foundation mit fast 11 Prozent oder 431 Millionen Dollar.

Bill Gates hat der WHO aber nicht nur über die Bill and Melinda Gates Foundation Geld zukommen lassen, wobei alleine die Zahl sich schon sehen lassen kann. Seit ihrer Gründung hat die Bill and Melinda Gates Foundation der WHO knapp 3,4 Milliarden Dollar überwiesen. Hinzu kommen aber noch indirekte Zahlungen, denn die von Gates gegründete und kontrollierte Impfallianz GAVI überweist der WHO auch seit fast 20 Jahren Geld. Aktuell beträgt der Anteil der GAVI am Budget der WHO mit 316,5 Millionen Dollar fast 8 Prozent. Damit ist Gates der größte Finanzier der WHO, denn er trägt fast 19 Prozent zum Haushalt der WHO bei und hat daher ein entsprechendes Mitspracherecht bei den Entscheidungen der WHO.

Dass die WHO zum Erfüllungsgehilfen ihrer Finanziers geworden und in erster Linie den Interessen von (vor allem amerikanischen) Großkonzernen dient, ist keineswegs mein Vorwurf. Dieser Vorwurf wurde in der Vergangenheit oft gemacht, wofür wir uns ein paar Beispiele anschauen wollen.

So hat die ZDF-Sendung Frontal 21 im Jahre 2014 einen Beitrag zu dem Thema gebracht[289], den ich ausführlich zitieren werde, weil er exakt das beschreibt, was ich in diesem Buch aufzeige. Dort wurde beklagt, dass die Staaten die Finanzierung der WHO zurückfuhren und die WHO daher auf Gelder aus der Industrie angewiesen sei. Die WHO benötige eine Demokratisierung, hieß es in dem Beitrag, weil sie mehr und mehr den Interessen der Pharmakonzerne diene.

Bemerkenswert ist, dass Dr. Wodarg 2014 für das ZDF noch ein renommierter Experte war, der in dem Beitrag ausführlich zu Wort gekommen ist und er hat damals das gleiche gesagt, wie sieben Jahre später während der Covid-19-Pandemie: Die WHO habe sich mit einer öf-

289 https://web.archive.org/web/20141026170051/http://zdf.vo.llnwd.net/e1/s/none/zdf/14/10/141021_who_f21_2256k_p14v11.mp4?rs=1024

fentlich-privaten Partnerschaft, die 2001 auf dem Weltwirtschaftsforum in Davos ausgerufen wurde, in die Abhängigkeit der Industrie begeben. Das war übrigens genau die Zeit, als die Bill and Melinda Gates Foundation zusammen mit dem Weltwirtschaftsforum die GAVI gegründet hat. Und sofort danach wurden 2001 in Davos die Weichen dafür gestellt, dass die Konzerne im Zuge der verkündeten öffentlich-privaten Partnerschaften die Kontrolle über die WHO übernehmen konnten.

Frontal 21 hat in der Sendung beklagt, dass ¾ des WHO-Budgets von damals 4 Milliarden Dollar aus freiwilligen Spenden kamen. Das sind die Gelder, mit denen die Industrie die Kontrolle über die WHO übernommen hat, wie Frontal 21 damals auch offen gesagt hat:

> „*3/4 der Gelder kommen von Spendern, die natürlich über die Verwendung des Geldes mitbestimmen.*"

Und daran hat sich seitdem nichts geändert, denn auch heute kommen kann ¾ des 6-Milliardenhaushaltes der WHO aus freiwilligen Spenden, wobei der größte Spender Bill Gates ist.

Frontal 21 zählte dann die Pharmakonzerne auf, die die WHO finanziell unterstützen und erzählte dann anhand eines Beispiels, wie das funktioniert. GlaxoSmithKline hatte der WHO über einige Jahre verteilt 41 Millionen Dollar überwiesen. Frontal 21 sagte:

> „*GlaxoSmithKline hatte der WHO 2010 ein glänzendes Geschäft zu verdanken. Damals grassierte die Schweinegrippe. Für viele Experten völlig überraschend rief die WHO die höchste Alarmstufe aus, eine weltweite Pandemie. Aus diesem Grund waren Bund und Länder nach diesem bindenden Vertrag gezwungen, bei GlaxoSmithKline Impfstoffe im Wert von über 200 Millionen Euro einzukaufen.*
>
> *Doch die weltweite Pandemie blieb aus. Im Müllofen landeten schließlich die Medikamente von GlaxoSmithKline im dreistelligen Millionenwert. Der Fehlalarm soll der Pharmaindustrie weltweit mehr als 18 Milliarden Dollar beschwert haben.*"

Frontal 21 zeigte danach mit Namen auf, wer bei der WHO bei der Schweinegrippe die Entscheidungen getroffen hat und wie diese „Experten" anschließend mit hohen Posten bei Pharmakonzernen belohnt wurden oder auf andere Weise von der Pharmaindustrie Millionen bekommen haben.

Korruptionsvorwürfe aus dem Europaparlament hat die WHO abgeblockt, indem sie eigene Gutachten vorgelegt hat, aus denen vorging, dass alles ganz transparent und korrekt abgelaufen ist.

Frontal 21 berichtete in der Sendung über einen weiteren Fall, in dem ein Testsystem, dieses Mal ging es um AIDS, von der WHO nicht zugelassen wurde, um eine amerikanische Konkurrenzfirma zu schützen, die ein teureres Testsystem anbietet. Juristische Handhabe gegen die WHO hat man nicht, denn die WHO steht als internationale Organisation über den nationalen Gerichten. Eine Klage beim Sitz der WHO in Genf würde von Schweizer Gerichten nicht angenommen werden.

Ohne eine Zertifizierung der WHO hat ein Hersteller aber keine Chance, dass sein Test, Medikament, Impfstoff oder was auch immer bei internationalen Hilfsprogrammen berücksichtigt wird. Die Staaten, die die Hilfsprogramme finanzieren, kaufen nur, was die WHO zertifiziert hat.

Das spielt übrigens auch bei der Covid-19-Pandemie eine Rolle, denn die WHO weigert sich zum Beispiel hartnäckig, den russischen Impfstoff Sputnik zu zertifizieren, weshalb er nicht Teil des Milliarden-schweren COVAX-Programmes ist (Stand November 2021). Lediglich die westlichen Impfstoffe haben problemlos und im Eiltempo die Zertifikate der WHO erhalten.

Über das Vorgehen der WHO lässt Frontal 21 den Professor berichten, der bei der WHO mit seinem AIDS-Test gescheitert ist:

„Man hat uns zur Auflage gemacht, das Mittel an Kindern zu testen. Das geht aber in den meisten Ländern gar nicht durch die Ethikkommissionen, das ist nicht erlaubt. Wir sollten unsere Tests in Referenzlaboren in Adis Abeba und in Bangkok, in Laboren der Konkurrenzfirma machen, aber die Auflage war, dass wir bei diesem Test nicht anwesend sein durften."

Wer nach Kritik an der WHO sucht, findet unzählige ähnliche Beispiele. Die WHO ist zu einem Instrument geworden, das seine Finanziers schützt. Es geht der WHO nicht darum, gute oder günstige Medikamente einzusetzen, um den armen Ländern gegen Krankheiten zu helfen, die WHO schützt stattdessen ihre Finanziers und deren Produkte auch dann, wenn sie teurer und/oder schlechter sind. Und die Staaten, die diese Hilfsprogramme finanzieren, indem sie die Medikamente kaufen, kaufen nur bei Konzernen ein, die von der WHO zertifizierte Produkte haben.

Auch die Deutsche Welle kritisierte das 2012[290]:

„„Der Großteil jener 25 Milliarden Dollar, die Gates in den zurückliegenden zehn Jahren in Gesundheitsprogramme in aller Welt investieren konnte, entstammt den Renditen von einschlägig bekannten Unternehmen der Chemie-, Pharma- und Nahrungsmittelbranche, deren Geschäftspraktiken allzu oft dem Bemühen um globale Gesundheit zuwiderlaufen", kritisiert Gebauer.

Außerdem mache Gates mit der Verteidigung geistiger Eigentumsrechte ein Vermögen. Nun setze seine Stiftung auf patentierte Medizin und Impfstoffe, statt generische, frei zugängliche und damit preiswertere Produkte zu fördern: „Wenn Gates die WHO nun für solche patentierten Impfprogramme auf Kurs bringt, profitieren davon auch die Impfstoffhersteller und deren Shareholder, die Gates-Stiftung", so das Fazit von medico international. Zu Lasten der ärmeren Bevölkerung in den Ländern des Südens, weil sich die Staaten die teureren Impfprogramme oftmals nicht leisten könnten."

Was ich in diesem Buch am Beispiel der Covid-19-Pandemie herausarbeite, ist also nicht einmal wirklich neu. Der Unterschied ist nur, dass die Medien heute diese Kritik nicht mehr äußern, die sie vor acht oder zehn Jahren noch geäußert haben. Ein Dr. Wodarg erzählt immer noch das gleiche, wie damals, aber heute wird er als Verschwörungsideologe

290 https://www.dw.com/de/who-in-der-kritik/a-15964294

diffamiert. Und die Deutsche Welle hat 2012 noch offen berichtet, dass Gates mit seinen „philanthropischen“ Bemühungen keineswegs die Welt rettet, sondern nur Gelder zu den Firmen leitet, an denen er beteiligt ist. Für Gates (und all die anderen „Philanthropen“) ist die Philanthropie ein einträgliches Geschäft, egal für welches Thema sie sich einsetzen.

Und das wichtigste: Es geht den „Philanthropen“ nicht darum, den armen Ländern zu helfen, denn die Maßnahmen der „Philanthropen“ machen die Medikamente so teuer, dass viele arme Länder sie sich gar nicht leisten können. Die selbsternannten Weltenretter Bill Gates & Co. erschweren in Wahrheit die Hilfe, für die sie angeblich selbstlos ihr Vermögen ausgeben.

Wenn Sie sich fragen, warum die Medien diese Dinge heute nicht mehr ansprechen, sondern im Gegenteil jeden, der das anspricht, als „Verschwörungsideologen“ oder „Schwurbler“ bezeichnen, dann werden Sie die Antwort in den späteren Kapiteln über die Rolle der Medien finden.

Die Deutsche Welle schrieb 2012 weiter:

„Wie groß der Einfluss der Pharmaindustrie und von ihr gespeister Stiftungen bereits ist, zeigte sich im Falle der sogenannten „Schweinegrippe“. Im Juni 2009 rief die WHO auf Anraten ihrer ständigen Impfkommission die höchste Alarmstufe für die H1N1-Pandemie aus. Unter den Mitgliedern und Beratern der Impfkommission waren Wissenschaftler, die Verträge mit den Herstellerfirmen von Tamiflu und anderen „Anti-Grippemitteln“ hatten. Die weltweite Impfaktion, die die WHO mit ihrer Pandemie-Warnung in Gang setzte, wurde für diese Firmen zu einem Milliardengeschäft.

Um eine „stinknormale Grippe“, so der Europarat in einer Untersuchung, zu einer gefährlichen Pandemie erklären zu können, hatte die WHO, bevor die ersten H1N1-Fälle bekannt wurden, die Kriterien für Pandemie-Warnungen herabgesenkt. Ebenfalls vorab waren Gesundheitsbehörden in aller Welt vertragliche Abnahmegarantien mit Impfstoffherstellern eingegangen.“

Auch das stimmt: Die WHO hat die Kriterien für eine Pandemien 2009 geändert. In einem Untersuchungsbericht des Europarates von 2010 über die Schweinegrippe kann man unter Punkt 25 über das Vorgehen der WHO lesen[291] (Hervorhebung von mir):

„Die Definition vor dem 4. Mai 2009 lautete wie folgt: „Eine Influenzapandemie tritt auf, wenn ein neues Influenzavirus auftritt, gegen das die menschliche Bevölkerung keine Immunität besitzt, was zu weltweiten Epidemien ***mit enormen Todes- und Krankheitszahlen*** *führt. Mit der Zunahme des weltweiten Verkehrs, der Verstädterung und der Überbevölkerung werden sich Epidemien aufgrund des neuen Influenzavirus wahrscheinlich schnell auf der ganzen Welt ausbreiten", während dieselbe Definition auf der Website der WHO nach diesem Datum wie folgt lautete: „Eine Krankheitsepidemie tritt auf, wenn es mehr Fälle dieser Krankheit gibt als normal. Eine Pandemie ist eine weltweite Epidemie einer Krankheit. Eine Grippepandemie kann auftreten, wenn ein neues Influenzavirus auftritt, gegen das die menschliche Bevölkerung keine Immunität besitzt.... Pandemien können in Bezug auf die von ihnen verursachten Krankheiten und Todesfälle entweder mild oder schwerwiegend sein, und der Schweregrad einer Pandemie kann sich im Laufe der Pandemie ändern."*

Wir halten fest: Die WHO hat am 4. Mai 2009 die Definition für eine Pandemie geändert. Um eine weltweite Pandemie mit allen Folgen auszurufen, reicht es seitdem aus, wenn ein neuer Krankheitserreger sich weltweit ausbreitet. Um eine Pandemie auszurufen, muss der Krankheitserreger seit 2009 nicht mehr gefährlich sein.

Und nun kommt der große Zufall: Am 4. Mai 2009 hat die WHO diese neue Regelung in Kraft gesetzt und schon einen Monat später, Anfang Juni 2009, hat die WHO wegen der Schweinegrippe die weltweite Pandemie ausgerufen und die Staaten der Welt waren rechtlich bindend gezwungen, für 18 Milliarden Dollar Impfstoffe bei den Konzernen ein-

291 https://assembly.coe.int/CommitteeDocs/2010/20100604_H1N1pandemic_e.pdf

zukaufen, die die WHO finanziert haben – ein blendendes Geschäft und wenn man den Kapitaleinsatz bedenkt, auch ein ausgesprochen lukratives.

Trotzdem haben die Pharmakonzerne das als Fehlschlag angesehen, denn sie hatten – dank der medial verbreiteten Panik und der Unterstützung der WHO – auf weit bessere Geschäfte gehofft, aber als die Menschen bemerkt haben, dass die Pandemie nur in den Medien stattfindet, aber nicht in „richtigen Leben", da waren die Menschen so dreist, sich einfach nicht impfen lassen zu wollen.

Wir werden uns das im Kapitel über die Chronologie noch im Detail ansehen, aber diese Änderung der Pandemie-Regeln der WHO und die im Vorwege erfolgte Finanzierung der WHO durch die Konzerne legen nahe, dass (auch) die Schweinegrippe-Epidemie von den Pharmakonzernen geplant gewesen ist. Sie haben sich einfach zum Stichtag X einen harmlosen Grippevirus ausgesucht, medial zum drohenden Weltuntergang aufgeblasen und die WHO hat bereitwillig mitgespielt, die Pandemie-Regeln verändert und einen Monat später Alarm gegeben. So funktionieren die öffentlich-privaten Partnerschaften in der Praxis.

Die Liste der Kritikpunkte ließe sich endlos fortsetzen, aber ich denke, das Prinzip, nach dem die WHO vorgeht, seit die Konzerne und ihre Großaktionäre die WHO ab 2001 gekapert haben, ist klar geworden.

Man muss jedoch eine Frage stellen: Gemäß der seit 2009 geltenden Definition für eine Pandemie müsste die WHO jedes Jahr weltweite Pandemien ausrufen, denn jede Grippewelle fällt nun unter die Pandemie-Definition: Neue Krankheitserreger gehen um die Welt und die Menschen haben gegen jede neue saisonale Grippewelle keine Immunität. Warum also ruft die WHO nicht seit 2009 jedes Jahr eine weltweite Pandemie aus? Oder zumindest 2018, als es eine recht schwere Grippewelle mit vergleichsweise vielen Toten gegeben hat?

Für Mr. X und mich liegt die Antwort auf der Hand und sie wurde in diesem Buch schon geben: Wir sind wieder bei den vier Phasen der Vorbereitung auf die aktuelle Pandemie.

Auch wenn wir uns die Vorbereitung auf die Schweinegrippe nicht genau angeschaut haben, sehen wir genug starke Indizien, um zu behaupten, dass Pharmakonzerne und WHO schon damals das durchspielen wollten, was sie nun bei Covid-19 durchspielen: Eine von den Medien entfachte Panikwelle mit einer Massenimpfung als Folge.

Als das nicht geklappt hat, kam Phase 2, also die „Fehleranalyse" und die Planung für den zweiten Versuch. Etwa 2016 dürfte die Phase abgeschlossen gewesen sein und spätestens ab 2017 ging es an Phase 3, also die Umsetzung, wie all die Aktivitäten und verstärkten Geldströme ab 2017 zeigen.

Hätte die WHO in den elf Jahren zwischen Schweinegrippe und Covid-19 jedes Jahr wegen der saisonalen Grippe eine Pandemie ausgerufen, wären die Menschen abgestumpft und hätten die „gewollte" Pandemie ignoriert und Massenimpfungen wären wieder nicht möglich gewesen. Also hat die WHO elf Jahre stillgehalten. Dann allerdings, nachdem sie Covid-19 zur Pandemie erklärt hat, hat sie gehandelt und weitere Bestimmungen so verändert, dass sie der gewollten Massenimpfung in die Karten spielen. Und das schauen wir uns als nächstes an.

Am 15. Oktober 2020, als die westlichen Staaten bereits Verträge mit Impfstoffherstellern über die zukünftige Lieferung von Impfstoffen abgeschlossen hatten, die zu dem Zeitpunkt noch in den klinischen Tests waren, hat die WHO die Definition für Herdenimmunität geändert. Im Juni 2020 lautete die Definition der WHO für Herdenimmunität noch[292]:

„Herdenimmunität ist der indirekte Schutz vor einer Infektionskrankheit, der eintritt, wenn eine Bevölkerung entweder durch eine Impfung oder eine durch frühere Infektionen entwickelte Immunität immun ist. Das bedeutet, dass auch Menschen, die nicht infiziert wurden oder bei denen eine Infektion keine Immunreaktion ausgelöst hat, geschützt sind,

292 http://web.archive.org/web/20201022012953/https:/www.who.int/news-room/q-a-detail/coronavirus-disease-covid-19-serology

weil Menschen in ihrer Umgebung, die immun sind, als Puffer zwischen ihnen und einer infizierten Person fungieren können. Der Schwellenwert für den Aufbau einer Herdenimmunität gegen COVID-19 ist noch nicht klar."

Am 15. Oktober 2020 hat die WHO diese Definition geändert. Um nicht dem Vorwurf ausgesetzt zu werden, ich würde etwas weglassen, zitiere ich die WHO-Definition vom 15. Oktober 2020 in voller Länge[293]:

„Herdenimmunität", auch bekannt als „Populationsimmunität", ist ein Konzept, das im Zusammenhang mit Impfungen verwendet wird und besagt, dass eine Bevölkerung vor einem bestimmten Virus geschützt werden kann, wenn eine bestimmte Impfschwelle erreicht wird.

Die Herdenimmunität wird erreicht, indem die Menschen vor einem Virus geschützt werden, nicht indem sie ihm ausgesetzt werden.

Impfstoffe bringen unser Immunsystem dazu, Proteine zu bilden, die eine Krankheit bekämpfen, die so genannten Antikörper, so wie es auch geschieht, wenn wir einer Krankheit ausgesetzt sind, aber – und das ist entscheidend – Impfstoffe wirken, ohne uns krank zu machen. Geimpfte Menschen sind davor geschützt, sich mit der betreffenden Krankheit anzustecken und sie weiterzugeben, so dass jegliche Übertragungskette unterbrochen wird. Auf unserer Website zu COVID-19 und Impfstoffen finden Sie weitere Informationen.

Bei der Herdenimmunität ist die überwiegende Mehrheit der Bevölkerung geimpft, wodurch die Gesamtmenge des Virus, die sich in der gesamten Bevölkerung ausbreiten kann, verringert wird. Infolgedessen muss nicht jede einzelne Person geimpft werden, um geschützt zu sein, was dazu beiträgt, dass gefährdete Gruppen, die nicht geimpft werden können, sicher sind.

293 https://web.archive.org/web/20201015230838/https://www.who.int/news-room/q-a-detail/herd-immunity-lockdowns-and-covid-19

Der Prozentsatz der Personen, die Antikörper haben müssen, um eine Herdenimmunität gegen eine bestimmte Krankheit zu erreichen, ist von Krankheit zu Krankheit unterschiedlich. Für die Herdenimmunität gegen Masern müssen beispielsweise etwa 95 % der Bevölkerung geimpft werden. Die restlichen 5 % werden dadurch geschützt, dass sich die Masern unter den Geimpften nicht ausbreiten. Bei Polio liegt der Schwellenwert bei etwa 80 %.

Das Erreichen von Herdenimmunität mit sicheren und wirksamen Impfstoffen macht Krankheiten seltener und rettet Leben."

Das in voller Länge zu zitieren ist wichtig, weil – als diese Änderung bekannt wurde – viele selbsternannte Faktenchecker ans Werk gingen und die Vorwürfe, die WHO habe die Definition verändert, glattweg bestritten haben. Dabei kann man ganz eindeutig lesen, dass in der neuen Definition der WHO für Herdenimmunität eine durchlebte Infektion inklusive gebildeter Immunreaktion nicht mehr erwähnt wurde. Die WHO setzte ab Oktober 2020 nur noch auf Impfungen, obwohl es zu dem Zeitpunkt noch nicht einmal Impfstoffe gegen Covid-19 gab.

Allerdings hat die WHO das am 31. Dezember 2020 wieder ein wenig relativiert. Ich zitiere die Fassung der Definition von Herdenimmunität von Ende Dezember 2020 ebenfalls vollständig[294]:

„Herdenimmunität", auch bekannt als „Bevölkerungsimmunität", ist der indirekte Schutz vor einer Infektionskrankheit, der eintritt, wenn eine Bevölkerung entweder durch Impfung oder durch eine durch frühere Infektionen entwickelte Immunität immun ist. Die WHO befürwortet das Erreichen der „Herdenimmunität" durch Impfung und nicht dadurch, dass man die Ausbreitung einer Krankheit in irgendeinem Segment der Bevölkerung zulässt, da dies zu unnötigen Fällen und Todesfällen führen würde.

294 https://web.archive.org/web/20201231195338/https://www.who.int/news-room/q-a-detail/herd-immunity-lockdowns-and-covid-19

Die Herdenimmunität gegen COVID-19 sollte durch den Schutz der Menschen durch Impfung erreicht werden, nicht dadurch, dass sie dem Erreger der Krankheit ausgesetzt werden. Lesen Sie die Rede des Generaldirektors vom 12. Oktober zum Medienbriefing, um weitere Einzelheiten zu erfahren.

Impfstoffe bringen unser Immunsystem dazu, Proteine zu bilden, die eine Krankheit bekämpfen, die so genannten Antikörper, so wie es auch geschieht, wenn wir einer Krankheit ausgesetzt sind, aber – und das ist entscheidend – Impfstoffe wirken, ohne uns krank zu machen. Geimpfte Menschen sind davor geschützt, sich mit der betreffenden Krankheit anzustecken und den Erreger weiterzugeben, so dass jegliche Übertragungskette unterbrochen wird. Weitere Informationen finden Sie auf unserer Website über COVID-19 und Impfstoffe.

Um eine sichere Herdenimmunität gegen COVID-19 zu erreichen, müsste ein erheblicher Teil der Bevölkerung geimpft werden, wodurch die Gesamtmenge des Virus, die sich in der gesamten Bevölkerung ausbreiten kann, verringert würde. Eines der Ziele der Herdenimmunität ist es, gefährdete Gruppen, die sich nicht impfen lassen können (z. B. aufgrund von Gesundheitszuständen wie allergischen Reaktionen auf den Impfstoff), vor der Krankheit zu schützen. Lesen Sie unsere Fragen und Antworten zu Impfstoffen und Immunisierung, um weitere Informationen zu erhalten.

Der Prozentsatz der Menschen, die immun sein müssen, um eine Herdenimmunität zu erreichen, ist bei jeder Krankheit unterschiedlich. Bei der Herdenimmunität gegen Masern beispielsweise müssen etwa 95 % der Bevölkerung geimpft sein. Die restlichen 5 % sind dadurch geschützt, dass sich die Masern unter den Geimpften nicht ausbreiten. Bei Polio liegt der Schwellenwert bei etwa 80 %. Der Anteil der Bevölkerung, der gegen COVID-19 geimpft werden muss, um eine Herdenimmunität zu erzeugen, ist nicht bekannt. Dies ist ein wichtiges Forschungsgebiet und hängt wahrscheinlich von der Gemeinschaft, dem Impfstoff, den Bevölkerungsgruppen, die vorrangig geimpft werden sollen, und anderen Faktoren ab.

Das Erreichen einer Herdenimmunität mit sicheren und wirksamen Impfstoffen macht Krankheiten seltener und rettet Leben."

Man sieht, dass die WHO Ende Dezember 2020 zwar durchlebte Infektionen wieder erwähnt, jedoch vollständig auf Impfungen setzt. Diese Definition hat seitdem Gültigkeit und wurde bis heute (November 2021) nicht mehr verändert.

Das klingt harmlos, aber diese Definition der WHO hat konkrete Folgen. Die Staaten, die Impfzertifikate zur Voraussetzung dafür machen, dass Menschen wieder am normalen Leben teilnehmen können, erkennen positive Antikörpertests nicht als Kriterium an. Wer eine Covid-19-Infektion ohne Symptome durchlebt hat, sie also gar nicht bemerkt hat, und daher keinen positiven PCR-Test vorweisen kann, muss sich – trotz vorhandener natürlicher Antikörper – impfen lassen, wenn er wieder am sozialen Leben teilnehmen möchte.

Wenn man nun noch bedenkt, dass 80 Prozent aller Covid-19-Infizierten vollkommen symptomfrei bleiben (also nichts von der Infektion bemerken) und dass weitere 15 Prozent einen leichten Verlauf haben und sich wegen leichter Erkältungssymptome, die sie nicht mit Covid-19 in Verbindung gebracht haben, ebenfalls nicht haben testen lassen, dann betrifft das die Mehrheit der Bevölkerung. Es wäre ausgesprochen interessant, wenn vor einer Impfung ein Antikörpertest vorgeschrieben wäre, um zu sehen, wie viele Menschen sich impfen lassen, obwohl sie schon durch Antikörper geschützt sind, die sie bei einer unbemerkten Infektion entwickelt haben.

Aber so ein Vorgehen ist nirgendwo auf der Welt vorgesehen. Ob das daran liegen könnte, dass sich die Anzahl der verimpften Impfdosen (und damit die Gewinne der Pharmakonzerne) massiv reduzieren würde, wenn man Menschen mit natürlich erworbenen Antikörpern die Teilnahme am normalen Leben auch ohne Impfung erlauben würde?

Die WHO hat eine große Zahl von Programmen und Beraterstäben, die die Entscheidungen der WHO vorbereiten, das GPMB haben wir schon gesehen. Ein anderes Programm der WHO ist das „WHO

Health Emergencies Programme", das bei Notfällen, wie auch die Covid-19-Pandemie einer ist, eine wichtige Rolle spielt. Und wie sich das gehört, gibt es ein „Unabhängiges Aufsichts- und Beratungskomitee" („Independent Oversight and Advisory Committee IOAC") für das Programm. Über dessen Aufgaben schreibt die WHO[295]:

„Der Generaldirektor hat ein unabhängiges Aufsichts- und Beratungskomitee für das WHO-Programm für gesundheitliche Notfälle (IOAC) eingesetzt, um die Entwicklung und Leistung des Programms zu beaufsichtigen und zu überwachen und die Aktivitäten des Programms zu steuern. Der Ausschuss berät den Generaldirektor in Fragen, die in seinen Zuständigkeitsbereich fallen, und berichtet der Weltgesundheitsversammlung über seine Ergebnisse."

Dieses Komitee besteht aus zwei Vorsitzenden und sieben Mitgliedern. Um zu verstehen, wie unabhängig das Komitee sein kann, schauen wir uns das Komitee einmal an, denn wir finden da wieder einige alte Bekannte.

Eine der Vorsitzenden ist Geeta Rao Gupta[296], die in diversen „philanthropischen" Initiativen aktiv ist. Außerdem war sie Senior Fellow bei der Bill and Melinda Gates Foundation und ist aktuell Senior Fellow beim Global Fund, den wir im Kapitel über die nachhaltigen Entwicklungsziele der UNO (SDG) noch näher kennenlernen werden.

Die andere Vorsitzende ist Felicity Harvey[297], die unter anderem Direktor beim „Guy's and St Thomas' NHS Foundation Trust" aus London ist. Dieser Trust wiederum wird großzügig vom Pharmakonzern Johnson & Johnson finanziert. Am 17. November 2017 hat der Trust eine „bahnbrechende Partnerschaft"[298] mit dem amerikanischen Konzern verkündet, in deren Rahmen der Trust 310 Millionen Pfund bekommen soll.

295 https://www.who.int/groups/independent-oversight-and-advisory-committee

296 https://www.who.int/about/people/biography/dr-greeta-rao-gupta

297 https://www.who.int/about/people/biography/dr-felicity-harvey-cbe

298 https://www.hsj.co.uk/guys-and-st-thomas-nhs-foundation-trust/trust-awards-300 m-orthopaedics-contract-to-us-firm/7021024.article?

Ein Mitglied des Komitees ist Elhadj As Sy[299], den wir bereits vom Wellcome Trust, dem GPMB und so weiter kennen. Und wir treffen in dem Komitee noch einen alten Bekannten: Jeremy Konyndyk, der von Open Philanthropy bezahlt wurde, um die Leitlinien für den Kampf gegen Covid-19 auszuarbeiten, um danach Executive Director der USAID COVID-19 Task Force zu werden und eine leitende Stellung in der Impfallianz GAVI von Bill Gates zu bekommen. Wie unabhängig kann dieses WHO-Komitee also sein, wenn beide Vorsitzenden und fast die Hälfte seiner Mitglieder direkt oder indirekt auf den Gehaltslisten der Pharmaindustrie und ihrer Großaktionäre stehen?

Die Liste der WHO-Gremien, die von den Vertretern der Profiteure der WHO-Programme durchsetzt sind, ließe sich beliebig fortsetzen.

Auch Tedros Adhanom Ghebreyesus, der Generaldirektor der WHO, hat hässliche Flecken in seiner Karriere. Er war von 2012 bis 2016 äthiopischer Außenminister und damit Mitglied der Regierung, die bei sozialen Unruhen 2015 und 2016 die Armee auf Protestler losgelassen hat. Die Armee hat scharf geschossen und im Zuge der Unruhen sollen nach Schätzungen von Human Rights Watch über 500 Menschen getötet worden sein[300]. Für den damaligen äthiopischen Außenminister und heutigen WHO-Generalsekretär war das jedoch kein Grund, aus der Regierung auszutreten oder zu protestieren. Wie glaubwürdig kann aber jemand als Generalsekretär der WHO für eine bessere Gesundheitsversorgung der Ärmsten der Armen kämpfen, wenn er einer Regierung angehört hat, die soziale Unruhen mit der Armee hat niederschlagen lassen?

Eine weitere interessante Persönlichkeit ist Emer Cooke[301]. Sie hat ihre Karriere bei der Pharmaindustrie begonnen, war in den 1990er Jahren bei der European Federation of Pharmaceutical Industries and Asso-

299 https://www.who.int/about/people/biography/elhadj-as-sy

300 https://www.ibtimes.co.uk/eu-calls-dialogue-ethiopia-state-emergency-declared-1585693

301 https://www.ema.europa.eu/en/about-us/who-we-are/executive-director

ciations (EFPIA), einer europaweiten Pharma-Lobbyorganisation, und ist von dort zur European Medicines Agency's (EMA), der europäischen Arzneimittelagentur gegangen, wo sie bis 2016 war. Danach war sie bei der WHO Direktorin für die Regulierung von Arzneimitteln. Wie die WHO bei dieser Regulierung vorgeht, haben wir schon gesehen: Die WHO bevorzugt die Produkte ihrer Sponsoren (für die Cooke früher als Lobbyistin gearbeitet hat) und Emer Cooke hat diesen Bereich der WHO ab 2016 verantwortet.

Am 16. November 2020 wurde sie zur Chefin der EMA ernannt und war damit unter anderem für die Zulassung von Impfstoffen in der EU zuständig. Und sie war schnell: Noch vor Weihnachten 2020 hatten AstraZeneca und BioNTech/Pfizer ihre EU-Zulassungen. Und kaum hatte Johnson & Johnson verkündet, auch deren Impfstoff sei endlich entwickelt, hat auch Johnson & Johnson im März 2021 sofort die EU-Zulassung bekommen. Andere Impfstoffe, wie zum Beispiel der russische Impfstoff Sputnik hingegen, warten seit Januar 2021 auf ihre Zulassung in der EU und haben sie bis heute (Stand November 2021) nicht bekommen. Kein Wunder: Emer Cooke war Lobbyistin westlicher Pharmakonzerne und hat bei der WHO eben diesen Konzernen zugearbeitet und setzt diese Tätigkeit nun als Leiterin der für Arzneimittelzulassungen zuständigen EU-Behörde fort.

Darüber, mit welchen Protagonisten aus den erlauchten Kreisen, um die es in diesem Buch geht, die WHO noch zusammenarbeitet, könnte ich hier noch viel mehr schreiben. Aber das wären Wiederholungen, denn vieles haben wir schon gesehen und auf die Zusammenarbeit der WHO mit Bill Gates und seinen Organisationen GAVI und CEPI gehen wir in den nächsten Kapiteln ein.

Zum Abschluss des Kapitels über die WHO möchte ich noch über ein Papier berichten, dass die WHO 2019 veröffentlicht hat. Es trug den Titel „Nicht-pharmazeutische Maßnahmen im Bereich der öffentlichen Gesundheit zur Abschwächung des Risikos und der Auswirkungen von

Epidemien und pandemischer Influenza“[302] und darin hat die WHO aufgelistet, welche Maßnahmen sie im Umgang mit Influenza-Pandemien empfiehlt und welche nicht. Natürlich ist die Influenza kein Coronavirus, aber beide Krankheiten sind insofern vergleichbar, als dass sie beide von Viren verursacht werden und dass der Übertragungsweg der gleiche ist. Auch die Inkubationszeit ist vergleichbar. Von daher müsste man annehmen, dass die Empfehlungen zur Schwächung des Risikos ähnlich sind.

Folgende Maßnahmen hat die WHO 2019 als „unter keinen Umständen empfehlenswert“ bezeichnet: Rückverfolgung von Kontaktpersonen, Quarantäne von exponierten Personen, Einreise- und Ausreisekontrollen und Grenzschließungen. Trotzdem wurden all diese Maßnahmen ab Anfang 2020 von den meisten Staaten der Erde umgesetzt und man fragt sich, warum?

Die Antwort ist spekulativ, aber wir erinnern uns all die Pandemieplanspiele, die von 2017 bis 2019 stattgefunden haben. Bei all diesen Planspielen wurde für eine Pandemie das Vorgehen gemäß Lock Step durchgespielt, also strenge Einschränkungen für die Bevölkerung. Und da an den Planspielen diejenigen teilgenommen haben, die den Regierungen nach Ausrufung der Pandemie durch die WHO als Berater zur Seite standen, muss man nicht allzu viel Fantasie aufbringen, um zu verstehen, wie die Regierungen auf die Idee gekommen sind, Maßnahmen umzusetzen, die die WHO vorher nie empfohlen hat-

Und die WHO hat das geschehen lassen, ohne den Regierungen deutlich zu sagen, dass sie das nie empfohlen – ja teilweise sogar für kontraproduktiv gehalten – hat. Wenn es den Finanziers der WHO nutzt, dann ist die WHO durchaus in der Lage, zu akzeptieren, dass Regierungen nicht das umsetzen, was die WHO empfiehlt.

Dass diese Maßnahmen den Finanziers der WHO genützt haben, kann niemand bestreiten, denn im Gegensatz zur Schweinegrippe haben

302 https://apps.who.int/iris/bitstream/handle/10665/329438/9789241516839-eng.pdf#page=9

die Menschen bei Covid-19 am eigenen Leib zu spüren bekommen, das etwas passiert. Und wir erinnern uns wieder an Heidi Larson, die gesagt hat, dass Überzeugungsarbeit nicht ausreicht, um die Menschen zur Impfung zu bewegen. Es braucht auch Druck. Und der wurde durch die massiven Einschränkungen der Freiheitsrechte mit stillschweigender Billigung der WHO aufgebaut.

GAVI, die Impfallianz

Die Zusammenarbeit zwischen Bill Gates und Klaus Schwab geht weit zurück. Die GAVI wurde im Jahr 2000 auf dem Weltwirtschaftsforum als Globale Allianz für Impfstoffe und Immunisierung, (Global Alliance for Vaccines and Immunisation) gegründet und nennt sich heute schlicht GAVI, die Impfallianz. Die Bill and Melinda Gates Foundation hat die GAVI schon im Dezember 1999 mit einem Startkapital von 750 Millionen Dollar zur „Unterstützung der Immunisierung von Kindern in 74 Ländern durch den Kauf neuer Impfstoffe“[303] ausgestattet.

Die Bill and Melinda Gates Foundation hat der GAVI immer wieder Geld überwiesen, Standard sind jedoch große Zahlungen alle fünf Jahre. Insgesamt hat die Bill and Melinda Gates Foundation der GAVI seit ihrer Gründung fast fünf Milliarden Dollar überwiesen.

Die GAVI war von Beginn an als öffentlich-private Partnerschaft angelegt, sie hat daher ein Vielfaches dieser Summe von anderen Geldgebern, vor allem von Regierungen, eingetrieben. Die GAVI weist auf ihrer Seite die Finanzen in Fünf-Jahresetappen aus[304], weshalb Bill Gates die GAVI auch alle fünf Jahre mit einer größeren Summe ausstattet. Wenn wir zum Beispiel den Zeitraum 2016 bis 2020 nehmen, hat die Gates

303 https://www.gatesfoundation.org/about/committed-grants/1999/12/opp421
304 https://www.gavi.org/investing-gavi/funding/donor-profiles

Foundation im Januar 2016 1,5 Milliarden Dollar an die GAVI überwiesen. Ihr Gesamtbudget für den Zeitraum gibt die GAVI jedoch mit etwa 9,5 Milliarden Dollar an.

Das ist das bekannte Merkmal der öffentlich-privaten Partnerschaften: Der „großzügige Philanthrop" holt sich den Großteil des Geldes bei anderen und das sind die Staaten, denn ca. 7,5 der 9,5 Milliarden für das Budget 2016 bis 2020 sind von Staaten gekommen[305]. Die Regierungen geben die Steuergelder ihrer Bürger großzügig an den Oligarchen Bill Gates weiter, damit er „Gutes tun" kann.

Deutschland hat der GAVI für 2021 bis 2025 1,7 Milliarden Dollar versprochen, 750 Millionen als Direktzahlungen und 950 Millionen für COVAX[306]. Für den Zeitraum 2021 bis 2025 weist die GAVI ein Budget von etwa 19 Milliarden Dollar aus, wobei ca. 9 Milliarden auf COVAX entfallen.

COVAX wird in den Medien als internationales Programm für die Verteilung von Covid-19-Impfstoffen an die ärmsten Länder der Welt bezeichnet. In das Programm zahlen die Staaten (vor allem) der westlichen Welt Milliarden ein, damit Impfstoffe für die ärmsten Ländern der Welt gekauft werden können. Das macht den Eindruck, das sei ein staatliches Programm oder zumindest ein Programm der UNO.

Das entspricht aber nicht ganz der Wahrheit, denn COVAX wurde zwar von der WHO ins Leben gerufen, aber gemeinsam mit GAVI und CEPI. Und die drei Organisationen übernehmen die gemeinsam die Koordination der Impfstoffbestellung und -verteilung[307], während 150 Staaten der Welt das Geld ihrer Steuerzahler dafür hergeben[308]. WHO, GAVI und CEPI sind alles Organisationen, die Bill Gates mehr oder we-

305 https://www.gavi.org/news-resources/document-library/annual-contributions-and-proceeds

306 https://www.gavi.org/investing-gavi/funding/donor-profiles/germany

307 https://www.gavi.org/vaccineswork/covax-explained

308 https://web.archive.org/web/20200715152301/https://www.who.int/news-room/detail/15–07–2020-more-than-150-countries-engaged-in-covid-19-vaccine-global-access-facility

niger direkt kontrolliert, denn GAVI und CEPI hat er selbst gegründet und dass er bei der WHO der größte Geldgeber ist, der daher auch die Musik bestellt, haben wir im vorherigen Kapitel gesehen.

Mit anderen Worten: Bill Gates, der an den westlichen Pharmakonzernen beteiligt ist, die sich derzeit an Covid-19-Impfstoffen eine goldene Nase verdienen, hat die Hand auf der Verteilung der Covid-19-Impfstoffe. Das wäre vielleicht noch nicht einmal so schlimm, aber er hat die Hand auch auf dem Einkauf der Impfstoffe. Ist es da allzu vermessen, wenn ich annehme, dass er seine Leute bei den Preisverhandlungen nicht allzu hart verhandeln lässt, weil er daran verdient, wenn die Pharmakonzerne einen hohen Preis für ihre Impfstoffe bekommen?

Die Antwort ist nein, diese Annahme ist nicht vermessen, denn bei der GAVI hat es System, dass sie Impfstoffe so einkauft, dass die Pharmakonzerne Kasse machen. Dabei wird die Öffentlichkeit bewusst und geschickt getäuscht. 2011 zum Beispiel haben Ärzte ohne Grenzen das System der GAVI kritisiert. Der Anlass war eine weitere Geberkonferenz für die GAVI in London, bei der wieder Milliarden für den nächsten Fünfjahresplan der GAVI eingesammelt werden sollten.

Bei der Gelegenheit gab GlaxoSmithKline medienwirksam bekannt, der GAVI einen Rotavirus-Impfstoff, der normalerweise 8 britische Pfund kostet, für nur 3 Pfund zu verkaufen. Das waren Marketing-Tricks, wie die Ärzte ohne Grenzen aufgezeigt haben[309].

Die GAVI könnte Medikamente und Impfstoffe wesentlich günstiger einkaufen als sie es tut. GAVI kauft Impfstoffe und Medikamente von westlichen Konzernen wie GlaxoSmithKline (GSK), anstatt auf gleichwertige (aber günstigere) Alternativen aus Indien oder China auszuweichen, wie Ärzte ohne Grenzen 2011 geschrieben haben:

„Im März dieses Jahres wurde die chinesische Aufsichtsbehörde, die die Qualität chinesischer Impfstoffe prüft, von der Weltgesundheitsorganisation validiert. Das bedeutet, dass – wie bereits in Indien – in China

309 https://www.msf.org/gavi-money-welcome-could-it-be-more-wisely-spent

hergestellte preisgünstige Qualitätsimpfstoffe nun für den Kauf durch UNICEF, GAVI und andere Organisationen zugelassen werden können, um den globalen Markt zu bedienen.

Ärzte ohne Grenzen kauft HIV-Medikamente von indischen Herstellern zu deutlich niedrigeren Preisen ein, als sie von großen Pharmaunternehmen angeboten werden. Jüngste Preisangaben von GSK und der Johnson & Johnson-Tochter Crucell zeigen, dass diese Unternehmen einige Impfstoffe mit Aufschlägen von bis zu 180 Prozent verkauft haben."

Wenn es Bill Gates und seinen Stiftungen darum ginge, den Menschen zu helfen, könnte er für das gleiche Geld wesentlich mehr Menschen impfen oder medizinisch behandeln lassen. Aber dann würden die westlichen Pharmakonzerne (und damit auch ihr Aktionär Bill Gates) weniger verdienen.

In diesem Zusammenhang sei auch noch einmal an die IFFm erinnert, das geschickte Finanzierungsinstrument, bei dem die GAVI die Finanzierungszusagen der Staaten als Wertpapiere verkauft und so einen Teil der finanziellen Zusagen als Zinsen an Investoren auszahlt. Bill Gates könnte nicht nur die GAVI komplett aus seinem eigenen Vermögen finanzieren, wenn es ihm tatsächlich um die selbstlose Rettung der Welt durch Impfungen ginge, er könnte auch die Zwischenfinanzierungen, die mit den IFFm abgedeckt werden, selbst vorschießen. Stattdessen treibt die GAVI Gelder von Staaten ein, die sie teilweise als Zinsen an reiche Investoren weitergibt, und kauft Impfstoffe bei den Herstellern ein, an denen Bill Gates beteiligt ist, anstatt günstigere Impfstoffe einzukaufen und somit mehr Menschen durch Impfungen zu schützen.

Die Kritik der Ärzte ohne Grenzen ging aber noch weiter, die Ärzte ohne Grenzen schrieben auch:

„Die Preise für Pneumokokken-Impfstoffe, die lebensbedrohliche Lungenentzündungen verhindern, werfen ein Licht auf die andere Seite der Preisgeschichte. GSK und Pfizer verkaufen den Impfstoff an GAVI über ein System, das als Advance Market Commitment bezeichnet wird. Andrew Witty, der Vorstandsvorsitzender von GSK, nennt das einen „innovativen

Finanzierungsmechanismus"; wir würden es als Wohltätigkeit für Konzerne bezeichnen, die für Spender und Steuerzahler skandalös teuer ist. Im Rahmen des Advance Market Commitment verkaufen GSK und Pfizer jährlich 30 Millionen Dosen Pneumokokkenimpfstoff für je 2 Pfund an GAVI. Zusätzlich zum Stückpreis erhalten sie eine Subvention von 137 Millionen Pfund.

Pneumokokkenimpfstoffe sind seit dem Jahr 2000 auf dem Markt. Heute verkaufen diese beiden Unternehmen die gleichen Impfstoffe gegen Lungenentzündung sowohl an reiche als auch an arme Länder. Subventionen, die Big Pharma dazu verleiten sollen, an GAVI zu verkaufen, sind nicht sinnvoll."

2011 war es noch statthaft, Gates und die GAVI zu kritisieren. Die „ZEIT" schrieb damals ebenfalls aus Anlass der Geberkonferenz einen Artikel mit der Überschrift „Impfallianz Gavi: Impfen ist auch gut fürs Image"[310]. Über die Milliarden, die die GAVI London einsammeln wollte, schrieb die „ZEIT":

„Dass sich diese Investition nicht nur moralisch, sondern auch volkswirtschaftlich rechnet, belegen mehrere Studien, deren Ergebnisse unmittelbar vor dem Gebertreffen in London in den renommierten Magazinen Health Affairs und The Lancet erschienen. Darin sagen etwa Modelle amerikanischer Forscher um Sachiko Ozawa und Meghan Stack von der Johns Hopkins Bloomberg School of Public Heath voraus, dass durch die geplanten Impfkampagnen bis 2020 6,4 Millionen Kinderleben gerettet werden könnten. 100 Milliarden Euro würden alleine durch wegfallende Behandlungskosten und Produktivitätsausfälle eingespart. In einer weiteren Studie wird untermauert, dass ärmste Länder ohne Gelder aus dem Ausland nicht in der Lage wären, die benötigten Impfungen zu finanzieren.

Die Ergebnisse der genannten Studien wären womöglich noch eindrucksvoller, wären sie nicht von der Gates-Stiftung beziehungsweise von Gavi

310 https://www.zeit.de/wissen/gesundheit/2011-06/impfallianz-gavi-kritik/komplettansicht

selbst finanziert worden. Zu Recht wird unter jedem Aufsatz darauf hingewiesen, dass die Wissenschaftler bei ihren Untersuchungen einem Interessenskonflikt ausgesetzt waren. Im Fall von Health Affairs ist sogar nicht nur der Inhalt, sondern gleich das ganze Heft von der Gates-Stiftung finanziert worden, die der größte Geber bei Gavi ist.
Orin Levine von der Johns-Hopkins-Universität in Baltimore, der an zwei der genannten Studien beteiligt ist, räumt ein, dass die Umstände der Veröffentlichungen missverständlich sein können. „Man kann unterschiedlicher Meinung sein, ob es sich um eine Werbekampagne oder einfach um smartes Timing handelt – ich hoffe jedenfalls, dass die Leser lernen, wozu Impfungen in der Lage sind." Die Hoffnung hat auch berufliche Gründe, denn Levine ist auch Direktor eines Programms zur Entwicklung von Impfstoffen gegen Lungenentzündung, das von Gavi finanziert wird."

Für Levine hat es sich anscheinend ausgezahlt, an den Studien mitgewirkt zu haben, denn 2012, also ein Jahr später, wechselte der zur Bill and Melinda Gates Foundation und ist dort heute Director Global Delivery Programs[311] und er sitzt außerdem im Vorstand der GAVI[312]. Wenn die Programme von Bill Gates und den von ihm gegründeten und/oder kontrollierten Organisationen so edel und selbstlos sind, wozu braucht es dann so offensichtlich gekaufte Gefälligkeitsgutachten?

Apropos Vorstand der GAVI. Neben Levine sitzt bei der GAVI auch unsere alte Bekannte Margaret Hamburg im Vorstand[313].

Kritische Berichte über die Machenschaften der GAVI waren aber auch schon 2011 die Ausnahme. Da ich meine eigene medienkritische Internetseite Anti-Spiegel genannt habe, beschäftige ich mich naturgemäß sehr intensiv mit dem „Spiegel", der unter Medienexperten als vollkommen unkritisches „Hurra-Blatt" der Chemie- und Pharmaindustrie gilt. Das zeigte sich auch 2011 bei der Geberkonferenz für die GAVI

311 https://www.gatesfoundation.org/about/leadership/orin-levine

312 https://www.gatesfoundation.org/about/leadership/orin-levine

313 https://www.gavi.org/governance/gavi-board/members/margaret-peggy-hamburg

in London. Während die „Zeit" im Juni 2011 einen Artikel veröffentlicht hat, der die GAVI und Bill Gates zumindest ein wenig kritisiert hat, hat der Spiegel das Gegenteil getan. Er hat unter der Überschrift „Teure Impfstoffe – Pharmachef liest seiner Branche die Leviten" einen Artikel[314] veröffentlicht, in dem der Spiegel die Äußerungen des Chefs von GlaxoSmithKline vollkommen unkritisch wiederholt und die Entscheidung der Pharmaindustrie, Impfstoffe angeblich stark verbilligt an die GAVI abzugeben, gefeiert hat. Kein Wort fand sich beim Spiegel über die von Gates und der GAVI finanzierten Gefälligkeitsgutachten oder gar über die Subventionen, mit denen die GAVI den Pharmakonzernen ihre angeblichen Preisnachlässe de facto „hintenrum" erstattet. Mit anderen Worten: Der Spiegel hat den PR-Gag der Pharmaindustrie medial unterstützt und seinen Lesern alles verheimlicht, was nicht ins gewollte Bild passt.

Chef der GAVI ist Seth Berkley[315], der seine Karriere in den 1990ern bei der Rockefeller Foundation begonnen hat. Der Mann ist der Öffentlichkeit kaum bekannt, dabei hat das Time-Magazine ihn schon 2009 in die Liste der 100 einflussreichsten Männer der Welt aufgenommen. Den Lobartikel im Time-Magazine[316] über Berkley hat Sergey Brin, der als Student von der CIA finanzierte Mitgründer von Google, geschrieben.

Seth Berkley hat seine große Karriere 1994 bei Rockefeller begonnen, aber schon 1996 hat der die Rockefeller Foundation wieder verlassen und die International AIDS Vaccine Initiative (IAVI) gegründet. In dieser Position wurde er so wichtig, dass er es in die Time-Liste der weltweit einflussreichsten Menschen geschafft hat.

Natürlich hat er die IAVI nicht alleine gegründet, die IAVI ist ebenfalls eine öffentlich-private Partnerschaft, die von der Rockefeller Foun-

314 https://www.spiegel.de/wirtschaft/unternehmen/teure-impfstoffe-pharmachef-liest-seiner-branche-die-leviten-a-766885.html

315 https://www.gavi.org/operating-model/gavi-secretariat/seth-berkley

316 https://web.archive.org/web/20090503144914/http://www.time.com/time/specials/packages/article/0,28804,1894410_1894289_1894262,00.html

dation ins Leben gerufen wurde[317], um bei den Staaten der Welt Gelder einzusammeln und sie an die Konzerne weiterzuleiten. Den Startschuss für die Gründung der IAVI hat Rockefeller 1994 mit einer Konferenz in Italien gesetzt.

Heute erwähnt die IAVI Rockefeller nicht mehr als finanziellen Unterstützer, nennt aber als Sponsoren[318] all die anderen üblichen Verdächtigen, die wir in diesem Buch kennengelernt haben: USAID, die Bill and Melinda Gates Foundation, die EU-Kommission, die Weltbank, das US-Verteidigungsministerium, den Wellcome Trust, CEPI, die BARDA, das von Dr. Fauci geleitete NIH, GlaxoSmithKline und andere.

Seth Berkley ist 2011 von IAVI zur GAVI gewechselt und ist seitdem Chef der GAVI.

Schon 2009 ist der GAVI etwas gelungen, was nur Wenige erreichen. Obwohl die GAVI als private Stiftung gegründet wurde, hat sie in der Schweiz, wo sie ihren Sitz hat, den Status einer „internationalen Rechtspersönlichkeit" erhalten. In dem Vertrag, den die Schweizer Regierung und die GAVI dazu geschlossen haben[319], werden der GAVI Privilegien eingeräumt, von denen andere nur träumen können.

Die GAVI hat für sich und ihre Beamten und Leiter vollständige Immunität in der Schweiz eingeräumt bekommen. Sie kann also nicht wegen ihrer Tätigkeit verklagt werden und selbst Straftaten, die die GAVI oder ihre Mitarbeiter im Rahmen ihrer Tätigkeit für die GAVI möglicherweise begehen, dürfen in der Schweiz nicht verfolgt werden. Die Räumlichkeiten der GAVI, ihre Archive und Unterlagen, ja sogar das Gepäck ihrer Mitarbeiter, dürfen nicht durchsucht werden. Das alles gilt sogar für Berater, die vorübergehend für die GAVI arbeiten.

Damit aber nicht genug, die GAVI und ihre Mitarbeiter sind in der Schweiz komplett von der Steuer befreit, die Mitarbeiter müssen für pri-

317 https://www.iavi.org/about/history-of-iavi

318 https://www.iavi.org/about/global-funding-support

319 https://www.fedlex.admin.ch/eli/cc/2009/541/de

vate Anschaffungen nicht einmal die Mehrwertsteuer bezahlen. Auch vom Zoll ist die GAVI in der Schweiz befreit.

Und sollte es doch mal zu einem Streit zwischen der Schweiz und der GAVI kommen, gilt auch dafür nicht Schweizer Recht, sondern es wird ein privates Schiedsgericht einberufen.

Die GAVI, die von Bill Gates und Klaus Schwab gegründet wurde, steht damit außerhalb des Rechts, was ein weiterer Beleg dafür ist, wie mächtig diese Menschen geworden sind, wenn Gesetze für sie oder ihre Organisationen nicht mehr gelten. Man fragt sich, wozu das gebraucht wird, wenn bei der GAVI alles mit rechten Dingen zugeht und sie sich nur um das Wohl der Menschheit sorgt.

Kommen wir nun zu einigen der Organisationen, die die GAVI unterstützt. Wir erinnern uns an das International Vaccine Institute (IVI), mit dem die GAVI zusammenarbeitet, und auch PATH wird von der GAVI finanziell unterstützt.

Die GAVI ist außerdem ein großer Unterstützer der nachhaltigen Entwicklungsziele der UNO (SDG), auf die wir später noch kommen. Die GAVI hat dazu 2019 eine gesonderte Erklärung abgegeben[320] und unterstützt zum Beispiel die UNC2030[321], in der sich viele Organisationen zusammengeschlossen haben, um die SGD zu erreichen und GAVI finanziert auch die Global Financing Facility (GFF) der Weltbank[322], die sich ebenfalls der Förderung der SDG verschrieben hat und zu deren Erreichung Gelder einsammelt.

Auf eine Organisation, die die GAVI unterstützt, wollen wir noch genauer eingehen. Dabei handelt es sich um ID2020, die ich in dem Kapitel über das Weltwirtschaftsforum von Klaus Schwab schon kurz erwähnt habe.

---

320 https://www.gavi.org/sites/default/files/document/advocacy/WHA72 %20Gavi %20 statement %202030 %20Agenda.pdf

321 https://www.uhc2030.org/about-us/uhc2030-partners/

322 https://www.globalfinancingfacility.org/our-partnership/financiers

Wenn Bill Gates ein Projekt in Angriff nimmt, folgt er dem Motto „Think Big!“, wie wir schon gesehen haben. Im Gegensatz zu anderen „wohltätigen Philanthropen“ gibt er sich nicht damit ab, die Politik in den USA zu beeinflussen und so indirekt Einfluss auf weltweite Themen zu bekommen, er geht sofort weltweit vor. Das hat er mit der Gründung der GAVI gezeigt, mit deren Hilfe er innerhalb kürzester Zeit die WHO faktisch übernommen hat, und auch seine CEPI geht in die Richtung.

Übrigens tut er das auch im Bereich Klimawandel, für den er bereits 2015 zusammen mit anderen Milliardären (darunter Jeff Bezos, Mike Bloomberg, Richard Branson, George Soros und Mark Zuckerberg) die Investmentfirma „Breakthrough Energy“ gegründet hat, um das Thema zu befeuern. Die Firma beteiligt sich an den Unternehmen, die später an dem Klimawandel das große Geld verdienen werden, wenn die ehrgeizigen Programme der EU und der USA in die Tat umgesetzt werden. EU-Kommissionschefin von der Leyen hat für den Green Deal der EU ein Budget von einer Billion Euro eingeplant und US-Präsident Biden hat in seinem Billionen Dollar schweren Infrastrukturprogramm ebenfalls den Fokus auf den Klimawandel gelegt. Bill Gates und seine Freunde stehen bereit, um diese Gelder in die Firmen zu leiten, an denen sie sich direkt oder über „Breakthrough Energy“ beteiligt haben[323].

Auch dabei hat Bill Gates nichts dem Zufall überlassen, denn er hat „Breakthrough Energy“ just in dem Moment gegründet, als Präsident Obama die „Mission Innovation“ ausgerufen hat[324], in der sich viele Staaten des Westens zusammengetan haben, um Gelder für den Kampf gegen den Klimawandel zu spenden. Es wird nicht einmal versucht, zu verschleiern, dass Mission Innovation und Breakthrough Energy zusammengehören. Die öffentlich-privaten Partnerschaften, die Steuergelder in die Taschen der Oligarchen lenken, sind so etabliert, dass sich dessen niemand mehr schämt und die Presse berichtet – wenn überhaupt – po-

323 https://www.breakthroughenergy.org/investing-in-innovation/bev-portfolio

324 https://obamawhitehouse.archives.gov/blog/2015/11/29/announcing-mission-innovation

sitiv darüber, dass Gates & Co. Geld in die Hand nehmen, um den Klimawandel zu bekämpfen. Dass es sich dabei nicht um Spenden, sondern um Investments in Firmen handelt, die sich nur dank der staatlichen Programme auszahlen und Gates & Co. noch reicher machen, wird dabei gerne verschwiegen. Aber das Prinzip kennen wir mittlerweile ja zur Genüge, Breakthrough Energy ist nur ein weiteres Beispiel dafür.

Der Spiegel war übrigens ganz in seinem Element, als US-Präsident Biden sein 1,2 Billionen Dollar Infrastrukturprogramm verkündet hat, und hat begeistert berichtet[325], dass Bill Gates im Falle der Verabschiedung des Programms 1,5 Milliarden Dollar zum Kampf gegen den Klimawandel beisteuern wolle. Das klang für den Spiegel-Leser sehr großzügig von Bill Gates, denn der Spiegel hat mal wieder nicht erwähnt, dass Bill Gates die 1,5 Milliarden als Marketing-Gag bezahlt, um bei der Verteilung der 1.200 Milliarden des Infrastrukturprojektes in der ersten Reihe zu stehen.

Aber ich schweife ab, kommen wir zurück zu ID2020. Auch bei ID2020 denkt Bill Gates in globalen Maßstäben, es geht dabei um nicht weniger, als allen Menschen der Welt eine digitale Identität zu geben. Nach den Vorstellungen von Bill Gates und seinen Kollegen von ID2020 sollen alle Daten über jeden Menschen zusammen digital gespeichert werden. Das würde bedeuten, dass Gesundheitsakten, Renten- und Krankenversicherung, Führerschein, Bankkonten und Kreditkarten, Führerschein, Personalausweis, Reisepass und so weiter in einer einzigen Datenbank lagern und jeder sich über sein Handy ausweisen kann. Wenn wir uns nun noch an den Chip erinnern, den Dr. Hepburn von der DARPA so stolz präsentiert hat und daran denken, dass in Schweden bereits Chips implantiert werden, die die EC-Karte ersetzen, dann braucht man nicht viel Fantasie, um sich auszumalen, was ID2020 am Ende erreichen möchte.

325 https://www.spiegel.de/wirtschaft/bill-gates-will-milliardenbetrag-fuer-kampf-gegen-den-klimawandel-spenden-a-7a4517c1-dbbc-46fb-a58f-98cd1e8e0769

Es geht, das muss man so deutlich sagen, um den gläsernen Menschen, also um die ultimative Überwachung. Und diese Daten zu bekommen, also die Überwachung aller Menschen auf der Erde, hat sich ID2020 als Ziel gesetzt. Das wäre die ultimative Macht, denn auf diese Weise könnte man Menschen, die gegen all das rebellieren, mit einem Knopfdruck „abschalten", also ihre Identität löschen. In diesem Zusammenhang empfehle ich den Film „Das Netz" von 1995, in dem genau das gezeigt wurde. Damals war das Science-Fiction, demnächst soll es – wenn es nach Herrn Gates geht – Realität werden.

Natürlich klingt das auf der Seite von ID2020 alles ganz anders. Dort wird beklagt, dass eine Milliarde Menschen keine Papiere und daher keinen Zugang zu staatlichen Leistungen oder Gesundheitsvorsorge haben. Und ID2020 möchte das ganz selbstlos ändern und all diesen bedauernswerten Menschen helfen und ihnen eine digitale Identität geben[326]:

„Die Partner der Allianz teilen die Überzeugung, dass Identität ein Menschenrecht ist und dass jeder „Besitzer" seiner eigenen Identität sein muss."

Darauf legt die Allianz ID2020 großen Wert: Jeder soll „Besitzer" seine Daten und seiner Identität sein, so schreiben sie an vielen Stellen. Aber wie glaubwürdig ist das, wenn einer der wenigen exklusiven und handverlesenen Partner von ID2020 ausgerechnet die Datenkrake Microsoft ist, deren Ziel es ist, möglichst viele Daten von Menschen zu sammeln, ohne sie darüber im Detail zu informieren? Wie kann man „Besitzer" seiner Daten sein, wenn Microsoft sie weitgehend ungefragt sammelt und auswertet?

ID2020 wird laut eigenen Angaben[327] nur von fünf Partnern finanziert: Von der Unternehmensberatung accenture, der Design- und Innovationsberatungsfirma IDEO, der GAVI, der Rockefeller Foundation und von Microsoft. Weitere Partner sind unter anderem Facebook und MasterCard, wobei letztere wohl auf das große Geschäft hofft, wenn

326 https://id2020.org/manifesto

327 https://id2020.org/alliance

ID2020 sich durchsetzen und zum wichtigsten Zahlungssystem werden sollte.

Im Vorstand von ID2020 sitzt unter anderem der GAVI-Chef Seth Berkley und Executive Director von ID2020 ist Dakota Gruener, die zuvor bei der GAVI eng mit Berkley zusammengearbeitet hat[328].

Laut der Webseite von ID2020 gibt es auch bereits ein Projekt, bei dem ID2020 mit einem Staat an digitalen Identitäten für die Bürger arbeitet. Das Programm heißt „Digital Health ID RFP"[329] und läuft in Bangladesch, wo es für alle neugeborenen Kinder Geburtsurkunden, Gesundheitsakten und so weiter speichern soll.

Wenn man sich nun vor Augen führt, dass die EU derzeit ebenfalls an einer zentralen Datenbank für Covid-Impfungen arbeitet, dann braucht es nicht viel Fantasie, um sich vorzustellen, wie schnell man diese – dank Covid-19 – vorbei an allen Bedenken der Datenschützer eingeführte Datenbank, in der die persönlichen Daten aller EU-Bürger gespeichert werden, ausbauen kann. Und da Kommissionschefin von der Leyen bekannt dafür ist, sich Berater aus der Industrie zu holen, ist die Wahrscheinlichkeit, dass in einigen Jahren Microsoft Herr über alle Daten der EU-Bürger ist, ziemlich hoch.

ID 2020 arbeitet jedenfalls darauf hin. Dort hält man einmal pro Jahr einen großen Kongress ab. 2020 fand der Kongress wegen Covid-19 online statt, die Themen der Diskussionen waren[330]: „Gute digitale ID für alle: Wie kommen wir dahin?", „Digitale Impfbescheinigungen: Design für eine neue Ära der globalen Gesundheit", „Die letzten 30 Prozent erreichen: Digitale ID für finanzielle Eingliederung … und mehr!" und „Den Grundstein legen: Digitale ID für die nächste Generation".

Und obwohl die GAVI sich angeblich nur dafür interessiert, die ärmsten Menschen der Welt durch Impfungen retten zu wollen, mischt die

328 https://id2020.org/leadership

329 https://id2020.org/digital-health-id-rfp

330 https://id2020.org/summit/2020-id2020-summit-sessions-webinar-series

GAVI dabei – und bei den nachhaltigen Entwicklungszielen der UNO – kräftig mit.

CEPI

Die CEPI (Coalition for Epidemic Preparedness Innovations, auf Deutsch etwa Koalition für Innovationen in der Epidemievorbeugung), ist eine weitere weltweite Allianz in öffentlich-privater Partnerschaft, die sich den Aufbau eines Forschungsnetzwerks zur Erforschung und Entwicklung neuer Impfstoffe zur besseren und direkteren Reaktion auf eventuell bevorstehende Ausbrüche neuer viraler Infekte zum Ziel gesetzt hat. Es geht also wieder einmal darum, dass die Pharmakonzerne Steuergelder bekommen sollen, mit denen sie ihre Forschung finanzieren, um anschließend mit den mit staatlicher Förderung entwickelten Medikamenten Kasse zu machen.

Die Gründung der CEPI hat Jeremy Farrar, der Chef des Wellcome Trust, angeschoben. Im Juli 2015 hat er mit anderen Medizinern einen Artikel im NEW ENGLAND JOURNAL of MEDICINE veröffentlicht, der den Titel „Einen globalen Impfstoffentwicklungsfond gründen“[331] trug. In dem Artikel hat Farrar die Notwendigkeit beschrieben, einen Fond zu gründen, der Geld für die Erforschung neuer Impfstoffe eintreibt, um seltene Krankheiten behandeln zu können.

Der formelle Grund waren die 2014 ausgebrochene Ebola-Welle und der Ausbruch des Zikavirus in Lateinamerika 2015. Beide Ausbrüche haben damals die Medien beherrscht. Ebola ist eine gefährliche Krankheit, die allerdings nur durch Austausch von Körperflüssigkeiten übertragen wird, weshalb Ebola sich nur selten allzu weit verbreitet hat. An

331 https://www.hhs.gov/sites/default/files/tab_4.6_glblvaxdevfund.pdf

der Ebola-Welle sind nach offiziellen Angaben zwischen 2014 und 2016 etwas über 11.000 Menschen gestorben. So tragisch das für jeden Einzelfall ist, war die Ebola-Welle zu keinem Zeitpunkt eine Gefahr für die Welt, aber die Medien berichten trotzdem oft und gerne über Ebola.

Das Zikavirus, das ebenfalls eine Zeit lang Schlagzeilen gemacht hat, ist eine im Grunde harmlose Krankheit, die bei 80 Prozent der Betroffenen ohne Symptome verläuft. Die Symptome einer Zikavirus-Erkrankung umfassen insbesondere Hautausschlag und Fieber („Zikafieber"), Gelenkschmerzen, Konjunktivitis sowie seltener Muskel- und Kopfschmerzen und Erbrechen. Die Symptome klingen in der Regel bereits nach wenigen Tagen, spätestens nach einer Woche, ab[332]. Es gibt bislang keine gesicherten Todesfälle. Problematisch ist eine Zikavirus-Infektion allerdings für Schwangere, denn die Infektion kann zu Missbildungen bei ungeborenen Kindern führen.

Der Medienhype vor allem um das Zikavirus war vollkommen übertrieben und sollte – so mein Eindruck – den Menschen wohl nur in Erinnerung rufen, dass es irgendwo gefährliche Krankheiten gibt und dass irgendwann eine Pandemie kommen wird. Die Menschen sollten immer wieder für das Thema sensibilisiert werden.

Gegen Ende der Zikavirus-Welle hat die „Zeit" in einem Artikel aufgezeigt, wie die WHO die Gefahr durch das Zikavirus übertrieben hat[333]:

„Zudem schürt die WHO die globale Aufregung um das Zika-Virus, indem sie falsche Zahlen zu den angeblichen Geburtsschäden in Brasilien verbreitet. In ihren epidemiologischen Berichten werden die derzeit 4.180 gemeldeten Verdachtsfälle kurzerhand als „Fälle von Mikrozephalie" deklariert, also als Föten oder Neugeborene mit zu kleinem

332 https://web.archive.org/web/20160203105241/https://www.cdc.gov/zika/hc-providers/clinicalevaluation.html

333 https://www.zeit.de/wissen/gesundheit/2016–01/zika-virus-who-gesundheitsnotfall-angst/komplettansicht

Schädel und schweren neurologischen Schäden. Demgegenüber seien, sagt die WHO, in früheren Jahren nur etwa 150 bis 180 Fälle von Mikrozephalie bei Neugeborenen aufgetreten. Demnach wäre das Risiko für schwangere Frauen, aufgrund einer Zika-Infektion ein missgebildetes Kind zu bekommen, sehr hoch.

Dieser schockierende Vergleich ist jedoch blanker Unsinn. Die brasilianische Gesundheitsbehörde hat die Kriterien für die Meldung eines „Verdachts" bewusst sehr weit gefasst, um möglichst nichts zu übersehen. Beispielsweise gilt jede Schwangere, die einen unklaren Ausschlag bekommt, als Verdachtsfall. Gemeldet werden auch alle Ultraschalluntersuchungen in Arztpraxen, bei denen ein zu kleiner Kopfumfang gemessen wird. Diese Zahlen sind zudem übertrieben, weil unter Schwangeren und ihren Ärzten in Brasilien derzeit die blanke Angst regiert und viele sicherheitshalber alles melden, um keinen geschädigten Fetus zu übersehen. Davon abgesehen ist die Ultraschallmessung des Schädelumfangs im Mutterleib viel fehleranfälliger als die eindeutige Diagnose der Mikrozephalie bei Neugeborenen, mit denen die WHO die Zahlen vergleicht.

Im Vergleich zu den WHO-Zahlen sehen die tatsächlichen Daten, die das brasilianische Gesundheitsministerium auf seiner Website veröffentlicht, wesentlich harmloser aus. Von den 4.180 Meldungen, die bis 23. Januar 2016 bei der Behörde eingingen, wurden bislang nur 732 überprüft. Davon wurden 63 Prozent, also 462 vermeintliche Fälle, sofort aus der Liste gestrichen, weil sie nicht einmal den weitgefassten Kriterien des Melderegisters entsprachen. Bei den verbleibenden 270 Meldungen besteht aufgrund von Ultraschall-, Röntgen- oder Laboruntersuchungen der begründete Verdacht auf eine Verkleinerung des Schädels oder eine infektiöse Schädigung des Nervensystems. Bei sechs dieser Fälle wurde das Zika-Virus nachgewiesen."

Die WHO hat die Gefahr durch das Zikavirus maßlos übertrieben und die Medien sind auf den Zug aufgesprungen und haben über die vermeintliche Gefahr berichtet. Dabei war das Zikavirus offensichtlich noch harmloser als die Schweinegrippe, wobei das Zikavirus weit weniger infektiös ist, denn es wird nur durch Stiche einer bestimmten Mückenart oder Körperflüssigkeiten übertragen.

Jeremy Farrar und seine Co-Autoren nahmen diese Krankheitsausbrüche 2015 zum Anlass, einen Fond zur Entwicklung von Impfstoffen zu skizzieren und seine Gründung zu fordern. 2016 wurde das Thema auf dem Weltwirtschaftsforum diskutiert und 2017 wurde CEPI auf dem Weltwirtschaftsforum gegründet. Die Regierungen Deutschlands, Japans und Norwegens sowie die Bill and Melinda Gates Foundation und der Wellcome Trust haben eine Anschubfinanzierung von 460 Millionen Dollar zur Verfügung gestellt[334]. Die Gelder kamen von Japan (125 Millionen Dollar), Norwegen (120 Millionen Dollar), Deutschland (10.6 Millionen Dollar in 2017, aus denen später 90 Millionen wurden) und von der Gates Foundation (100 Millionen Dollar), sowie dem Wellcome Trust (100 Millionen Dollar)[335]. Später kam auch die EU-Kommission hinzu und hat 200 Millionen Dollar beigesteuert. Als Ziel wurde ausgegeben, bis 2022 eine Milliarde Dollar zur Erforschung von Impfstoffen einzusammeln.

Wie erfolgreich die Strategie der öffentlich-privaten Partnerschaften für Bill Gates & Co. sind, zeigt auch CEPI wieder eindrucksvoll. Von den insgesamt 211 Millionen Dollar, die CEPI zum Beispiel im Jahre 2019 eingesammelt hat[336], stammen 20 Millionen von der Bill and Melinda Gates Foundation, 2,5 Millionen hat der Microsoft Mitgründer Paul Allen beigesteuert und der Wellcome Trust hat sogar nur 100.000 Dollar bezahlt. Die großzügigen Philanthropen, die mit ihrem Geld angeblich die Welt retten wollen, haben keine 23 Millionen beigesteuert, während die Steuerzahler der westlichen Staaten fast 190 Millionen

---

334 https://time.com/4639245/cepi-ebola-zika-epidemic/

335 https://web.archive.org/web/20200410103828/https://www.washingtonpost.com/news/to-your-health/wp/2017/01/18/new-global-coalition-launched-to-create-new-vaccines-prevent-epidemics/

336 https://cepi.net/wp-content/uploads/2020/04/CEPI-Annual-Progress-Report-2019_website.pdf

aufgebracht haben. Im Einzelnen waren das: Norwegen (81,7 Mio.), Deutschland (39,3 Mio.), Japan (25 Mio.), die EU (in zwei Zahlungen insgesamt 22,1 Mio.), Großbritannien (13 Mio.), Kanada (7,5 Mio.) und Australien (0,7 Mio.).

Die CEPI hat ihren Hauptsitz in Oslo und Norwegen wurde mit der Zeit der größte Geldgeber der CEPI. Als Norwegen eine größere Zahlung ankündigte, griff auch die CEPI zu dem bereits erprobten Mittel der IFFm und hat die GAVI Anleihen ausgeben lassen[337].

Zumindest auf dem Papier hat die CEPI zu Anfang einen durchaus löblichen Ansatz verfolgt und im Gegensatz zu anderen NGOs auf Transparenz gesetzt. Die Ärzte ohne Grenzen, die der GAVI so kritisch gegenüberstehen, haben die CEPI zu Beginn unterstützt. Allerdings stellte sich schnell heraus, dass von den löblichen Ansätzen der CEPI in der Praxis nicht viel übriggeblieben ist und dass auch die CEPI nach dem bekannten Muster vorgeht, die westlichen Konzerne zu unterstützen und es mit der Transparenz nicht allzu genau zu nehmen. Die Ärzte ohne Grenzen schrieben darüber im März 2019[338]:

„Als Ersthelfer bei Krankheitsausbrüchen und Notfällen war Ärzte ohne Grenzen ein früher Befürworter der Koalition, und unsere internationale Präsidentin, Joanne Liu, trat dem Interimsvorstand bei der Gründung der Initiative mit Begeisterung bei. Nach Beendigung ihrer Amtszeit und ihres Engagements im Vorstand und angesichts der politischen Entscheidungen, die der neu zusammengesetzte Vorstand kürzlich getroffen hat, sind wir jedoch besorgt, dass CEPI bei seinen Partnerschaften mit kommerziellen Industrieentwicklern einen nachteiligen „Business-as-usual"-Ansatz verfolgt. Dies gefährdet die öffentlichen Investitionen und kollektiven Bemühungen, die CEPI zugrunde liegen, und birgt das inak-

337 https://www.gavi.org/news/media-room/coalition-epidemic-preparedness-innovation-turns-iffim-accelerate-funding-new

338 https://msfaccess.org/norway-has-invested-200-million-euros-epidemic-preparedness-are-they-getting-what-theyre-paying

zeptable Risiko, dass die von CEPI entwickelten Impfstoffe für die Menschen und Länder, die sie am dringendsten benötigen, unzugänglich oder unerschwinglich sind.

Eines der charakteristischen Merkmale von CEPI ist der enorme Umfang seiner größtenteils vom Steuerzahler finanzierten Geldbörse. Die Organisation hat bisher 750 Millionen Euro für die Erforschung und Entwicklung von Impfstoffen aufgebracht. Die Verwaltung dieser beträchtlichen Mittel obliegt letztlich dem CEPI-Vorstand, der am 7. und 8. März in Tokio zusammentreten wird. Der Vorstand besteht aus 12 stimmberechtigten Mitgliedern und fünf Beobachtern, darunter die Weltgesundheitsorganisation (WHO) und die Weltbank.

Wie andere öffentlich-private Partnerschaftsinitiativen (PPP) entwickelt CEPI Impfstoffe nicht selbst. Vielmehr wählt es Forscher und kommerzielle Entwickler aus und finanziert sie für die Durchführung von Laborstudien, klinischen Versuchen und die Herstellung von Impfstoffvorräten. Die Gewährleistung des Erfolgs von PPPs ist eine komplexe Angelegenheit, die sorgfältige Kontrollen und Abwägungen, klare Strategien und robuste vertragliche Vereinbarungen erfordert, die öffentliche Investitionen schützen und einen erschwinglichen Zugang zu medizinischen Innovationen gewährleisten, sobald diese auf den Markt kommen. (…)

Im Februar 2017 verabschiedete CEPI unter maßgeblicher Mitwirkung von Ärzte ohne Grenzen eine Richtlinie, die sicherstellen würde, dass die von der Koalition entwickelten Impfstoffe für diejenigen erschwinglich sind, die sie am dringendsten benötigen. Bedauerlicherweise wurde die Richtlinie nie umgesetzt oder zur Gestaltung der Zugangsbestimmungen in den vertraglichen Vereinbarungen verwendet, die CEPI 2018 mit Pharmaunternehmen zu unterzeichnen begann. Im vergangenen Juni beschloss CEPI, angeblich aufgrund der Unzufriedenheit der Akteure aus der Industrie mit dieser Politik, eine neue Zugangspolitik zu entwerfen, die im Dezember von ihrem neuen Vorstand in einer alarmierend schwachen Form angenommen wurde. Sie ersetzte viele der klaren Anforderungen der früheren Politik durch weit gefasste Grundsatzerklärungen, denen es an Spezifität mangelt und die keine wirkliche Grundlage dafür bieten, CEPI und die Entwickler der Industrie für die Einhaltung angemessener Verpflichtungen in Bezug auf geistiges Eigentum, Transparenz und Preisgestaltung verantwortlich zu machen. Norwegen riskiert nun, lukrative Geschäfte für Pharmaunternehmen zu finanzieren, die ihre eigenen Preise festlegen können, ohne die Erschwinglichkeit der Impfstoffe zu berücksichtigen, die sie mit öffentlichen und philanthropischen Mitteln entwickeln. Die Menschen und Länder, die diese Impfstoffe brauchen, verdienen einen viel faireren Deal – und das tun auch die öffentlichen Investoren von CEPI, wie die norwegischen Steuerzahler. Da die Öffentlichkeit die Kosten für die Entwicklung von Impfstoffen trägt, sollte sie nicht auch für überhöhte Preise aufkommen müssen, wenn sie benötigt werden, um bei Ausbrüchen Leben zu retten.“

Die CEPI hat, nachdem sie zunächst etwas anderes angekündigt hat, die übliche Politik der öffentlich-privaten Partnerschaften verfolgt. Zunächst hatte die CEPI Transparenz, günstige Preise für die entwickelten Impfstoffe, die Weitergabe von Forschungsergebnissen und so weiter angekündigt. Aber als sie tatsächlich erste Verträge zu unterzeichnen begann, wurde all das über den Haufen geworfen. Vor allem beim geistigen Eigentum haben die Pharmakonzerne protestiert, denn sie wollten ihre mit Geldern der CEPI (also der Steuerzahler) gewonnenen Forschungsergebnisse nicht anderen zur Verfügung stellen. Ich habe hier die Zusammenfassung der Kritik der Ärzte ohne Grenzen zitiert, weil ein Vergleich der 2017 von CEPI verkündeten Geschäftspolitik[339] mit den dann 2019 beschlossenen Änderungen[340] hier zu weit führen würde.

Die CEPI wird von einem Vorstand geleitet, über den die CEPI schreibt[341]:

339 https://msfaccess.org/sites/default/files/2018–09/CEPIoriginalPolicy_2017.pdf

340 https://cepi.net/wp-content/uploads/2019/01/CEPI-Approach-to-Equitable-Access-13–12-FINAL_0.pdf

341 https://cepi.net/about/whoweare/

„Das wichtigste Führungsgremium ist der Vorstand, der sich aus 12 stimmberechtigten Mitgliedern (vier Investoren und acht unabhängige Mitglieder, die unter anderem die Bereiche Industrie, globale Gesundheit, Wissenschaft, Ressourcenmobilisierung und Finanzen vertreten) und fünf Beobachtern zusammensetzt.“

Wenig überraschend finden wir auch im Vorstand von CEPI einige alte Bekannte. Das Medicines for Malaria Venture (MMV), das die Feldversuche mit dem Gene-Drive bei der Malariamücke durchgeführt hat, hat seinen Chef David Reddy in den Vorstand von CEPI entsandt. Auch der Wellcome Trust hat seinen Chef Jeremy Farrar im Vorstand von CEPI platziert. Außerdem ist John Nkengasong, der für die NTI die Empfehlungen für den Umgang mit Covid-19 geschrieben hat und diese dann als Verantwortlicher in Schlüsselpositionen bei WHO, US-Regierung und so weiter implementiert hat, im Vorstand der CEPI. Auch Peter Piot, der Ehemann von Heidi Larson und Berater der EU-Kommissionschefin und der Bundesregierung in Sachen Covid-19, dessen Londoner Institut von Bill Gates mit über 180 Millionen Dollar finanziert wurde, sitzt bei der CEPI im Vorstand. Und als nicht stimmberechtigtes Mitglied ist auch noch Margaret Hamburg im Vorstand der CEPI.

Da CEPI erst 2018 und 2019 angefangen hat, Verträge zur Entwicklung von Impfstoffen und so weiter abzuschließen, stand CEPI genau rechtzeitig zum Beginn der Pandemie in den Startlöchern. Die Covid-Pandemie ist ein perfektes Beispiel, um die Macht der Oligarchen aufzuzeigen und wie viel Geld sie den Staaten abnehmen können.

Als 2020 die ersten Meldungen über Covid-19 kamen und kurz darauf Lockdown-Maßnahmen in aller Welt gestartet wurden, wurde zum Beispiel die EU aktiv. Anfang Mai 2020 hat die EU zu einer großen Geberkonferenz geladen, auf der Gelder für den Kampf gegen Covid-19 gesammelt wurden. Das Ziel war es, 7,4 Milliarden Euro einzusammeln, was damals 8 Milliarden Dollar entsprach. Über die Verwendung der Gelder schrieb der Spiegel am 4. Mai 2020[342]:

„Ziel der Initiative ist, dass alle Kräfte für die Forschung an Impfstoffen und Arzneien gebündelt werden und alle Länder weltweit – auch ärmere – davon profitieren.“

Das klang – so wie alle Hurra-Meldungen über Geberkonferenz – ganz toll. Ich habe seinerzeit sofort in einem Artikel erklärt[343], dass diese Gelder keineswegs dazu genutzt würden, arme Länder von irgendetwas profitieren zu lassen, sondern dass es einzig und allein um ein gigantisches Geldgeschenk an die Konzerne ging. Natürlich hatte ich damals noch nicht das Wissen, das ich anderthalb Jahre später bei der Recherche für dieses Buch angesammelt habe, aber es war auch damals schon offensichtlich, für wen das Geld bestimmt war.

Heute wissen wir, dass den Pharmakonzernen mit dem Geld die Entwicklungskosten für die Impfstoffe bezahlt wurden. Danach haben die Pharmakonzerne dann Verträge mit der EU und anderen Staaten abgeschlossen, ohne jedoch dabei zu berücksichtigen, dass eben diese Staaten ihnen die Entwicklung der Impfstoffe bezahlt haben. Rabatte gab es keine, im Gegenteil. Die Staaten (und auch die EU) haben in den Verträgen, die bis heute weitgehend geheim sind, Vorkasse geleistet und auf praktisch alle Rechte verzichtet. Die Konzerne haften nicht für Impfschäden. Sie haften noch nicht einmal, wenn sie verspätet liefern. Sie haften für gar nichts. Das war für die Konzerne und ihre Aktionäre das ultimative finanzielle Rundum-Wohlfühlprogramm: Sie mussten keine Entwicklungskosten bezahlen, haben die Patente auf sich selbst angemeldet, haben dann Vorkasse kassiert und sind gleichzeitig von jeder Art der Haftung befreit worden.

---

342 https://www.spiegel.de/ausland/corona-krise-geberkonferenz-sammelt-7–4-milliarden-dollar-fuer-impfstoff-ein-a-5ed7c1d4–1853–4313–8428-cbb5062f9d34

343 https://www.anti-spiegel.ru/2020/geberkonferenz-sammelt-ueber-7-milliarden-fuer-corona-impfstoff-wer-bekommt-eigentlich-das-geld/

Und das edle Ziel, auch den armen Ländern einen gleichberechtigten Zugang zu den Impfstoffen zu gewähren, wurde ebenfalls nicht umgesetzt, wie wir heute wissen. Jetzt (November 2021) sind zwar in den reichen Ländern des Westens genug Impfstoffe vorhanden, um den Menschen bereits Drittimpfungen anzubieten, aber in den armen Ländern der Welt liegt die Impfquote bei drei Prozent. Um auch diese Länder zu impfen, wurde zunächst COVAX aufgelegt und dann wurde Anfang 2021 der offene Brief an das Weiße Haus geschrieben, in dem unter anderem Pfizer gefordert hat, US-Präsident Joe Biden möge einen internationalen Impfgipfel veranstalten und sicherstellen, dass bis Sommer 2022 70 Prozent der Weltbevölkerung geimpft werden, wobei die Rechnung natürlich in erster Linie die Steuerzahler der USA und der EU die Rechnung bezahlen.

In dem offenen Brief stand jedoch nichts davon, dass die Pharmakonzerne ihre Preise senken sollten, weil die Staaten ihnen die Entwicklungskosten bezahlt hatten. Und als es kurzzeitig eine Diskussion über die Aufhebung des Patentschutzes für Covid-Impfstoffe gab, da haben die Hersteller protestiert und Patentschutz für ihre Forschungsergebnisse gefordert. Und Bill Gates, der größte finanzielle Profiteur der Impfkampagne, sagte in einem Interview mit der „Zeit" zum Thema Aufhebung des Patentschutzes für die Impfstoffe[344]:

„Das ist das Dümmste, was ich je gehört habe!"

Und kein Journalist hat den Mann am Kragen gepackt, kräftig geschüttelt und dann gefragt: „Mit welchem Recht sollten Pharmakonzerne Patentschutz für Impfstoffen genießen, wenn die Staaten die Entwicklungskosten getragen haben? Sollten die Patentrechte nicht bei jenen liegen, die die Entwicklung finanziert haben?"

Aber ich schweife wieder ab, kommen wir zurück zur Geberkonferenz der EU vom Mai 2020. Das Ziel, 7,4 Milliarden Euro einzusammeln,

344 https://www.zeit.de/gesundheit/2021–10/bill-gates-corona-impfung-patente-patentrecht-stiftung-verteilung

wurde sogar übertroffen. Die EU meldete, dass sie sogar 9,8 Milliarden „mobilisiert" habe und über die Verwendung der Gelder schrieb sie[345]:

„Den globalen Gesundheitsorganisationen werden folgende Beträge zugewiesen."

Bevor ich zu der darauffolgenden Verteilung der Gelder komme, möchte ich auf den Begriff hinweisen, den EU verwendet hat: Sie spricht von *„globalen Gesundheitsorganisationen"*, die die Gelder erhalten haben. Die EU schreibt dann:

- „Rund 1,1 Mrd. EUR über die „Coalition for Epidemic Preparedness Innovation" (Koalition für Innovationen zur Vorsorge gegen Epidemien, CEPI) für die Entwicklung und den Einsatz von Impfstoffen.
- Rund 488 Mio. EUR über GAVI, die Allianz für Impfstoffe. Dieser Betrag umfasst nicht die allgemeinen Ankündigungen, die auf dem globalen Impfgipfel am 4. Juni erfolgen werden.
- Fast 257 Mio. EUR über „COVID-19-Therapeutics-Accelerator" – eine Initiative, mit der Entwicklung und Einsatz von Behandlungsmöglichkeiten verbessert werden sollen.
- Mehr als 60 Mio. EUR über die „Foundation for Innovative New Diagnostics" (Stiftung für innovative neue Diagnostika, FIND) für Entwicklung und Einsatz von Diagnostika.
- 2,6 Mrd. EUR über die Weltgesundheitsorganisation (WHO) zur Stärkung der Gesundheitssysteme.
- 15,7 Mio. EUR über den Globalen Fonds zur Bekämpfung von AIDS, Tuberkulose und Malaria.
- Mindestens 700 Mio. EUR für nationale COVID-19-Forschungsprojekte."

Gehen wir die Liste mal durch. CEPI und GAVI kennen wir. Die beiden haben schon zu Beginn der Pandemieknapp 1,6 Milliarden Euro von der EU bekommen und stehen beide unter der Kontrolle von Bill

345 https://ec.europa.eu/commission/presscorner/detail/de/qanda_20_958

Gates. Beide haben die Gelder dann an die Pharmakonzerne weitergeleitet.

Der „COVID-19-Therapeutics-Accelerator"[346] ist ebenfalls eine Initiative von Bill Gates und dem Wellcome Trust, für die sie je 50 Millionen Dollar bereitgestellt haben. Dazu kam noch der Mastercard Impact Fund, der 25 Millionen Dollar beigesteuert hat[347]. Die Initiative wurde extra für die Geberkonferenz der EU gegründet, denn die Geberkonferenz stellte das Geld im Rahmen der Access to COVID-19 Tools (ACT) Accelerator (kurz: ACT Accelerator) zur Verfügung. Diese Kampagne wurde am 24. April 2020 von der WHO, der GAVI, der CEPI und anderen Stiftungen auf den Weg gebracht und COVAX ist ein Instrument von ACT Accelerator.

Der ACT Accelerator hat drei Partnerschaften geschlossen. Die EU schreibt dazu[348]:

„Bei Impfstoffen sind die Koalition für Innovationen zur Vorsorge gegen Epidemien (CEPI) und die Globale Allianz für Impfstoffe und Immunisierungen (GAVI) federführend.

Bei Behandlungen würden der „COVID-19 Therapeutics Accelerator", ein neues Gemeinschaftsunternehmen der Gates-Stiftung und des Wellcome Trust zusammen mit UNITAID, die Verantwortung übernehmen.

Im Bereich der Diagnostika sind die NRO FIND (Stiftung für innovative neue Diagnostika) und der Globale Fonds federführend."

Im Bereich Impfstoffe und Behandlung gibt die EU die von ihr gesammelten Gelder an Organisationen, die Bill Gates alleine oder zusammen mit dem Wellcome Trust kontrolliert.

Im Bereich Diagnostik geht Geld an FIND und den Global Fund. Den Global Fund werden wir uns im Kapitel über die nachhaltigen Ent-

---

346 https://www.therapeuticsaccelerator.org/

347 https://www.gatesfoundation.org/ideas/media-center/press-releases/2020/03/covid-19-therapeutics-accelerator

348 https://ec.europa.eu/commission/presscorner/detail/de/qanda_20_958

wicklungsziele der UNO (SDG) anschauen, daher will ich hier nur FIND kurz erklären.

FIND[349] hätte fast ein eigenes Kapitel in diesem Buch bekommen, denn FIND ist in den Daten von Mr. X immer wieder aufgetaucht. FIND sammelt Gelder zur Entwicklung von Diagnosetechniken von Krankheiten ein. Dabei arbeitet FIND sehr eng mit CARB-X[350] zusammen, einer NGO, die ebenfalls von all unseren Philanthropen finanziert wird und sich auf Erforschung von multiresistenten Keimen spezialisiert hat.

Dass FIND und CARB-X entgegen unserer ursprünglichen Planung kein eigenes Kapitel in diesem Buch bekommen haben, obwohl sie von den gleichen Leuten und Stiftungen finanziert werden[351] [352] und damit von ihnen genauso abhängig sind, wie die anderen NGOs, die in diesem Buch behandelt werden, hat einen einfachen Grund: Die Muster der Finanzierung von FIND und CARB-X passen nicht zur Pandemie-Vorbereitung. Während wir bei den anderen in diesem Buch genannten NGOs, Think Tanks und Stiftungen anhand der Geldflüsse und Aktivitäten klar sehen, dass sie in den Jahren vor der Pandemie extrem aktiv waren oder sogar extra gegründet wurden (siehe zum Beispiel CEPI), sind die Aktivitäten von FIND und CARB-X stabil und weisen keine solchen erkennbaren Muster auf. Das hat Mr. X und mich während unserer Arbeit an diesem Buch zu dem bitteren Scherz gebracht, dass die nächste Pandemie wohl von einem multiresistenten Keim kommen wird.

Auch FIND steht unter weitgehender Kontrolle von Bill Gates, denn seine Bill and Melinda Gates Foundation hat FIND seit 2011 etwa 80 Millionen Dollar überwiesen. Im Jahresbericht von FIND für

349 https://www.finddx.org/

350 https://carb-x.org/

351 https://www.finddx.org/partners-donors/

352 https://carb-x.org/partners/funding-partners/

2018[353] kann man erfahren, dass FIND in dem Jahr 57,5 Millionen Dollar an Spenden eingenommen hat. Davon kamen 6,8 Millionen von Gates und 7,3 Millionen vom Global Fund, der Rest kam fast komplett von verschiedenen Staaten und Regierungen. Das Prinzip der öffentlich-privaten Partnerschaften, bei denen die Steuerzahler zahlen und die Oligarchen und Konzerne verdienen, gilt auch bei FIND.

Da auch die WHO weitgehend von Bill Gates gekapert wurde, kann man festhalten: Die EU hat über die Verwendung von ca. 4,2 Milliarden Euro berichtet, die sie im Rahmen der Geberkonferenz vom Mai 2020 eingesammelt hat. Von diesen ca. 4,2 Milliarden sind 3,5 Milliarden an Organisationen gegangen, die von Bill Gates gegründet und/oder von ihm (mit) kontrolliert werden. Ob die 700 Millionen, die für *„nationale COVID-19-Forschungsprojekte"* bereitgestellt wurden, ebenfalls in Projekte fließen, auf denen Gates seine Hände hat, ist nicht ersichtlich, aber nicht ausgeschlossen.

Das aber ist der Öffentlichkeit weder bekannt noch bewusst, dabei hat die EU-Kommission aus Anlass der Geberkonferenz sogar ein dreiseitiges Merkblatt veröffentlicht[354], auf dem das sehr anschaulich visualisiert wird. Ganz oben steht der ACT-Accelerator, der die „Weltweite Führungsrolle" übernehmen soll. Darunter kommt eine *„Moderationsgruppe zur Überwachung und Berichterstattung über die Fortschritte, zur Mobilisierung von Ressourcen und für den Kontakt mit Interessengruppen Partner des öffentlichen Sektors und gemeinnützige Partner des privaten Sektors"* und als Partner werden aufgeführt: WHO, Bill and Melinda Gates Foundation, Weltwirtschaftsforum und Wellcome Trust. Die sollen den ACT-Accelerator der EU für den Kampf gegen Covid-19 umsetzen.

Wie das gehen soll, geht auch aus der Grafik hervor: Die WHO soll das über eine *„Koordinierungszelle"* unterstützen und *„federführend bei*

353 https://www.finddx.org/wp-content/uploads/2019/10/FIND_Annual-Report-2018_WEB-final-cpr.pdf

354 https://ec.europa.eu/info/sites/default/files/coronavirus-global-response-factsheet_de.pdf

der Produktverteilung" sein, wobei sie von dem von CEPI, GAVI und dem von Bill Gates extra dafür aus der Taufe gehobenen Therapeutics-Accelerator unterstützt wird. Weitere Unterstützer sind der Global Fund, FIND und UNITAID.

UNITAID wurde 2006 gegründet und ist bei der WHO angesiedelt. Die Aufgabe von UNITAID ist es, zentral Medikamente einzukaufen, die dann über Programme der Partner von UNITAID verteilt werden.

Das klingt auch wieder gut, bedeutet aber folgendes: Die wichtigsten Finanziers von UNITAID sind wieder die Staaten, in diesem Falle Frankreich, Großbritannien, Norwegen, Brasilien, Spanien, die Republik Korea und Chile[355]. Außerdem nennt UNITAID auch die Bill and Melinda Gates Foundation als wichtigen Geldgeber. Insgesamt hat UNITAID von seiner Gründung 2006 bis 2019 Projekte für 1,3 Milliarden Dollar umgesetzt[356]. Wieder gilt die Regel der öffentlich-privaten Partnerschaften, bei denen die „großzügigen Philanthropen" etwa zehn Prozent geben und sich den Rest von den Staaten bezahlen lassen, denn zu den 1,3 Milliarden hat Gates nur 100 Millionen beigetragen[357].

Mit den eingetriebenen Geldern werden dann Programme von Philanthropen mit Medikamenten versorgt, die wiederum bei den Pharmakonzernen eingekauft werden müssen, an denen die Philanthropen beteiligt sind. Unter den Partnerorganisationen, die von UNITAID unterstützt werden, sind wieder viele alte Bekannte: Medicines for Malaria Venture, FIND, PATH, der Global Fund und so weiter[358].

Wir haben es also mit einem sehr ausgeklügelten System zu tun, bei dem die Philanthropen als Weltenretter präsentiert werden, die ihr Geld ganz selbstlos zur Rettung der Welt bereitstellen, in Wirklichkeit aber die Steuerzahler die Rechnung bezahlen, indem sie die für die Program-

355 https://unitaid.org/how-we-work/donors/#en

356 https://unitaid.org/annual-report-18–19/

357 https://www.gatesfoundation.org/about/committed-grants?q= %22unitaid %22

358 https://unitaid.org/our-projects/grantees/#en

me nötigen Waren bei den Konzernen einkaufen, an denen die edlen Philanthropen beteiligt sind. Und dieses System findet sich einfach überall und die EU-Geberkonferenz vom Mai 2020 hat all die Milliarden genau dafür ausgegeben. Die CEPI ist ein weiteres Instrument in diesem Spiel und sie stand nach ihrer Gründung genau rechtzeitig bereit, um ihre Rolle bei der Bekämpfung der Covid-19-Pandemie zu übernehmen. Ein wahrlich gutes Timing.

Bill and Melinda Gates Foundation (BMGF)

Bill Gates wird von den Medien heute als selbstloser Mann dargestellt, der großzügig sein Vermögen einsetzt, um die Welt vor allen möglichen Katastrophen zu bewahren, die Bildung von Kindern zu fördern, Krankheiten zu bekämpfen und natürlich Impfungen zu fördern. Das alles tut Bill Gates, so die heute verbreitete Legende, nur aus Liebe zur Menschheit.

Das Bild von Bill Gates in den Medien war aber nicht immer so positiv, wie es heute dargestellt wird. Die Älteren unter uns erinnern sich an die 1990er Jahre, als Bill Gates sehr negative Presse hatte, weil er mit Microsoft rücksichtslos ein Monopol aufgebaut hatte. Gates war als skrupelloser, macht- und geldgieriger Geschäftsmann bekannt, der, ohne zu zögern, zu ausgesprochen unfairen Mitteln gegriffen hat, wenn sie ihm nutzten.

Im Oktober 1997 erschien zum Beispiel ein Spiegel-Artikel mit der Überschrift „MICROSOFT – »Verschwörung gegen die Verbraucher«“[359], in dem ein Anwalt interviewt wurde, der unter anderem warnte:

359 https://www.spiegel.de/wirtschaft/verschwoerung-gegen-die-verbraucher-a-3538b6c2-0002-0001-0000-000008799084

„Wenn es so weitergeht, gehört Bill Gates bald alles: die Computerindustrie, die Medien, die Banken. Wir müssen diese Monopolisierung verhindern. Das US-Justizministerium muss gegen Microsoft einschreiten."

Damals gab es Rufe nach einer Zerschlagung des Microsoft-Konzerns von Bill Gates, weil dessen Macht zu groß geworden war. Aus der Zerschlagung ist bekanntlich nichts geworden und wie groß die Macht von Bill Gates heute ist, das sehen wir in diesem Buch deutlich. Am Ende des Interviews sagte der Anwalt über die Bewunderung anderer Unternehmer für Bill Gates einen wichtigen Satz:

„Unternehmer begeistert der Profit. Aber das Lob dieser Leute bedeutet doch nichts. Schon Adam Smith sagte: Wenn Unternehmer zusammenkommen, verschwören sie sich gegen die Verbraucher."

Ich habe nichts gegen Unternehmer, im Gegenteil, ich habe großen Respekt und Hochachtung vor ihnen. Aber es stimmt eben auch, dass sie in erster Linie Geld verdienen wollen und dass die erfolgreichsten unter ihnen in der Regel die sind, denen Geld besonders wichtig ist und die dafür auch zu unmoralischen Mitteln greifen. Das kritisiere ich nicht einmal, es liegt einfach in der Natur der Sache.

Wenn jemand wirklich erfolgreich ist, dann geht es nicht mehr um Geld, denn wer zehn Villen, ein paar Yachten und Privat-Jets hat, der braucht nicht noch mehr Geld. Dann geht es um Macht und Geld ist bestenfalls noch der Maßstab, an dem man Macht und Einfluss messen kann.

Wir haben gesehen, dass die meisten unserer edlen Philanthropen in ihrem „früheren Leben" als Geschäftsleute hochgradig skrupellos waren, wenn es darum ging, ihre Ziele zu erreichen und Geld und Macht anzuhäufen. Wie realistisch ist da, dass die über Nacht zu Menschenfreunden werden, die all ihr mühsam aufgebautes Vermögen mit vollen Händen zur Rettung der Menschheit ausgeben? Wie wir gesehen haben, verdienen die in Wahrheit an ihren „philanthropischen" Projekten. Sie denken sich wohlklingende Parolen aus und sammeln in deren Namen Geld ein. Es geht nicht darum, Gutes zu tun, es geht um Macht und Geld.

Wir müssen uns daher an das Zitat von Adam Smith erinnern und uns in Erinnerung rufen, dass all jene, die uns von Medien und Politik als großzügige und selbstlose Philanthropen präsentiert werden, Unternehmer sind. Und nicht nur das: Es handelt sich bei ihnen um die reichsten und mächtigsten Unternehmer der Welt, die ihre Macht und ihren Reichtum mit teilweise ausgesprochen skrupellosen Mitteln angehäuft haben. Bill Gates und seine Gier nach Macht, die er ursprünglich mit dem Monopol von Microsoft erreichen wollte, ist dafür nur ein Beispiel.

Nehmen wir George Soros, der heute von Medien und Politik ebenfalls als edler Kämpfer für freie Gesellschaften, Menschenrechte und Demokratie gefeiert wird. Erinnern Sie sich noch daran, wie der so reich und mächtig geworden ist?

Der Stichtag von Soros war der 16. September 1992, der Tag ist als „Schwarzer Mittwoch" in die Börsengeschichte eingegangen. Spekulanten (der wichtigste davon war Soros) hatten Wetten gegen das britische Pfund abgeschlossen und als die Währung einbrach, haben die Spekulanten gigantische Summen verdient.

George Soros hat egoistisch und skrupellos ein ganzes Land angegriffen und damit dessen Wirtschaft und vor allem den Menschen in dem Land schweren Schaden zugefügt, denn nach der Abwertung des britischen Pfund waren ihre Ersparnisse und Einkommen plötzlich viel weniger wert als noch am Tag zuvor.

Gleich danach, im Jahr 1993, gründete Soros dann sein Netz aus Open Society Foundations in Osteuropa und begann darüber massiv politische Macht auszuüben, um seine Geschäfte zu unterstützen. Soros spekuliert mit Währungen und Staatsschulden und er nutzt seine Macht, um diese Geschäfte abzusichern und lukrativer zu machen.

Trotzdem sollen wir glauben, dass Bill Gates, George Soros und all die anderen Oligarchen nach den Gründungen ihrer Stiftungen vom Saulus zum Paulus geworden sind und dass sie plötzlich nur noch Gutes tun und all ihr Vermögen zum Wohle der Menschheit verschenken wollen, nachdem sie ihre Milliarden zuvor durch skrupellose Geschäftsmethoden, bei denen sie lächelnd über Leichen gegangen sind, verdient haben.

Im März 1998 konnte man in einem Spiegel-Artikel mit der Überschrift „Monster Microsoft?“[360] unter anderem lesen:

> *„Heute gilt Bill Gates als der gnadenlose Geschäftsmann und weltweit als Bedrohung. Wie in einem Zerrspiegel sehen Amerikaner, Asiaten und Europäer jetzt die böse Fratze eines Genies, das die Welt mit seiner Informationstechnik beherrschen will. (…) Gates wolle die Welt nicht bloß verändern, meinten bereits 1993 seine Biographen Stephen Manes und Paul Andrews, »er will sie beherrschen« (…) »Microsoft nutzt sein Monopol auf ungesetzliche Weise, um seine Alleinherrschaft zu verteidigen und zu erweitern«, erklärte Ende Oktober vergangenen Jahres die streitbare Justizministerin (…) An Versuchen, die Dampfwalze Microsoft zu stoppen, mangelte es nicht. Doch alle sind gescheitert an den knallharten Geschäftsmethoden und der weitsichtigen Strategie des Firmengründers.“*

Heute diffamieren die Medien jeden, der Gates vorwirft, der wolle die Welt beherrschen, als „Verschwörungsideologen“ und selbsternannte Faktenchecker stürzen sich auf jede Kritik an Bill Gates und seinen Methoden und bezeichnen Kritik als „Verschwörungstheorien“. Was die Medien in den 1990er Jahren noch selbst getan haben, nämlich die Methoden von Gates zu kritisieren, das bekämpfen sie heute mit Inbrunst. Die Gründe dafür werden wir im Kapitel über die Medien noch genauer anschauen, aber eines kann ich vorwegnehmen: Es hat nichts damit zu tun, dass Bill Gates oder seine Methoden sich geändert hätten.

1994 hat Bill Gates zunächst die William H. Gates Foundation gegründet, die von seinem Vater geleitet wurde. Im Jahr 1999 gründete er dann die Bill and Melinda Gates Foundation, die im Jahr 2000 mit der

360 https://www.spiegel.de/politik/monster-microsoft-a-0448870a-0002-0001-0000-000007838555

William H. Gates Foundation und einer weiteren von ihm gegründeten Stiftung fusioniert wurden[361].

Fast von Anfang an wurde an der Bill and Melinda Gates Foundation genau die Kritik geäußert, die ich auch in diesem Buch äußere: Die Foundation beteiligt sich an den Firmen, die an den „philanthropischen" Projekten von Bill Gates verdienen. Mehr noch: Bill Gates beteiligt sich auch an den Firmen, die die Probleme, gegen die er angeblich kämpft, erst erschaffen haben oder zumindest verschärfen. Das bedeutet, dass Bill Gates sowohl an der Schaffung der Probleme, die er lösen will, verdient, als auch an den „Lösungen", die er anstößt und fördert.

2015 zum Beispiel konnte man im Deutschland folgende Kritik lesen[362]:

„Mit einem Budget von mehr als 42 Milliarden Dollar ist die Stiftung von Microsoft-Gründer Bill Gates die reichste und mächtigste der Welt. Mit diesem Geld bestimme sie über die „Zukunft aller gesellschaftsrelevanten Bereiche – wie Gesundheit, Bildung, Landwirtschaft, Armuts- und Hungerbekämpfung", sagt die Autorin Kathrin Hartmann. Doch das seien Bereiche, die „unter demokratische Kontrolle gehören – und nicht unter die von Milliardärsstiftungen". (…)

„In der Stiftung selbst sitzen Angehörige der Pharma- und Saatgutindustrie wie beispielsweise Monsanto. Man kann praktisch sagen: Die Stiftung selbst ist eine Lobby-Organisation und Privatisierungsmaschine. Und man muss durchaus die Frage stellen, möglicherweise ob der Schaden, der durch die Investments angerichtet wird, die diese Stiftung tätigt und mit denen sie ihre vielen Milliarden generiert, nicht sogar an anderer Stelle womöglich die Hilfsprogramme zunichtemacht oder erst die Probleme schafft, gegen die die Stiftung kämpfen will." So habe die Stiftung 2007 im Nigerdelta ein Impfprogramm gegen Polio gestartet. Die Men-

361 https://www.gatesfoundation.org/about/leadership/william-h-gates-sr

362 https://www.deutschlandfunkkultur.de/bill-gates-und-sein-image-die-stiftung-hilft-mit-blutgeld.1008.de.html?dram:article_id=335222

schen dort litten allerdings unter den „katastrophalen Folgen der Ölförderung" – wie Asthma und einem schlechten Immunsystem. Im selben Jahr habe die Stiftung 423 Millionen Dollar in Aktien von BP, Exxon und Shell investiert. Das sei bis heute so:
„Die Stiftung investiert in Konzerne der Öl-, Kohle-, Chemie- und Bergbauindustrie, darunter befinden sich einige der schmutzigsten Konzerne der Welt (...) Das sind Unternehmen, denen nicht nur Umweltzerstörung, sondern auch Menschenrechtsverletzungen vorgeworfen werden. Da kann man, wenn man es genau nimmt, sagen: Die Stiftung hilft mit Blutgeld.""

Ebenfalls 2015 hat der britische Guardian sehr ausführlich über ein Beispiel aus Südafrika berichtet[363]. Dabei ging es darum, wie Bill Gates sich für Projekte für Abwasserreinigung hat feiern lassen, während die Menschen in der betroffenen Gegend unter den Umweltschäden von Ölraffinerien leiden, an denen Gates beteiligt ist. Dort gibt es hohe Asthma- und Krebsraten, aber Bill Gates tat nichts gegen die Umweltverschmutzung, sondern verdiente kräftig daran mit.

2006 hat die Bill and Melinda Gates Foundation zusammen mit der Rockefeller Foundation die Alliance for a Green Revolution in Africa (AGRA; deutsch: „Allianz für eine Grüne Revolution in Afrika")[364] gegründet, die sich folgende Ziel gesetzt hatte: bis 2020 die Ernährungsunsicherheit in 20 Ländern um 50 % zu reduzieren, die Einkommen von 20 Millionen Kleinbauern zu verdoppeln und 15 Ländern eine Grüne Revolution zu ermöglichen, die Kleinbauern unterstützt, die Umwelt schützt, und die Anpassung an den Klimawandel erleichtert. Alleine Bill Gates hat AGRA über 600 Millionen Dollar zukommen lassen[365].

363 https://www.theguardian.com/environment/2015/may/26/residents-blame-durban-oil-refineries-for-health-problems

364 https://agra.org/

365 https://www.gatesfoundation.org/about/committed-grants?q=%22Alliance%20for%20a%20Green%20Revolution%20in%20Africa%22

2016 hat eine Studie von GlobalJusticeNow[366] herausgearbeitet, worum es bei dem Projekt tatsächlich ging. Das Projekt von Gates und Rockefeller konzentrierte sich nicht etwa auf die schwachen Regionen Afrikas, sondern auf die landwirtschaftlich erfolgreichsten Regionen, in denen das Saatgut noch zwischen den örtlichen Bauern getauscht wurde, sprich: die Millionen Kleinbauern züchten und tauschen untereinander das wertvolle Saatgut ihrer Pflanzen.

Da Gates und Rockefeller aber an Konzernen wie Monsanto, Dow Chemical, BASF, Bayer und anderen beteiligt waren, hatte deren „Hilfsprogramm" zwei Ziele: Erstens sollten die Bauern auf Hybridsaatgut, also genetisch verändertes Saatgut, umsteigen. Zweitens sollten sie mehr chemische Düngemittel einsetzen. All das diente offiziell natürlich dem Ziel, die lokale Landwirtschaft effektiver zu machen und so den Hunger zu bekämpfen.

Die von Gates und Rockefeller gegründete AGRA setzte sich dafür ein, dass nur noch zertifiziertes Saatgut gehandelt werden sollte, wodurch der Handel mit bäuerlichem Saatgut illegal geworden wäre. Das „geistige Eigentum" der Patente von genmanipulierten Hybridsaatgut soll gesetzlich geschützt werden, was den Agrarkonzernen neue Märkte und Monopole erschließen würde[367].

Es war also genau das Prinzip, das sich wie ein roter Faden durch dieses ganze Buch zieht: Die Philanthropen entdecken ein „edles Ziel", nämlich in diesem Fall Afrika eine „grüne Revolution" zu bescheren, und die Landwirtschaft dort zu verbessern, um den Hunger zu bekämpfen. Das klingt gut und lädt Staaten ein, das Projekt finanziell zu unterstützen. In diesem Fall haben die Steuerzahler der USA, Deutschlands und Großbritanniens das gewünschte Geld obendrauf gelegt.

---

366 https://www.globaljustice.org.uk/resource/gated-development-gates-foundation-always-force-good/

367 https://www.heise.de/tp/features/Bill-Gates-zwischen-Schein-und-Sein-3378037.html?seite=2

Das eingesammelte Geld ging dann an große Konzerne (in diesem Fall Monsanto &. Co), an denen die wohltätigen Philanthropen beteiligt waren. Und in diesem Fall sollte die „grüne Revolution“ in Afrika die Landwirte auch noch dauerhaft in die Abhängigkeit der Konzerne treiben, was denen neue Märkte eröffnet und sie dauerhaft sichert. Erinnern Sie sich an USAID, die US-Behörde, deren Aufgabe es ist, den US-Konzernen neue Märkte zu öffnen? Natürlich ist USAID einer der Partner von AGRA[368].

Das waren nur Beispiele für das Vorgehen der Bill and Melinda Gates Foundation, die Liste ließe sich fortsetzen. Bei jedem seiner Projekte oder Programme ist es das gleiche Spiel, wobei Gates langfristig denkt und die Umsetzung gerne auch ein Jahrzehnt dauern kann. Aber es geht immer nur darum, die Macht und das Vermögen von Gates zu erhöhen.

Das Geschäft seines Lebens hat Gates aber mit der Covid-19-Pandemie gemacht, denn wie wir gesehen haben, fließen fast alle von den westlichen Staaten bereitgestellten Gelder auf die eine oder andere Weise direkt in die Taschen der von Gates kontrollierten Organisationen. Und dieses Mal reden wir nicht von Milliarden, sondern von hunderten Milliarden.

Da die Bill and Melinda Gates Foundation in jedem Kapitel dieses Buches aufgetaucht ist, ist schon offensichtlich geworden, dass Bill Gates bei der Pandemie wie die Spinne im Zentrum des Netzes sitzt. Ich werde daher in diesem Kapitel nicht noch einmal all die Organisationen, Schlüsselfiguren und Veranstaltungen aufzählen, die wir schon kennengelernt haben und mit denen Gates zu tun hatte.

Es ist übrigens gut möglich, dass Rockefeller auch im Zentrum des Netzes sitzt, aber wie gesehen geht die Rockefeller Foundation nicht so transparent mit ihren Geldern um und lenkt vieles über Dark Money. Aber auch Rockefeller taucht – wie gesehen – bei der Pandemie-Vorbereitung fast überall als Unterstützer auf.

368 https://agra.org/piata/

Daher muss ich der Bill and Melinda Gates Foundation sogar ein Lob aussprechen: Keine andere Stiftung lässt den Besucher ihrer Seite so transparent die Förderprogramme durchsuchen, wie sie. Man sieht immer sofort und übersichtlich, wann wie viel Geld zu welchem Zweck an wen geflossen ist, und kann in der Datenbank nach Lust und Laune herumsuchen.

Hinzu kommt, dass die Bill and Melinda Gates Foundation auch eine Liste ihrer Beteiligungen veröffentlicht, hat[369]. Die ist zwar offenbar nicht vollständig, denn manchmal findet man Pressemeldungen über Investitionen in Firmen, die nicht auf der Seite gezeigt werden, aber immerhin. Die meisten anderen Foundations sind mit Angaben darüber, in welche Firmen sie investiert sind, wesentlich sparsamer und haben keine solchen Listen veröffentlicht.

Schon die wenigen von der Bill and Melinda Gates Foundation veröffentlichten Beteiligungen sind interessant genug. Daher werden wir uns nun die von der Bill and Melinda Gates Foundation genannten Beteiligungen anschauen, um einen Eindruck davon zu bekommen, an welchen Aspekten der Covid-19-Pandemie Bill Gates Geld verdient. Und dabei muss ich daran erinnern: Über die Verteilung der Milliarden, die die Staaten seit Anfang 2020 für den Kampf gegen Covid-19 locker gemacht haben, wacht Bill Gates selbst, denn sie gehen an NOGs und Organisationen, die er vollständig oder großteils kontrolliert.

Er wird also sicherlich dafür sorgen, dass die Firmen, an denen er sich beteiligt hat, möglichst viel von dem Kuchen abbekommen. Bei den Impfstoffen haben wir schon gesehen, dass das geklappt hat. Gates ist an BioNTech und Pfizer beteiligt und deren gemeinsamer mRNA-Impfstoff hat sich (im Westen) durchgesetzt. Andere Impfstoffe (Johnsons & Johnson, AstraZeneca, Moderna) spielen kaum eine Rolle. Und Impfstoffe, an denen westliche Konzerne kein Geld verdienen (zum Beispiel der russische Sputnik) werden im Westen nicht zugelassen und sogar

369 https://sif.gatesfoundation.org/portfolio/

von der WHO auf die lange Bank geschoben, damit sie BioNTech/Pfizer im COVAX-Programm zur weltweiten Impfung gegen Covid-19 keine Konkurrenz machen können.

Die Bill and Melinda Gates Foundation hat drei Themenkomplexe, auf die sie sich konzentriert. Der erste Themenkomplex ist mit „Globale Entwicklung" überschrieben und beinhaltet Fragen der Ernährung und der Landwirtschaft. Dass diese schön klingende Überschrift nicht das meint, was man darunter verstehen soll, zeigt das Beispiel der grünen afrikanischen Revolution. Unter dem Deckmantel, die Ernährungssituation in Afrika zu verbessern, wurden traditionelle Saatgut-Lieferketten zerstört und stattdessen genmanipuliertes Saatgut in den Markt gedrückt, an dem Gates wiederum über seine Beteiligungen verdient hat. Die Ernährungssituation in Afrika ist dadurch nicht besser geworden, aber dafür ist die Geldbörse von Gates angewachsen.

Entsprechend finden sich in den Investments der Bill and Melinda Gates Foundation viele Firmen, die mit Landwirtschaft Geld verdienen und Firmen, die mit genmanipulierten Pflanzen zu tun haben. Dass Bill Gates 2021 auch der größte Besitzer landwirtschaftlicher Flächen in den USA geworden ist[370], passt da gut ins Bild. Er hat dabei die Preise für Ackerland massiv in die Höhe getrieben und Farmland für kleine Landwirte unerschwinglich gemacht, womit er sie langfristig aus dem Markt drängen dürfte.

Der zweite Themenkomplex, den Gates Fördern will, ist die globale Gesundheit. Gesundheitsthemen (Kampf gegen Viren und Bakterien als Krankheitserreger) sind das wichtigste Standbein der Bill and Melinda Gates Foundation. Vor Beginn der Arbeit an diesem Buch habe ich die These gehört, Gates habe die weltweite Gesundheitsversorgung „monopolisiert", was ich für übertrieben gehalten habe. Diese Meinung musste

370 https://www.agrarheute.com/management/finanzen/bill-gates-groesste-eigentuemer-farmland-usa-577223

ich inzwischen revidieren, denn bei jedem Gesundheitsthema, auf das ich bei der Arbeit an diesem Buch gestoßen bin, tauchte die Bill and Melinda Gates Foundation auf. Ich mag solche plakativen Formulierungen nicht, aber hier ist das passend: Wie eine Krake hat Bill Gates seine Tentakel in jeden Bereich der weltweiten Gesundheitsversorgung ausgestreckt. Er beherrscht die WHO und alle wichtigen NGOs und auf diese Weise mobilisiert er Milliarden an Steuergeldern weltweit, über deren Verwendung er dann entscheidet und woran er dann verdient.

Zu dem Thema globale Gesundheit gehört auch die Geburtenkontrolle, weshalb sich im Portfolio der Foundation einige Firmen aus diesem Gebiet finden.

Der dritte Themenkomplex der Bill and Melinda Gates Foundation ist im Zusammenhang mit der Pandemie unwichtig, aber er spielt ebenfalls in die nachhaltigen Entwicklungsziele der UNO (SDG) hinein, denn dabei geht es um Bildung.

Was wieder gut klingt, bedeutet aber, dass Gates ganz konkret Einfluss darauf nimmt, was Kindern in Lehrplänen vermittelt werden soll und dabei liegt der Schwerpunkt auf ideologischen Themen. Es geht um die Indoktrinierung der zukünftigen Generationen mit dem Weltbild von Bill Gates. Um Bildung, in dem Sinne, wie man das Wort normalerweise versteht, geht es dabei nicht. Wenn Gates flächendeckend vorgeben möchte, wie die kommenden Generationen über bestimmte Themen denken, geht es um nicht weniger als die Umerziehung der Menschheit in die Richtung, die Gates haben möchte.

Ich weiß, das klingt abstrus, aber in dem Kapitel über die SDG werden wir das Thema anreißen. Mehr als Anreißen ist hier nicht möglich, denn die 17 SDG und ihre teilweise mehr als zehn Unterpunkte würden ein eigenes Buch füllen.

Kommen wir aber nun zu den Investments der Bill and Melinda Gates Foundation. Wir werden uns hier nur einen kleinen Teil der Investments anschauen, die auf der Seite der Foundation[371] genannt werden. Meine

371 https://sif.gatesfoundation.org/portfolio/

Auflistung erhebt keinen Anspruch auf Vollständigkeit, zumal auf der Seite sicher nicht alle Investments von Bill Gates gezeigt werden. Wir schauen uns nur die Investments in Firmen an, die im Bereich der Medizin unterwegs sind. Ich werde alle Investments ignorieren, bei denen es (vordergründig) um Bakterien, Tiermedizin und Tierimpfstoffe geht und nur die Investments aufzählen, die einen Bezug Viren haben. Sei es deren Behandlung, Impfungen dagegen, die Forschung an ihnen und so weiter.

Beginnen wir mit dem Thema Impfstoffe.

Im Januar 2011 hat die BMGF in Liquidia investiert[372]. Liquida hat eine eigene Technologie (PRINT) entwickelt, die

„*die Entwicklung und Herstellung hochgradig einheitlicher Arzneimittelpartikel mit präziser Kontrolle über die Größe, dreidimensionale geometrische Form und chemische Zusammensetzung der Partikel ermöglicht. Durch die Kontrolle dieser physikalischen und chemischen Parameter der Partikel ermöglicht PRINT® die Entwicklung wünschenswerter pharmakologischer Vorteile für Produktkandidaten, darunter eine verlängerte Dauer der Wirkstofffreisetzung, eine höhere Wirkstoffbeladung, bequemere Verabreichungswege, die Möglichkeit zur Herstellung neuartiger Kombinationsprodukte, eine verbesserte Lagerung und Stabilität sowie das Potenzial zur Verringerung unerwünschter Nebenwirkungen.*“[373]

Liquida arbeitet unter anderem mit dem Pharmakonzern Sandoz zusammen[374].

Im September 2012 hat die Bill and Melinda Gates Foundation (BMGF) in die Firma Atreca investiert[375], um „*die Entdeckung und Entwicklung neuartiger Impfstoffe und Therapeutika für menschliche Infektionskrankheiten zu beschleunigen.*“ Die Zusammenarbeit ist intensiv und

372 https://sif.gatesfoundation.org/investments/liquidia/

373 https://liquidia.com/products-and-pipeline/print-technology

374 https://liquidia.com/products-and-pipeline/Commercial-Products

375 https://www.atreca.com/press-releases/atreca-inc-receives-6-million-investment-to-apply-immune-repertoire-capture-technology-to-prevent-and-treat-human-infectious-diseases/

Atreca listet als Partner die BMGF, GlaxoSmithKline, Novartis, Johnson & Johnson, Sanofi, Pfizer und einige unserer altbekannten NGOs auf[376].

Im April 2013 hat die BMGF in BioE investiert[377], die „innovative Ansätze zur Senkung der Kosten für die Impfstoffproduktion" entwickelt[378]. Das ist in der Pandemie besonders interessant, denn Bill Gates verdient nicht nur an den Impfstoffen, sondern auch, wenn die Impfstoffhersteller eine Impfstoffproduktion aufbauen. Er verdient an der gesamten Wertschöpfungskette der Impfstoffproduktion.

BioE listet als Partner unter anderem die BMGF, die Clinton-Foundation, CEPI, GAVI, GlaxoSmithKline, Merck, PATH, die WHO und diverse staatliche Gesundheitsbehörden auf[379].

Im Oktober 2014 hat die BMGF in Affinivax investiert[380], die an Impfstoffen gegen Lungenentzündungen forscht.

Im März 2015 hat die BMGF in die deutsche Firma CureVac investiert, wobei es konkret um die Forschung an mRNA-Impfstoffen ging[381].

Im September 2019 hat die BMGF in BioNTech investiert. Auch in Pfizer hat die BMGF investiert, nennt allerdings kein Datum[382].

Auch an Firmen, die an Test- und Diagnosesystemen Geld verdienen, ist die BMGF beteiligt. Im September 2020 hat die BMGF in die Firma Abbott investiert, die einen Covid-19-Schnelltest entwickelt hatte[383]:

---

376 https://www.atreca.com/partnering/

377 https://sif.gatesfoundation.org/news-and-updates/press-release-indian-manufacturer-cuts-price-childhood-vaccine-30-percent/

378 https://sif.gatesfoundation.org/investments/bioe/

379 https://www.biologicale.com/partnerships.html

380 https://sif.gatesfoundation.org/news-and-updates/xconomy-backed-gates-affinivax-ramps-velcro-like-vaccine-tech/

381 https://sif.gatesfoundation.org/news-and-updates/press-release-bill-melinda-gates-foundation-curevac-collaborate-accelerate-development-transformative-vaccine-technology/

382 https://sif.gatesfoundation.org/investments/pfizer/

383 https://sif.gatesfoundation.org/investments/abbott-laboratories/

Ebenfalls im September 2020 hat die BMGF in Biosensor investiert, die auch einen Covid-19-Schnelltest auf den Markt gebracht hatten[384].

Und nun kommt wieder einer der besonders „glücklichen Zufälle“ ins Spiel: Am 28. September 2020 hat die WHO ein Programm verkündet, das viel Geld bereitgestellt hat, um den ärmeren Ländern der Welt Covid-19-Schnelltests zur Verfügung zu stellen. Es gibt dutzende Hersteller solcher Schnelltests weltweit. Raten Sie mal, wer die Glücklichen waren, die sich über eine Großbestellung der WHO freuen durften.

Haben Sie's erraten? Die WHO schrieb[385]:

„Vereinbarungen zwischen der Bill & Melinda Gates Foundation und den Testherstellern Abbott und SD Biosensor machen innovative Tests zu einem Preis von maximal 5 US-Dollar für Länder mit niedrigem und mittlerem Einkommen verfügbar“

Das Geld kam aus Programm COVID-19 Tools (ACT) Accelerator, das von der EU mit den Geldern der Geberkonferenz vom Mai 2020 finanziert wurde. Bei dem WHO-Programm ging es um 120 Millionen Tests zu fünf Dollar pro Stück, es ging also um 600 Millionen Dollar, die die Abbott und Biosensor von der WHO bekommen sollten.

Und Bill Gates, der massiven Einfluss auf die Entscheidungen der WHO hat, hat sich rein zufällig an den beiden Herstellern von Schnelltests beteiligt, die sich noch im gleichen Monat über einen Großauftrag der WHO freuen durften. Zufälle gibt´s...

Auch die Behandlung von Covid-19-Erkrankungen ist ein einträgliches Geschäftsfeld. Im Juni 2016 hat die BMGF in Just Biotherapeutics investiert und schrieb dazu[386]:

„Just Biotherapeutics entwickelt eine integrierte Technologieplattform, um die Entwicklung und Herstellung hochwertiger Biologika zu deutlich

384 https://sif.gatesfoundation.org/investments/sd-biosensor/

385 https://www.who.int/news/item/28–09–2020-global-partnership-to-make-available-120-million-affordable-quality-covid-19-rapid-tests-for-low--and-middle-income-countries

386 https://sif.gatesfoundation.org/investments/just-biotherapeutics/

niedrigeren Kosten zu beschleunigen und so den weltweiten Zugang zu Biologika zu erweitern. Die Investition der Stiftung unterstützte den Bau einer Produktionsanlage im Gegenzug für den Zugang zu einer kostengünstigen Produktion von Produktkandidaten für die globale Gesundheit. Die Stiftung unterstützt auch die Technologieentwicklung von Just und arbeitet mit dem Unternehmen bei mehreren Produkten zusammen."

An dieser Technologie fand die deutsche Biotechnologie-Firma Evotec Gefallen und sie ist im Mai 2019 bei Just Biotherapeutics eingestiegen[387]. Im Zuge der kurz darauf ausgerufenen Pandemie hat das US-Verteidigungsministerium einen Auftrag zur Produktion von Covid-19-Antikörpern an Just vergeben, woraufhin die BMGF sich im Oktober 2020 in ungenannter Höhe auch an Evotec beteiligt hat. Das Geld dafür ist aus dem COVID-19 Therapeutics Accelerator, also dem von der EU aufgelegten Programm, gekommen, wie die ARD berichtet hat[388].

Die in den USA nun als Just-Evotec firmierende Firma hat daraufhin in aller Eile eine Produktionsstädte für Covid-19-Antikörper aus dem Boden gestampft und den Betrieb im August 2021 aufgenommen[389]. Bill Gates verdient damit auch an der Behandlung von Covid-19.

Im Oktober 2020 hat die BMGF sich auch an Lilly mAb beteiligt, einer Firma, die ebenfalls Covid-19-Antikörper produziert[390]. Und ebenfalls im Oktober 2020 gab Lilly bekannt, dass sie in den Genuss von Aufträgen aus dem COVID-19 Therapeutics Accelerator gekommen ist und dank ihrer Vereinbarung mit der BMGF nun im Rahmen

---

387 https://www.geekwire.com/2019/just-biotherapeutics-backed-gates-foundation-snapped-german-biotech-firm-90 m/

388 https://web.archive.org/web/20201101030303/https://boerse.ard.de/aktien/evotec-geldspritze-bill-gates100.html

389 https://www.geekwire.com/2021/new-130k-square-foot-drug-manufacturing-plant-seattle-area-will-develop-covid-19-therapeutics/

390 https://sif.gatesfoundation.org/investments/lilly-mab/

des von der EU aufgelegten und finanzierte COVID-19 Therapeutics Accelerator Antikörper produzieren wird[391].

Lilly arbeitet mit monoklonalen Antikörpern zur Behandlung von Covid-19. Im Oktober 2020 hat die BMGF sich an Lilly beteiligt und im November 2020 hat das Antikörper-Medikament von Lilly in den USA eine Notfallzulassung erhalten[392].

Auch hier scheint es offensichtlich so zu sein, dass es sehr hilfreich ist, Bill Gates als Investor in die eigene Firma zu holen, wenn man Aufträge im Rahmen der EU-Programme oder anderer staatlicher Programme bekommen möchte. Meine weiter oben aufgestellte Behauptung, dass Bill Gates die Verwendung der von der EU zur Bekämpfung von Covid-19 eingesammelten Steuergelder kontrolliert, findet eine Bestätigung nach der anderen.

Nun wollen wir uns noch andere Beispiele für Beteiligungen der BMGF anschauen, die nicht ohne weiteres einem konkreten Thema zuzuordnen sind, aber trotzdem mit Covid-19 in Verbindung stehen oder zumindest in Verbindung stehen könnten.

Im April 2013 hat die BMGF sich an Anacor Pharmaceuticals beteiligt[393]. Das Beispiel zeigt auf, wie gut Bill Gates an seinen Investments verdient, denn BMGF hat selbst ganz stolz einen Bericht verlinkt, in dem berichtet wird, dass das Investment der BMGF in Anacor Pharmaceuticals in Höhe von 221 Millionen Dollar innerhalb von zweieinhalb Jahren einen Wert von 4,5 Milliarden Dollar bekommen hat[394]. Das Investment wurde seinerzeit mit den üblichen schönen Worten begrün-

391 https://investor.lilly.com/news-releases/news-release-details/lilly-announces-arrangement-supply-potential-covid-19-antibody

392 https://www.pharmazeutische-zeitung.de/usa-erteilen-notfallgenehmigung-bei-covid-19–121694/

393 https://sif.gatesfoundation.org/news-and-updates/press-release-anacor-pharmaceuticals-receives-significant-investment-support-neglected-disease-research/

394 https://sif.gatesfoundation.org/wp-content/uploads/2018/02/Chapter-10.pdf

det, die BMGF wolle Anacor bei der Erforschung von Medikamenten gegen Tuberkulose und andere Krankheiten helfen wolle. Gates hat an dem edlen Ziel richtig gut verdient, denn der Wert seines Investments hat sich innerhalb kürzester Zeit verzwanzigfacht.

Im September 2013 hat BMGF in den Global Health Investment Fund investiert, den die BMGF zusammen mit JP Morgan managt und der Gelder einsammelt, die in Firmen investiert werden, die im Gesundheitsbereich forschen. Es geht also wieder darum, einerseits die Finger auf Technologien zu bekommen und andererseits daran zu verdienen, wenn diese Technologien von staatlichen Hilfsprogrammen in Form von Medikamenten oder Impfstoffen bestellt werden.

Im November 2016 hat die BMGF gemeldet, dass die Kymab Group 100 Millionen Dollar für ein Forschungsprojekt eingesammelt hat[395]. Die Firma ist demnach führend bei der Erforschung monoklonaler Antikörper, die nun zur Behandlung von Covid-19 eingesetzt werden, und ihre Forschung wurde auch durch Folgeinvestitionen ihrer bestehenden Aktionäre ermöglicht. Als solche Aktionäre werden unter anderem die BMGF und der Wellcome Trust genannt.

Im September 2017 hat die BMGF sich an Immunocore beteiligt, um deren Forschung an T-Zell-Rezeptor-basierter Behandlung von Infektionskrankheiten zu unterstützen[396], auf deren Basis dann natürlich Medikamente entwickelt werden sollen.

Schon im Januar 2012 hat die BMGF die Gründung des Global Health Investment Fund unterstützt, der in Firmen investiert, die an der Entwicklung von Medikamenten, Impfstoffen und Diagnosetools arbeiten[397]. Im August 2019 hat die BMGF ihr Investment erhöht, um dem Investmentfonds zu ermöglichen, als führender Investor in den Invest-

395 https://sif.gatesfoundation.org/news-and-updates/press-release-kymab-secures-us-100-million-series-c-funding/

396 https://sif.gatesfoundation.org/news-and-updates/press-release-immunocore-bill-melinda-gates-foundation-collaborate-develop-immunotherapies-infectious-diseases/

397 https://sif.gatesfoundation.org/investments/ghif/

mentfonds Adjuvant einzusteigen[398]. Adjuvant investiert in zahlreiche globale Gesundheitsprojekte, darunter Infektionskrankheiten, sexuelle und reproduktive Gesundheit und Ernährung. Adjvant nennt als strategische Investoren, die in den Fond investiert sind, neben der BMGF unter anderem auch Novartis, Merck, die Ford Foundation, die deutsche KfW und das deutsche Bundesministerium für wirtschaftliche Zusammenarbeit und Entwicklung[399].

Diese Investments in Fonds sind aus Sicht der Transparenz mehr als kritisierenswert, denn wenn die BMGF ihr Geld in Investmentfonds steckt, die wiederum in andere Investmentfonds investieren, dann wird damit verschleiert, auf welche Firmen die BMGF Einfluss hat und woran sie Geld verdient. Das Thema hatten wir beim Thema Rockefeller Foundation schon, denn bei Rockefeller ist aufgrund der verschachtelten Beteiligungen nicht mehr erkennbar, woran der Rockefeller-Clan in Wahrheit beteiligt ist und woran der Clan Geld verdient. So werden Interessenkonflikte verschleiert.

Aber das ist gewollt, denn die wohltätigen NGOs sind nicht daran interessiert, dass es für die Öffentlichkeit nachvollziehbar ist, woran sie Geld verdienen. Der Wellcome Trust lässt seine Beteiligungen deshalb (teilweise oder vollständig) über Offshore-Firmen laufen, um sie zu verschleiern.

Die Beteiligungen der BMGF zeigen zweifelsfrei auf, dass Bill Gates sich im Gesundheitsbereich sehr breit aufgestellt und die weltweite Gesundheitspolitik im Grunde monopolisiert hat.

---

398 https://sif.gatesfoundation.org/investments/adjuvant-global-health-technology-fund/

399 https://adjuvantcapital.com/

Die nachhaltigen Entwicklungsziele (SDG)

Dieses Kapitel ist ein gutes Beispiel dafür, wie Mr. X und ich bei der Recherche für dieses Buch vorgegangen sind, denn hier wird es zunächst um zwei NGOs gehen, die ausgesprochen eng mit den Akteuren verbunden sind, die wir in diesem Buch kennengelernt haben. Obwohl die Metadaten von Mr. X nahegelegt haben, dass diese beiden NGOs eine Rolle bei der Pandemievorbereitung gespielt haben, hat eine genaue Überprüfung ihrer Aktivitäten dann etwas anderes ergeben. Es geht dabei um ONE und The Global Fund.

Schauen wir uns zunächst ONE an. Im Vorstand von ONE sitzt zum Beispiel Joe Cerrell (Managing Director, Europe, the Middle East, and East Asia and Interim Director, Development Policy and Finance bei der Bill and Melinda Gates Foundation)[400]. Für George Soros sitzt Morton H. Halperin von den Open Society Foundations[401] im Vorstand von ONE und auch Sheryl Sandberg, Chief Operating Officer von Facebook ist dort vertreten[402].

Im Global Leadership Circle von ONE sitzt Rajiv Shah, der Chef der Rockefeller Foundation[403]. Tobias Kahler, heute Deutschland-Chef der Bill and Melinda Gates Foundation[404], war vorher bei ONE und hat dort schon 2011 eng mit der BMGF zusammengearbeitet[405]. Alleine

---

400 https://www.gatesfoundation.org/about/leadership/joe-cerrell

401 https://www.one.org/international/person/morton-h-halperin/

402 https://www.one.org/international/person/sheryl-sandberg/

403 https://www.one.org/international/person/rajiv-shah/

404 https://www.stiftungen.org/themen/globales-engagement/fuer-unsere-arbeit-brauchen-wir-politische-stabilitaet.html

405 https://www.gatesfoundation.org/ideas/media-center/press-releases/2011/04/bill-gates-simple-message-for-germany-smart-aid-can-save-millions-of-lives

die Bill and Melinda Gates Foundation hat ONE seit 2002 mit weit über 200 Millionen US-Dollar finanziert[406].

The Global Fund to Fight AIDS, Tuberculosis and Malaria (auf Deutsch Globaler Fonds zur Bekämpfung von AIDS, Tuberkulose und Malaria), heute meist nur noch als „Global Fund" bezeichnet, wurde 2002 von den G8-Staaten gegründet, wobei die Bill and Melinda Gates Foundation dafür schon 2001 eine Förderung von 100 Millionen Dollar bereitgestellt hat[407]. Bis heute hat Gates den Global Fund mit etwa drei Milliarden Dollar unterstützt, der Global Fund ist damit nach der GAVI und der WHO der drittgrößte Geldempfänger der Gates Foundation. Der Global Fund ist Bill Gates also sehr wichtig.

Übrigens war Tedros Adhanom Ghebreyesus, der heutige Chef der WHO, früher mal Chef des Global Fund[408].

Wir kennen das Prinzip ja schon: Wenn Gates und die anderen Wohltäter eine „gute Sache" fördern, dann geben sie eine symbolische Summe und der Löwenanteil kommt von den Staaten. So auch hier. Per Oktober 2021 gibt der Global Fund als wichtigste Spender an[409]: Platz 1 USA mit über 19 Milliarden Dollar, Platz 2 Frankreich mit etwa 5,3 Milliarden Euro, Platz 3 Großbritannien mit fast 4 Milliarden Pfund, Platz 4 Deutschland mit 3,8 Milliarden Euro und so weiter.

Der Global Fund ist Teil des COVID-19 Tools Accelerator (ACT-Accelerator)[410], den die EU Anfang 2020 mit ihrer Geberkonferenz gegründet hat und entscheidet über die Vergabe der Gelder mit. Wozu das führt und wer das Geld aus dem Programm einstreicht, haben wir schon mehrmals gesehen. Übrigens soll dieses Programm auch an dem Ziel mitwirken, den offenen Brief an Joe Biden umzusetzen und bis Sommer 2022 70 Prozent der Weltbevölkerung gegen Covid-19 zu impfen.

---

406 https://www.gatesfoundation.org/about/committed-grants?q=%22one%20campaign%22
407 https://www.gatesfoundation.org/about/committed-grants/2001/08/opp13027
408 https://www.thelancet.com/journals/lancet/article/PIIS0140–6736(10)60609–5/fulltext
409 https://www.theglobalfund.org/en/government/
410 https://www.theglobalfund.org/en/act-accelerator/

In den Metadaten von Mr. X sah es so aus, als hätten ONE und der Global Fund mit der Pandemievorbereitung zu tun, aber als ich mir die Verbindungen im Detail angeschaut habe, kamen wir nach langen Diskussionen zu dem Schluss, dass das nicht so ist.

Der Grund ist ähnlich wie bei FIND und CARB-X. Die Verbindungen und gemeinsamen Projekte haben nichts mit der Pandemievorbereitung zu tun, auch wenn sowohl der Global Fund als auch FIND nun Teil des COVID-19 Tools Accelerator sind. Insgesamt geht es dem Global Fund und One aber um andere Themen.

ONE hat keine eigenen Hilfsprojekte oder ähnliches, ONE ist eine rein politisch tätige NGO. Auch hier finden wir wieder sehr edle Ziele, denn ONE setzt sich dafür ein, strukturelle Entwicklungshemmnisse ärmerer Länder abzubauen. Das klingt wieder mal gut, aber wie immer muss man sich anschauen, was damit gemeint ist. ONE kämpft für die Umsetzung der nachhaltigen Entwicklungsziele der UNO.

Gleiches gilt für den Global Fund, der sich für den Kampf gegen Malaria, Tuberkulose, AIDS und aktuell auch Covid-19 einsetzt, der mit seinen Tätigkeiten heute aber in erster Linie die nachhaltigen Entwicklungsziele der UNO (SDG) fördert.

Im Jahr 2000 hat die UNO auf dem Millennium-Gipfel die sogenannten Millenniums-Entwicklungsziele (englisch Millennium Development Goals, MDG) festgelegt. Das waren acht Ziele mit einem Maßnahmenkatalog, der mit konkreten Ziel- und Zeitvorgaben das übergeordnete Ziel erreichen sollte, die Armut in der Welt bis zum Jahr 2015 zu halbieren. Gelungen ist das nicht, wie wir wissen, aber auf dem Papier war die Aktion ziemlich erfolgreich. Allerdings haben Kritiker bemängelt, dass auch diese Erfolge nur durch mathematische Tricksereien zu Stande gekommen sind[411].

411 https://www.zeit.de/wirtschaft/2015–06/thomas-pogge-armut-bekaempfung-nachhaltige-entwicklung

Die MDG wurden 2015 durch die aktuellen nachhaltigen Entwicklungsziele SDG ersetzt, die auch Agenda 2030 genannt werden. Ich kann hier nur Beispiele aufzeigen, denn es handelt sich dabei um 17 Ziele, die wiederum in viele Unterziele aufgeteilt sind. Die deutsche Version davon, die Deutsche Nachhaltigkeitsstrategie[412], umfasst 249 Seiten. Das zu analysieren, wäre ein Thema für ein anderes Buch. Daher können wir das Thema hier nur anreißen und ein paar Beispiele zeigen.

Die SDG wurden von den Staaten der UNO angenommen und die Tatsache, dass es dazu einen eigenen Maßnahmenkatalog in Deutschland gibt (die Deutsche Nachhaltigkeitsstrategie), zeigt schon ein zentrales Problem auf: Jeder Staat interpretiert die Ziele auf seine Weise.

Das ist zum Verständnis wichtig, wie ein Beispiel zeigt. SDG Nummer 5 lautet:

„Gleichstellung der Geschlechter – Geschlechtergleichstellung erreichen und alle Frauen und Mädchen zur Selbstbestimmung befähigen"

Die Tatsache, dass auch Saudi-Arabien sich diesem Ziel der UNO angeschlossen hat, zeigt, dass man das sehr unterschiedlich auslegen kann. Was wir im Westen unter Gleichstellung der Frau verstehen, ist etwas anderes, als man im Iran oder arabischen Ländern darunter versteht.

Das zu verstehen ist wichtig, denn wenn man sich anschaut, was unsere NGOs und ihre Finanziers unter den Zielen verstehen und worauf sie hinarbeiten, dann wundert man sich, wie Staaten wie Saudi-Arabien sie unterschreiben konnten. Aber das gilt nicht nur für Saudi-Arabien, auch zum Beispiel Russland wird vieles in seinem eigenen Sinne interpretieren.

SDG Nummer 2 trägt zum Beispiel folgenden Titel:

412 https://www.bundesregierung.de/resource/blob/975274/214552/bc6c3313d40dd1da060732d16310677a/2016–05–31-download-nachhaltigkeitsstrategie-entwurf-data.pdf?download=1

„Ernährung sichern – den Hunger beenden, Ernährungssicherheit und eine bessere Ernährung erreichen und eine nachhaltige Landwirtschaft fördern"

Dagegen kann niemand etwas haben, aber wenn wir uns an die „Grüne Revolution für Afrika" erinnern, dann drängt sich der Verdacht auf, dass unsere NGOs verstärkt auf Gentechnik setzen wollen.

Das bestätigt sich, wenn man sich dazu den Unterpunkt 2.5 und seine Unterpunkte anschaut, denn darin geht es um den Erhalt von genetischen Ressourcen in speziellen „Erhaltungseinrichtungen". Das dürfte zum Beispiel Russland, das genveränderte Lebensmittel verboten hat, anders verstehen als Bill Gates und dessen Co-Organisatoren der „Grünen Revolution für Afrika". Man kann den Punkt 2.5 so verstehen, dass zum Beispiel natürliches Saatgut erhalten und eingesetzt wird, oder man versteht es so, dass man genverändertes Saatgut einsetzt, und die natürlichen Saatgüter irgendwo in Labors einlagert und so „erhält". Der Interpretationsspielraum ist bei vielen SDG groß.

Der Global Fund und seine Unterstützer haben bekanntlich viel Erfahrung damit, den Menschen wohlklingende Ziele zu präsentieren, aber etwas anderes umzusetzen als der Normalbürger darunter versteht. Ich muss dabei immer an Orwell denken.

Das ist nicht übertrieben, wie ein Blick auf den Unterpunkt 2.b zeigt, der ebenfalls Teil des großen Programms im Kampf gegen den Hunger ist. Der Punkt 2.b lautet:

„Handelsbeschränkungen und -verzerrungen auf den Weltagrarmärkten zu korrigieren und zu verhindern, u. a. durch die parallele Abschaffung aller Formen von Agrarexportsubventionen und aller Ausfuhrmaßnahmen mit gleicher Wirkung, im Einklang mit dem Mandat der Doha-Entwicklungsrunde"

Auch die Bundesregierung hat das in ihrer Deutschen Nachhaltigkeitsstrategie vermerkt:

„Es gilt Handelsbeschränkungen und -verzerrungen auf den Agrarmärkten zu korrigieren und alle Agrarexportsubventionen mit ähnlicher Wirkung abzuschaffen"

Die Agrarsubventionen, mit denen EU und USA ihre Lebensmittelkonzerne unterstützen, sind Gift für arme Länder zum Beispiel in Afrika. Während westliche Lebensmittelkonzerne Hühner industriell für unter zwei Euro produzieren können, kostet die Aufzucht eines Huhnes einen afrikanischen Bauern etwa 3,30 Euro[413]. Kein Bauer in Afrika kann mit den westlichen Konzernen konkurrieren. Aber anstatt den Staaten in Afrika zu erlauben, ihre Bauern durch Importzölle zu schützen, damit die nicht pleitegehen, wird auf einen Abbau von Zöllen gesetzt.

Hinzu kommt, dass es weder die deutsche Regierung noch die EU oder die USA eilig haben, die gigantischen Subventionen der Landwirtschaft zu reduzieren, obwohl man Unterpunkt 2.b der SDG kaum anders auslegen kann. Dort steht eindeutig, dass Subventionen der Landwirtschaft abgebaut werden sollen, aber der größte Ausgabenposten der EU sind Agrarsubventionen.

Das zeigt einmal mehr, dass hier mit schönen Worten ein Programm angekündigt wird, für das sehr viel Geld eingesammelt wird, das aber offensichtlich andere Ziele hat als die genannten. Und es geht um sehr viel Geld. Die Rockefeller Foundation hat 2017 geschrieben, die UNO brauche zur Umsetzung der SDG 4 Billionen Dollar[414]. Ja, Sie haben richtig gelesen, die Rede ist von 4.000 Milliarden Dollar, was etwa dem jährlichen Bruttosozialprodukt Deutschlands entspricht. Und diese Summe braucht die UNO laut Rockefeller zur Umsetzung der SDG nicht insgesamt, sondern pro Jahr!

Das bestätigt auch die Organisation Sphaera, die von einem Finanzbedarf von insgesamt 50 Billionen Dollar zur Erreichung der SDG ausgeht[415]. Sphaera hat nur ein Ziel: Die SDG zu umzusetzen und sie wird

---

413 https://www.deutschlandfunk.de/folgen-des-welthandels-ghana-und-das-globale-huhn-100.html

414 https://www.rockefellerfoundation.org/blog/new-role-foundations-financing-global-goals/

415 https://sphaera.world/billions-to-trillions/

dabei von Bill Gates, der Rockefeller Foundation und anderen unterstützt[416].

Ich will noch ein letztes Beispiel für SDG bringen. Das 16. SDG lautet:

„Friedliche und inklusive Gesellschaften für eine nachhaltige Entwicklung fördern, allen Menschen Zugang zur Justiz ermöglichen und leistungsfähige, rechenschaftspflichtige und inklusive Institutionen auf allen Ebenen aufbauen.“

Auch dagegen kann eigentlich niemand etwas haben. Das Problem liegt wieder im Detail. Erinnern Sie sich an ID2020, also an die digitale Identität aller Menschen, die Bill Gates umsetzen möchte und als Modellprojekt bereits in Bangladesch umsetzt, indem er dort allen Neugeborenen eine digitale Identität inklusive digitaler Geburtsurkunde gibt?

Genau darum geht es auch beim 16. SDG zum Teil, denn Unterpunkt 16. 9 lautet:

„Bis 2030 Schaffung einer legalen Identität für alle, einschließlich Geburtsregistrierung.“

Und dessen Unterpunkt 16.9.1 nennt den Indikator, um die Erreichung des Zieles zu messen:

„Anteil der Kinder unter 5 Jahren, deren Geburten bei einer Zivilbehörde registriert wurden, nach Alter.“

ID2020 läuft schon und das Ziel ist es, alle Menschen der Welt digital zu erfassen. Das bedeutet die totale und ultimative Kontrolle der gesamten Menschheit, wird aber in schöne Worte verpackt. Und das Ganze ist keine wirre Fantasie oder eine Diskussion, das sind von der UNO beschlossene Ziele, an denen gearbeitet und für deren Umsetzung Milliarden ausgegeben werden.

Das Ziel der SDG ist die weitere Förderung der öffentlich-privaten Partnerschaften, wobei die Entscheidungen nicht von der Politik oder gar den Wählern getroffen werden sollen, sondern von den Oligarchen.

416 https://sphaera.world/

Sie streben ganz offen die (Welt-)Macht an. Wenn wir uns dabei an Klaus Schwab und seine Ziele erinnern, die er in der vierten Industriellen Revolution formuliert hat, wird das Bild rund.

Das ist keineswegs übertrieben, auch in Deutschland wird daran sehr aktiv gearbeitet und im Grunde geht es dabei um die vollständige Abschaffung der Demokratie. Das Bundesinnenministerium hat zum Beispiel die Charta Smart City[417] veröffentlicht. In einem der Dokumente dazu, das den Titel „Smart City Charta – Digitale Transformation in den Kommunen nachhaltig gestalten“[418] und schon 2017 verfasst wurde, kann man in der Präambel unter anderem lesen:

„Die Charta unterstützt die Umsetzung der Deutschen Nachhaltigkeitsstrategie und die Verwirklichung der globalen Nachhaltigkeitsziele der Agenda 2030 der Vereinten Nationen (Sustainable Development Goals).“

In dem 108 Seiten starken Papier kann man auf Seite 43 unter der Überschrift „*Visionen eines hypervernetzten Planeten*“ als Punkt 6 lesen:

„Post-voting society
Da wir genau wissen, was Leute tun und möchten, gibt es weniger Bedarf an Wahlen, Mehrheitsfindungen oder Abstimmungen. Verhaltensbezogene Daten können Demokratie als das gesellschaftliche Feedbacksystem ersetzen.“

Die reden offen von der Abschaffung von Wahlen, weil wir nach deren Plänen digital so durchgreifend erfasst und kontrolliert sein sollen, dass man aus den Daten ableiten kann, was die Mehrheit will. Daher braucht es keine Wahlen mehr, man kann die Entscheidungen auch ohne Wahlen treffen.

Und wer würde dann die Daten auswerten und die Entscheidungen treffen, die die Mehrheit angeblich möchte? Richtig: Datenkraken wie

---

417 https://www.smart-city-dialog.de/

418 https://web.archive.org/web/20200607064428/https://www.bmi.bund.de/SharedDocs/downloads/DE/veroeffentlichungen/themen/bauen/wohnen/smart-city-charta-langfassung.pdf?__blob=publicationFile&v=7

Microsoft mit ID2020 oder Google oder Facebook. Die Frage ist nicht, ob es so passieren soll, die Frage ist nur noch, wer das Rennen macht und uns dann in Zukunft erzählt, was wir angeblich wollen. Die Internetkonzerne streben nach der ultimativen Macht und im deutschen Innenministerium sitzen willfährige Beamte, die dazu in vorauseilendem Gehorsam bereits Konzepte verfassen.

Die Frage ist, warum die das ganz offen tun können, immerhin wäre eine solche Abschaffung der Demokratie doch grundgesetzwidrig und müsste bestraft werden. Aber es passiert trotzdem – es wird schon seit Jahren ganz offen daran gearbeitet.

Darum geht es bei den „nachhaltigen Entwicklungszielen der UNO", den SDG, in Wahrheit. Es geht um die ultimative Macht, es geht um die Entmachtung der Staaten und damit um die Abschaffung von Demokratie. Die Macht soll – siehe die Idee der „öffentlich-private UNO" von Klaus Schwab – von den Oligarchen ausgeübt werden, die Rolle der Menschen ist es nur noch, das nötige Geld beizusteuern.

Wobei man aber auch da schon weiterdenkt, denn unter der Überschrift „Visionen eines hypervernetzten Planeten" kann man unter Punkt 3 auch erfahren:

„Post-ownership society
Dank der Information über verfügbare geteilte Waren und Ressourcen macht es weniger Sinn, etwas zu besitzen: Vielleicht wird Privateigentum in der Tat ein Luxus. Daten könnten Geld als Währung ergänzen oder ersetzen"

Davon, dass die Oligarchen auf ihr Privateigentum verzichten sollen, steht da nichts, im Gegenteil, man setzt auf die öffentlich-privaten Partnerschaften, die die Oligarchen noch reicher und mächtiger machen. Der Normalbürger hingegen braucht in dieser Vision kein Privateigentum mehr und als Währung müssten wir unserer Daten, also alle Informationen über uns, zur Verfügung stellen. Schöne neue Welt.

Das gruselige daran ist, dass die Pandemie die Umsetzung dieser Ziele wesentlich vereinfacht hat. Sie hat gezeigt, wozu man die Menschen bringen kann, wenn die Medien nur genügend Panik verbreiten und die Regierungen unsere Freiheiten massiv einschränken. Das alles geschieht natürlich nur zu unserem Schutz.

Aber erinnern Sie sich noch an das Jahr 2019? Damals hätte sich niemand vorstellen können, dass man im angeblich freien Westeuropa willkürlich Ausgangssperren verhängen oder den Menschen verbieten könnte, sich mehr als soundso viele Kilometer von zu Hause entfernt aufzuhalten. Gerade mal zwei Jahre später wird es bereits als „neue Normalität" bezeichnet, dass wir auf einen Großteil unserer Freiheitsrechte verzichten müssen, oder dass wir unsere Rechte nur dann zumindest teilweise zurückbekommen, wenn wir uns mit einem experimentellen mRNA-Impfstoff impfen lassen. Und zwar immer wieder, möglichst mehrmals pro Jahr.

Das Beispiel zeigt, wie leicht es ist, die Menschendazu zu bringen, radikale Veränderungen zu akzeptieren, die die allermeisten von ihnen noch zwei Jahre zuvor als unannehmbar abgelehnt hätten. Die Pandemie hat zu einer massiven Verschiebung der Werte der Gesellschaft geführt und die Medien bereiten uns seit Beginn der Pandemie darauf vor, dass uns eine „neue Normalität" erwartet.

Wenn man sich mit den Zielen derer beschäftigt, die sich von 2017 bis 2019 intensiv auf eine (als möglich bezeichnete) Pandemie vorbereitet haben und die zufälligerweise die gleichen sind, die nun hunderte Milliarden an der Covid-19-Pandemie verdienen, dann kann man durchaus Vermutungen anstellen, wie diese „neue Normalität" aussehen könnte. Sie dürfte sich in etwa mit dem decken, was Klaus Schwab in seiner vierten Industriellen Revolution geschrieben hat und auch eine Lektüre dessen, was die Transhumanisten von sich geben, dürfte hilfreich sein, denn die dort beschriebenen Ziele sind medizinisch zum Teil schon umsetzbar. Es dürfte auch interessant sein, zu verfolgen, welche Richtlinien für Veränderungen des menschlichen Genoms Margaret Hamburg und ihre Kollegen für die WHO ausarbeiten.

Da das alles so komplett verrückt klingt, muss ich noch einmal daran erinnern: Ich habe mir all das nicht ausgedacht, ich habe hier lediglich dargelegt, was diese Leute selbst über ihr Projekte veröffentlichen. Was ich hier beschreibe ist nicht meine kranke Fantasie, sondern die kranke Fantasie dieser mächtigen Menschen. Und sie setzen all das genau jetzt um, während die Medien uns mit allem möglichen Blödsinn bespaßen, anstatt über diese Dinge zu berichten. Aber zur Rolle der Medien kommen wir in einem späteren Kapitel.

Über die SDG könnte man wie gesagt ein eigenes Buch schreiben, hier konnte ich das Thema nur anreißen. Leider gäbe es dazu und über die Methoden, mit denen die SDG umgesetzt und den Menschen schmackhaft gemacht werden sollen, noch weit mehr zu berichten. Aber das würde den Rahmen dieses Buches sprengen.

Allerdings möchte ich Ihnen zum Ende dieses Kapitels über die SDG ein „Schmankerl" darüber, wie geschickt die Menschen getäuscht werden, nicht vorenthalten.

Haben Sie mal von Global Citizen gehört? Das ist eine NGO, die – wieder ganz vorbildlich – gegen die weltweite Armut kämpft. Aber das ist natürlich nicht alles, die Themenfelder von Global Citizen sind außerdem Frauenrechte, Gesundheit (ohne Impfungen geht auch hier natürlich gar nichts), Bildung, der Kampf gegen den Hunger und für Ernährungssicherheit, Klimawandel und so weiter. Dazu hat Global Citizen sich ein besonders innovatives Konzept zur Beeinflussung von der öffentlichen Meinung ausgedacht. Global Citizen gibt Petitionen vor, die man unterzeichnen kann und die dann an Abgeordnete geschickt werden, damit die den Willen der Petition, die ja ganz viele Menschen unterschrieben haben, umsetzen.

Außerdem haben die auch fertige Tweets auf ihrer Seite, die man einfach auf Twitter kopieren und veröffentlichen kann. Dadurch werden Narrative und Hashtags gefördert, die Global Citizen gefallen und es entsteht der Eindruck, ganz viele Menschen würden diese Dinge unterstützen.

Das ist pseudodemokratisch, denn es sind nicht die Menschen, die die Petitionen entwickeln oder sich die Tweets ausdenken, sondern es ist Global Citizen. Und damit die Menschen unterzeichnen oder fleißig twittern, gibt es ein Reward-Programm. Man kann dort lesen[419]:

> *„GEWINNE TOLLE REWARDS FÜR DEINEN EINSATZ: EVENT-TICKETS, GUTSCHEINE, ABOS, VIP-ERLEBNISSE UND VIELES MEHR WARTEN AUF DICH MIT GLOBAL CITIZEN.“*

Global Citizen „kauft“ sich seine Unterstützung und lockt junge Menschen an, diese Dinge zu unterstützen, indem man ihnen dafür Preise verspricht. Da kann man doch problemlos ein paar Tweets veröffentlichen, oder?

Auf diese Weise wird sowohl die öffentliche Meinung beeinflusst, wenn die Medien dann berichten können, dieses oder jenes Thema würde viele Menschen auf Twitter bewegen und dieser oder jener Hashtag hätte eine besonders große Unterstützung. Und außerdem kann man damit auch Druck auf Abgeordnete aufbauen, die um ihre Wiederwahl fürchten und daher bestimmte Gesetzesinitiativen fördern, weil sie meinen, ihre Wähler fänden die ganz toll. In Wahrheit wollen die nur ein paar Tickets für ein Konzert gewinnen.

Und worum geht es Global Citizen in Wahrheit? Global Citizen wurde 2008 gegründet, um die Umsetzung der an die Millenniums-Entwicklungsziele angelehnten Forderungen zu unterstützen und heute hat Global Citizen sich ganz und gar den SDG verschrieben. Dabei ist Global Citizen sehr erfolgreich und sammelt viel Geld ein. Die Deutsche Welle berichtete zum Beispiel im September 2021[420]:

> *„Billie Eilish, Elton John und Coldplay sind beim Global Citizen Live fürs Klima, gegen Armut und die Folgen der Pandemie aufgetreten. Sie sammelten 940 Millionen Euro für eine gerechtere Welt.“*

Wer das Geld bekommen hat, ist nicht schwer zu erraten.

---

419 https://www.globalcitizen.org/de/rewards/

420 https://www.dw.com/de/global-citizen-live-fast-1-milliarde-euro-gesammelt/a-59280146

Und auch wen Global Citizen super findet, ist nicht schwer zu erraten. Als Bill Gates zu Beginn der Pandemie seine Spende in Höhe von 100 Millionen Dollar angekündigt hat, die er dann bei der EU-Geberkonferenz im Mai 2020 beigesteuert hat, hat Global Citizen geradezu euphorisch berichtet[421]:

„*Bill und Melinda Gates spenden 100 Millionen zur Bekämpfung des Coronavirus. Einmal mehr beweist das Paar seinen Einsatz für globale Gesundheit.*“

Eine der Aktionen von Global Citizen, die man mit einer unterzeichneten Petition unterstützen kann, soll die Staaten der Welt dazu bewegen, mehr Geld für COVAX bereitzustellen[422]. Also für das Programm, das Bill Gates de facto kontrolliert.

Natürlich gehört Bill Gates zu den Finanziers von Global Citizen, im Laufe der Jahre hat er Global Citizen über 45 Millionen Dollar überwiesen[423]. Durch seine Aktionen und Spender hat Global Citizen bis 2020 insgesamt 48,4 Milliarden Dollar eingenommen[424], die zur Unterstützung der Ziele von Bill Gates und seinen Freunden ausgegeben werden und so am Ende in deren Taschen zurückfließen.

Aber die Menschen, die Global Citizen unterstützen, sind der Meinung, es ginge um den Kampf gegen Armut, Hunger, Klimawandel und für Frauenrechte.

---

421 https://www.globalcitizen.org/de/content/bill-melinda-gates-foundation-wuhan-coronavirus/

422 https://www.globalcitizen.org/de/action/global-covid19-vaccine-access/

423 https://www.gatesfoundation.org/about/committed-grants?q=%22Global%20Poverty%20Project%22

424 https://www.smh.com.au/national/the-melbourne-charity-king-with-lady-gaga-rihanna-and-hugh-jackman-on-speed-dial-20200604-p54zmc.html

Die Rolle der Medien

Wenn Sie sich bisher vor allem in den sogenannten Mainstream-Medien informiert haben und es tatsächlich durchgehalten haben, dieses Buch bis hierher zu lesen, dann dürfte das, was ich hier ausgeführt habe in einem konträren Gegensatz zu dem Weltbild stehen, das Ihnen die Medien vermitteln, die Sie konsumieren. Vermutlich sind Sie ein wenig verunsichert, denn das, was ich ausgeführt habe, haben Tagesschau, heute, Spiegel, Frankfurter Allgemeine und wie sie alle heißen, nie berichtet. Daher dürften Sie daran zweifeln, dass all das, was ich ausgeführt habe, wirklich stimmt, denn schließlich leben wir ja in einer Demokratie mit kritischen, objektiven und unabhängigen Medien. Wenn das alles so offensichtlich ist, wie ich es hier darstelle, dann drängt sich die Frage auf, warum die Medien darüber nicht berichten.

Das ist ein sehr komplexes Thema, über das man eigene Bücher schreiben kann, aber ich will versuchen, es zumindest im Grundsatz zu erklären. Um das anschaulich zu machen, wenden wir uns in diesem Kapitel mal einem anderen Thema als der Pandemie zu.

Da wir gesehen haben, dass auch transatlantische Think Tanks Verbindungen zur Pandemie-Vorbereitung hatten, liegt es daher nahe, sich transatlantische Themen anzuschauen, um zu erklären, wie die Medien arbeiten.

Claus Kleber vom heute-journal sagte mal sinngemäß, es wäre doch Unsinn zu behaupten, seine Berichterstattung wäre gesteuert, schließlich riefe ihn niemand in der Redaktion an, um ihm zu sagen, was er berichten soll.

Das stimmt sicherlich, aber andererseits wissen er und andere Journalisten sehr genau, was sie berichten sollten, wenn sie den Job auch weiterhin machen wollen. Dazu braucht es natürlich keinen täglichen Anruf „von oben".

Die Medien haben mit rückläufigen Auflagen und fallenden Einnahmen zu kämpfen, was in jeder deutschen Redaktion schon zu Kündigungswellen geführt hat. Wenn aber immer weniger Journalisten in einer Redaktion die gleiche Menge Artikel „produzieren" sollen, dann geht das zwangsläufig auf Kosten der Recherchen. Dafür ist keine Zeit mehr und das merkt man. Die meisten Artikel in den deutschen Medien sind fast wortgleich, auch die Überschriften. Der Grund ist, dass sie Meldungen von den Nachrichtenagenturen praktisch wortwörtlich übernehmen.

Im besten Fall wird der Artikel der Nachrichtenagentur ein wenig umformuliert, mehr macht die deutsche Medien-Redaktion meistens nicht. Und wer sich eine Regionalzeitung kauft, der muss wissen, dass die meisten Artikel dort längst aus einer Zentrale kommen, wo die Artikel für alle Regionalzeitungen einer Medienholding geschrieben werden. Vor Ort geschrieben wird bestenfalls noch der Bericht über das Jahrestreffen des örtlichen Schützenvereins.

Es findet also eine Zentralisierung statt, bei der die Nachrichtenagenturen Meldungen oder ganze Artikel liefern, die die Mainstream-Medien dann fast unverändert übernehmen. Recherche findet praktisch nicht mehr statt, stattdessen gibt es „copy/paste".

Wer also kontrollieren will, was die Medien berichten, der muss kontrollieren, was in die Nachrichtenagenturen kommt und es gibt Organisationen, die genau das tun. Eine davon, USAID, haben wir schon kennengelernt. USAID hat jedes Jahr ein Milliardenbudget, mit dem es seine Meinung verbreitet und an die Nachrichtenagenturen weitergibt. Wie so etwas funktioniert, konnte man beispielsweise 2009 erfahren.

2009 kam ans Licht, dass das Pentagon, also das US-Verteidigungsministerium, sage und schreibe 27.000 (!!!) Mitarbeiter beschäftigt, die ausschließlich für das mediale Aufpolieren der amerikanischen Kriege zuständig waren. Darüber hat die New York Times schon 2008 berichtet und sogar der Spiegel brachte damals dazu einen Artikel, in dem man lesen konnte[425]:

„Mit einer gigantischen PR-Truppe hat die Bush-Regierung die Öffentlichkeit in den USA seit Jahren hinters Licht geführt. Ein Enthüllungsbericht der „New York Times“ zeigt jetzt, wie gezielt und perfide das System der Desinformation funktioniert. (…) Wenn US-Zuschauer die Nachrichten aus dem Irak auf TV-Kanälen wie CNN, Fox News, NBC oder ABC schauen, sollten sie ihren Ohren lieber nicht trauen. Wie ein Bericht der „New York Times“ enthüllt, unterhält das US-Verteidigungsministerium bis zum heutigen Tag eine Truppe von TV-Militärexperten, um seine Sicht der Dinge auf den Irak und den Krieg gegen den Terror zu verbreiten.“

Der Spiegel-Artikel hat ausführlich aufgezeigt, wie das Pentagon Kriegspropaganda betrieben hat, um seine damaligen Kriege in Afghanistan und dem Irak als gutes Werk und als Erfolge darzustellen. So ein Artikel, so sollte man meinen, gehört in das Ressort „Politik“, damit die politisch interessierten Spiegel-Leser ihn finden und diese Dinge erfahren.

Aber offensichtlich wollte der Spiegel gar nicht, dass seine politisch interessierten Leser das alles erfahren, denn der Artikel erschien im Ressort „Kultur“, wo es normalerweise eher um Theater, Filme und Konzerte geht. Dass das kein Zufall war, zeigt ein einfaches Beispiel: Nehmen wir an, morgen kommt ans Licht, dass Russland eine Armee von 27.000 Trollen bezahlt, die die weltweiten Nachrichtenagenturen mit russischer Propaganda fluten und die als unabhängige Experten dargestellt, in Wahrheit aber alle vom russischen Verteidigungsministerium bezahlt werden. Was glauben Sie? Würde der Spiegel eine solche Meldung im Ressort „Kultur“ verstecken? Oder würde er sie als Titelstory verwenden und im Ressort „Politik“ veröffentlichen?

---

425 http://www.spiegel.de/kultur/gesellschaft/gekaufte-meinung-pentagon-beschaeftigt-pr-armee-fuer-us-tv-a-548519.html

Wir dürfen dabei nicht vergessen, dass die Meldungen, die wir in Deutschland zu den amerikanischen Kriegen in Afghanistan und dem Irak bekamen, über Nachrichtenagenturen wie Reuters zu uns gekommen sind. Und Reuters berichtet genau über das, was sogenannte Experten in den US-Nachrichten erzählen. Man sollte also auch den Meldungen der deutschen Nachrichten über die genannten amerikanischen Kriege besser nicht trauen, denn sie kommen von US-Fernsehsendern wie CNN und so weiter. Deutsche Medien führen CNN und andere US-Fernsehsender jedoch gerne als Quelle an.

Dass konnte der Spiegel, der sich davor und danach immer auf die genannten Quellen aus den USA berufen hat, natürlich nicht so deutlich sagen, denn dann hätte ein nachdenklicher und politisch interessierter Leser sich fragen können, was er eigentlich von den Berichten im Spiegel zu halten hat. Der Spiegel konnte ja schlecht sagen „Glaubt mir kein Wort mehr!"

Weiter stand in dem Spiegel-Artikel:

„Besonders praktisch: Die Regierung musste ihre PR-Experten nicht einmal selbst bezahlen, denn das übernahmen die Sender und Zeitungen, die sie engagierten. Je mehr exklusive Informationen die Experten aus dem Pentagon präsentieren konnten, desto öfter konnten sie mit einem Auftritt auf der Mattscheibe rechnen. Und je mehr „Hits" – also Auftritte – sie bekamen, desto mehr verdienten sie. Was sie allerdings den TV-Stationen als „exklusiv" zutrugen oder in ihre Analysen einfließen ließen, war sorgsam gefiltert im Sinne der Bush-Regierung. Woher sie die Informationen erhalten hatten, sollten die Experten natürlich nicht offenlegen – so die Ansage des Pentagons."

Frage: Wie oft haben sie im Spiegel oder anderen Medien inklusive tagesschau und heute die Formulierung gehört, dass eine Nachricht „von nicht genannten Quellen" in einem Ministerium oder bei Geheimdiensten kam? Wenn sie den letzten Satz im vorherigen Absatz noch einmal lesen, dann dürfte klar werden, wie man eine solche Formulierung zu verstehen hat. Wenn eine Nachricht mit einem solchen Satz eingeleitet wird, kann man fast sicher davon ausgehen, dass es sich um bewusste Desinformation handelt, die gezielt von den entsprechenden Stellen verbreitet wird. Und die Medien machen dieses Spiel gerne mit.

Wenig überraschend hatten die amerikanischen TV-Sender kein Interesse, diese Dinge einzugestehen oder aufzudecken, wie man am Ende des Spiegel-Artikels lesen konnte:

„Die TV-Stationen zeigten sich dagegen wenig erbaut über die Enthüllungen der „New York Times“ und verweigerten größtenteils eine Stellungnahme. Kein Wunder, denn die meisten wussten nichts von etwaigen Verbindungen ihrer Experten – und, so legen die Recherchen der Zeitung nahe, interessierten sich auch nicht weiter dafür.“

Anfang 2009 wurde auch der Umfang dieser „PR-Armee“ bekannt. Unter der Überschrift „27’000 PR-Berater polieren Image der USA“ berichtete der Schweizer Tagesanzeiger darüber und begann seinen Artikel wie folgt[426]:

„Ein Chefredakteur beklagt den immensen Einfluss des amerikanischen Verteidigungsministeriums auf seine Journalisten. Jetzt ist ihm der Kragen geplatzt: Er enthüllt schier unglaubliche Fakten über die PR-Arbeit des Pentagons.“

Offensichtlich tobte damals ein Machtkampf zwischen der Nachrichtenagentur AP und dem Pentagon, denn der Tagesanzeiger schrieb weiter:

„Tom Curley, Chef der amerikanischen Nachrichtenagentur AP, kann dazu nicht mehr länger schweigen. Am Wochenende referierte er an der Universität von Kansas vor Journalisten über den Druck des US-Verteidigungsministeriums auf seine Berichterstatter in Kriegsgebieten wie Irak oder Afghanistan. Sein Fazit: «Es wird langsam unerträglich.» Hohe Generäle hätten gedroht, dass man die AP und ihn ruinieren werde, wenn die Reporter weiterhin auf ihren journalistischen Prinzipien beharren

426 https://www.tagesanzeiger.ch/ausland/amerika/27000-PRBerater-polieren-Image-der-USA/story/20404513

würden. Seit 2003 wurden bereits elf Journalisten der AP im Irak für mehr als 24 Stunden verhaftet."

Das Pentagon, man muss sich das auf der Zunge zergehen lassen, machte also Druck auf AP, weil dort Journalisten ihre Arbeit machten und wahrheitsgemäß berichten wollten. Und dazu schreckte das Pentagon auch nicht davor zurück, zur Abschreckung schon mal Journalisten zu verhaften. Wie war das noch mit „der Westen kämpft für Demokratie und freie Presse"?

Weiter stand im Tagesanzeiger:

„Auch Zahlen und Fakten zum Umfang der Propaganda hatte der Chef von AP parat: „Laut AP-Recherchen verfügt das Pentagon über 27'000 Personen, die ausschließlich für die Öffentlichkeitsarbeit (PR, Werbung, Rekrutierung) zuständig sind. Zum Vergleich: Das gesamte US-Außenministerium mit Hillary Clinton an der Spitze beschäftigt rund 30'000 Personen. Die PR-Maschinerie des Militärs kostet die Steuerzahler jährlich 4,7 Milliarden Dollar. Seit 2004 sind die Ausgaben um 63 Prozent gewachsen. Wozu diese Mittel genau eingesetzt werden, bleibt meist geheim. Eine für den Informationskrieg zuständige Dienststelle namens «Joint Hometown News Service» befindet sich nach AP-Informationen auf einem früheren Luftwaffen-Stützpunkt in San Antonio, Texas. Dort würden Wort- oder Bildberichte produziert, die man unter falscher Quellenangabe den Medien zuspielt. Für 2009 sei die Herausgabe von 5400 Pressemitteilungen, 3000 Fernsehspots und 1600 Rundfunkinterviews geplant – doppelt so viel wie noch vor zwei Jahren. Dieser Service ist nur ein kleiner Ausschnitt des ständig wachsenden Pentagon-Medienimperiums. Schon jetzt ist es grösser als die allermeisten Pressekonzerne der USA."

Nun kann man einwenden, das wäre alles lange her, die Presse hätte berichtet, alles ist bekannt, Problem gelöst. Leider nicht. Denn man muss schon intensiv im Netz suchen, wenn man Berichte der Mainstream-Medien zu diesem Thema finden möchte. Die alternativen Medien haben das Thema eifrig aufgegriffen, die etablierten waren sehr zurückhaltend.

Das Wichtigste aber ist: Niemand hat gefordert, dass sich etwas ändern solle. Und es hat sich nichts daran geändert, die Meldungen wurden möglichst gut versteckt – beim Spiegel im Ressort „Kultur" – und dann von den Medien schnell wieder vergessen. Kritische Fragen, oder gar Proteststürme hat es nicht gegeben.

Es gibt Meldungen, allerdings nur in den alternativen Medien, dass die Anzahl der PR-Mitarbeiter, deren Job es ist, pro-amerikanische Nachrichten zu produzieren noch gewachsen ist und damit auch das Budget. Man spricht heute von über 30.000 PR-Mitarbeitern, die für das Pentagon Nachrichten produzieren und an die Nachrichtenagenturen leiten.

Aber egal wie viele es heute sind, die „Nachrichten", die diese Leute im Auftrag des Pentagons herstellen, kommen über die Nachrichtenagenturen in unsere Zeitungen und Nachrichtensendungen. Und wenn ein Ministerium seine „Nachrichten" selbst fabriziert, dann nennt man das per Definition „Propaganda".

Tom Curley hat meines Wissens später seine Proteste gegen die Methoden des Pentagon nicht wiederholt. 2012 ist er bei AP als Chef zurückgetreten und weitere Meldungen über dieses Thema gab es kaum mehr, oder können Sie sich erinnern, je davon gehört zu haben?

Daran sieht man, wie die westlichen Medien funktionieren. Sie übernehmen Meldungen aus den Nachrichtenagenturen und veröffentlichen sie praktisch ungeprüft. Dabei fördern sie die Narrative der Transatlantiker. Und da schließt sich der Kreis, denn was die Transatlantiker über ein Thema denken, legen Think Tanks wie die RAND-Corporation, das Atlantic Council, das Council on Foreign Relations, Chatham House, das Center for Global Development (CDG), das Center for Strategic and International Studies (CSIS) und so weiter fest.

Und genau das haben wir bei der Pandemie erlebt: Die westlichen Mainstream-Medien haben die Narrative verbreitet, die die Think Tanks vorgegeben haben. Leider ist es so banal und einfach, und daher muss man sich nicht wundern, dass die Mainstream-Medien exakt das verbreitet haben, was Bill Gates und seine Freunde wollten, und alles weggelassen haben, was nicht in das von Bill Gates und den anderen „Philanthropen" gewollte Bild passt.

Damit stellt sich die Frage, wie es erreicht wurde, dass die Medien so willfährig berichten. Das schauen wir uns im nächsten Kapitel an.

Gekaufte Medien

In diesem Buch haben wir die Macht der NGOs und ihrer Netzwerke kennengelernt und viele Beispiele dafür gesehen. Wir müssen uns in Erinnerung rufen, dass alle diese NGOs und Think Tanks Stiftungen sind. Das bedeutet, dass irgendein sehr reicher Mensch sein Vermögen an eine Stiftung übertragen hat, was de facto eine Befreiung von Steuern bedeutet und was dem Stifter der Möglichkeit gibt, über die Stiftung Einfluss auf politische Entscheidungen oder gesellschaftliche Themen zu nehmen.

Die Stiftungen sind also ein Steuersparmodel, das politischen Einfluss ausüben und dabei gleichzeitig sein Vermögen steuerfrei mehren kann. Die Stifter werden von den Medien aber als „Philanthropen" bezeichnet, die nur die edelsten Absichten haben. Man fragt sich also: Warum sind die Medien demgegenüber nicht kritischer?

Die Antwort liegt auf der Hand: Praktisch alle Medien sind ebenfalls Teil von Stiftungen, schließlich kennen wir alle die Bertelsmann-Stiftung oder die Axel Springer Stiftung. Praktisch alle großen Medien im Westen gehören Stiftungen oder deren Stiftern. Daher darf man nicht erwarten, dass die Medien dieses System kritisieren, von dem sie selbst (oder besser gesagt, ihre Eigentümer) profitieren. Man muss im Gegenteil erwarten, dass die Medien das System der Stiftungen in ein positives Licht stellen und die Stifter in den höchsten Tönen für ihre menschenfreundlichen Projekte loben.

Und genau das erleben wir ja auch.

Kritik an dem System ist von den Medien also nicht zu erwarten, daher bleibt noch die Frage, warum die Medien bei praktisch allen Themen immer die gleiche Meinung haben, schließlich können sich die Ziele ihrer Eigentümer ja durchaus unterscheiden.

Bei dieser Frage spielen die Netzwerke eine Rolle, die sich zwischen den Stiftungen entwickelt haben. Das sind im Westen in erster Linie die Netzwerke der Transatlantiker, die den politischen Kurs vorgeben und die westlichen Medien sind Teil dieser Netzwerke. Wer als Journalist bei Axel Springer arbeiten möchte, muss sich verpflichten, positiv über die Nato, die transatlantische Zusammenarbeit und Israel zu berichten. Das mag man gut oder schlecht finden, aber damit ist klar, dass die Medien von Axel Springer eine bestimmte Meinung vertreten und wer als Journalist eine andere Meinung hat, der muss sich einen anderen Arbeitgeber suchen oder Dinge schreiben, die nicht seiner inneren Überzeugung entsprechen.

Das gilt für alle großen Medien in Deutschland. Sie werden keinen Chefredakteur der Mainstream-Medien finden, der nicht fest in transatlantische Netzwerke wie die Atlantikbrücke, den German Marshal Fund oder andere eingebunden ist. Die wissen also alle, was sie schreiben müssen, wenn sie nicht aus den Netzwerken fliegen wollen, denen sie ihre Karrieren verdanken. Was sie schreiben, kann ihrer eigenen Überzeugung entsprechen, aber sollte jemand auf die Idee kommen, ernsthaft und dauerhaft gegen die Narrative der transatlantischen Netzwerke zu berichten, dann ist er seinen Job los. Beispiele für Journalisten, die wegen ihrer abweichenden Meinung den Job verloren (und dann auch keinen neuen mehr gefunden) haben, gibt es in Deutschland reichlich.

Da wir gesehen haben, dass Oligarchen wie Bill Gates und seine Kollegen Teil der transatlantischen Netzwerke sind, können sie die über diese Netzwerke Medien beeinflussen.

Die Beeinflussung geht aber noch weiter. Blättern Sie mal durch deutsche Nachrichtenmagazine und Zeitungen, dann werden Sie sehen, dass die Pharmaindustrie zu den wichtigsten Anzeigenkunden der Medien gehört. Wenn der Spiegel konsequent anfangen würde, die Pharmaindustrie kritisch zu beobachten und ausführlich über all die Interessenkonflikte berichten würde, die sich zwangsläufig ergeben, wenn eine Pharmalobbyistin wie Emer Cooke plötzlich als Chefin der EU-Arzneimittelagentur EMA für die Zulassung der Medikamente zuständig ist, von deren Herstellern sie vorher bezahlt wurde, dann kann man sich vorstellen, dass die Pharmaindustrie beim Spiegel keine Anzeigen mehr schalten würde. Diese Mauscheleien sollen möglichst nicht an die Öffentlichkeit gezerrt werden.

Außerdem bezahlen die edlen „Philanthropen“ den Medien viel Geld. Die Bill and Melinda Gates Foundation hat dem Spiegel zum Beispiel im Dezember 2018 2,5 Millionen Dollar gespendet und Oktober 2021 noch einmal 2,9 Millionen Dollar[427]. Das wurde weitgehend unter dem Teppich gehalten und nur einzelne alternative Medien haben die Spenden an den Spiegel thematisiert, aber eine breitere Öffentlichkeit hat davon nichts erfahren und beim Spiegel war es vor Mai 2020 nur im „Kleingedruckten“ zu finden.

Das hat sich geändert, als ich am 2. Mai 2020 auf meiner Seite ausgesprochen kritisch darüber berichtet habe[428]. Das Thema wurde danach von vielen alternativen Medien aufgegriffen und machte auch in sozialen Medien die Runde. Zufall oder nicht, aber am 14. Mai 2020 hat der Spiegel reagiert und eine eigene Seite mit Fragen und Antworten zur finanziellen Unterstützung durch Bill Gates ins Netz gestellt[429]. Der Spiegel hat seine Leser darüber erst in einem gesonderten Artikel informiert, als es nicht mehr anders ging. Vorher hat er über die 2,5 Millionen-Dollar-Zahlung von Bill Gates anderthalb Jahre praktisch kein Wort verloren.

---

427 https://www.gatesfoundation.org/about/committed-grants?q= %22spiegel %22

428 https://www.anti-spiegel.ru/2020/bill-gates-spendet-dem-spiegel-23-mio-euro-wie-unabhaengig-kann-der-spiegel-sein/

429 https://www.spiegel.de/backstage/fragen-und-antworten-zur-foerderung-durch-die-bill-and-melinda-gates-stiftung-a-dac661f6–210a-4616-b2d2–88917210fed4

Mit dem Geld hat der Spiegel eine eigene Rubrik gegründet, die sich „Globale Gesellschaft" nennt. Über die Eröffnung dieser neuen Rubrik hat der Spiegel am 10. April 2019 in einer Pressemeldung[430] informiert, aber nicht in einem Artikel, den seine Leser auf der Startseite von Spiegel-Online zu sehen bekommen hätten. Und in der Pressemeldung hat der Spiegel zwar von einem Gemeinschaftsprojekt mit der Bill and Melinda Gates Foundation und der neuen Rubrik „Globale Gesellschaft" berichtet, aber er hat kein Wort über die Zahlung von 2,5 Millionen Dollar verloren.

Auf der im Mai 2020 veröffentlichten Seite mit Fragen und Antworten zu der Förderung durch Bill Gates schreibt der Spiegel zum Beispiel:

„Gab es beim SPIEGEL bereits ähnliche Projekte?
Der SPIEGEL hat in den vergangenen Jahren bereits zwei journalistische Projekte mit dem European Journalism Centre (EJC) und der Förderung der Bill & Melinda Gates Foundation umgesetzt: Die „Expedition Übermorgen" über globale Nachhaltigkeitsziele (Laufzeit: 2016–18, Förderung: 250.000 Euro) sowie das journalistische Flüchtlingsprojekt „The New Arrivals", in deren Rahmen mehrere preisgekrönte Multimedia-Reportagen zu den Themen Migration und Flucht entstanden sind (Laufzeit: 2017/18, Förderung: 175.000 Euro). Diese Projekte sind inzwischen abgeschlossen."

Wir sehen also, dass Bill Gates den Spiegel seit 2016 bezahlt, und zwar als erstes konkret dafür, dass der Spiegel die Nachhaltigkeitsziele (SDG) positiv dargestellt. Bill Gates war und ist mit dem Spiegel offensichtlich sehr zufrieden, denn er hat nach jedem Projekt ein weiteres Projekt mit dem Spiegel gestartet und die Zahlungen an den Spiegel ab 2018 erheblich von ein paar Hunderttausend Euro bei den ersten Projekten auf über zwei Millionen bei den Folgeprojekten erhöht.

430 https://gruppe.spiegel.de/news/pressemitteilungen/detail/spiegel-online-startet-neues-projekt-globale-gesellschaft

In der Rubrik „Globale Gesellschaft" werden Artikel veröffentlicht, die die Ziele von Bill Gates in ein positives Licht rücken. Wir wissen, dass Bill Gates sich ganz offiziell und mit viel Geld unter anderem für Geburtenkontrolle einsetzt, wobei er das gerne als Gesundheitsprogramme für Mütter und kleine Kinder bezeichnet. Außerdem wissen wir, dass Bill Gates am Kampf gegen den Klimawandel verdienen will, wozu er extra den Investmentfonds Breakthrough Energy gegründet hat, der sich an Firmen beteiligt, die auf dem Gebiet aktiv sind. Wen überrascht es da, dass der Spiegel zum Beispiel am 15. September 2021 in der Rubrik „Globale Gesellschaft" einen Artikel mit der Überschrift „Frauenrechte – Was Verhütung mit der Klimakrise zu tun hat" veröffentlicht hat? In der Einleitung konnte man lesen:

> *„Frauen sind besonders vom Klimawandel betroffen, Naturkatastrophen beeinflussen auch ihre Familienplanung. Ein Bündnis fordert nun, dass Geld für den Kampf gegen die Klimakrise auch in Projekte für reproduktive Rechte fließt."*

In dem Artikel ging es dann um die „*Nichtregierungsorganisation MSI Reproductive Choices*" und andere Mitstreiter, die aus Anlass des damals anstehenden Klimagipfels in Glasgow Forderungen stellten. Der Spiegel schrieb:

> *„»Wir fordern lediglich eine Änderung der Förderkriterien und des Schwerpunkts bestehender Fördermechanismen«, heißt es in dem Schreiben, das dem SPIEGEL vorliegt. Diese Änderung könne rechtzeitig zum Klimagipfel umgesetzt werden."*

Wen überrascht es, dass es wieder um Zugriff auf Fördergelder der Staaten ging? Und wen überrascht es, dass die Bill and Melinda Gates Foundation die NGO Reproductive Choices seit 2012 finanziell unterstützt? Die NGO hat seit 2012 acht Mal Geld von der Bill and Melinda Gates Foundation erhalten, insgesamt fast 70 Millionen Dollar[431].

431 https://www.gatesfoundation.org/about/committed-grants?q=%22Reproductive%20Choices%22

Kann man noch deutlicher zeigen, dass der Spiegel mit „Globale Gesellschaft“ nur die Ziele von Bill Gates fördert, dass das Geld von Gates also die Berichterstattung des Spiegel im Sinne von Bill Gates beeinflussen soll? Ich glaube nicht, zumal es in der Rubrik „Globale Gesellschaft“ eine ganze Reihe solcher Artikel gibt.

Natürlich behauptet der Spiegel, er bleibe vollkommen unabhängig, der Geldsegen von Gates beeinflusse nicht die Berichterstattung und erst recht nicht, ob der Spiegel überhaupt noch kritisch über Gates berichten kann. Auf seiner Seite mit Fragen und Antworten schreibt der Spiegel dazu:

> *„Die Förderung für das Projekt Globale Gesellschaft beläuft sich auf 760.000 Euro pro Jahr (begrenzt auf drei Jahre). Der Gesamtumsatz der SPIEGEL-Gruppe betrug im Jahr 2019 insgesamt 267 Millionen Euro.“*

Das ist allerdings Augenwischerei, denn erstens gehören zur Spiegel-Gruppe viele Tochterunternehmen, sogar ganze Verlage, das Geschenk von Bill Gates bekommt aber nur der Spiegel, der nur ein Teil der Spiegel-Gruppe ist. Man müsste also die Zahlung von Bill Gates mit dem Umsatz des Spiegel selbst vergleichen und nicht mit dem Umsatz der ganzen Spiegel-Gruppe.

Aber auch das wäre noch Augenwischerei, denn Umsatz ist etwas anderes als Gewinn und die Spende von Gates ist für den Spiegel Reingewinn. Die Medien in Deutschland haben mit sinkenden Einnahmen zu kämpfen und mussten ihre Redaktionen deswegen in den letzten Jahren immer wieder verkleinern. Wenn man also einschätzen will, wie wichtig die Zahlungen von Gates für den Spiegel sind, dann müsste man sich anschauen, wie hoch der Gewinn des Spiegel ist und das ins Verhältnis zu der Spende setzen. Das aber tut der Spiegel nicht, er vergleicht die Zahlung von Gates stattdessen mit dem Umsatz der ganzen Unternehmensgruppe und lässt sie auf diese Weise klein und unbedeutend aussehen.

Der Spiegel behauptet auch, er könne unabhängig und kritisch über Bill Gates selbst berichten. Das Problem dabei ist: Er tut es nicht.

Im Zuge des Epstein-Skandals, bei dem es darum ging, dass Jeffrey Epstein Minderjährige selbst missbraucht und zur Prostitution gezwungen hat, um sie seinen reichen und mächtigen Freunden, Partnern und Kunden zuzuführen, wurden auch enge Kontakte von Bill Gates zu Epstein bekannt. Laut amerikanischen Medienberichten war Melinda Gates immer gegen die Kontakte von Gates zu Epstein und als die Kontakte dann öffentlich wurden, waren sie offensichtlich der Grund dafür, dass sich Melinda von Bill Gates getrennt hat.

Kritische Medien müssten das aufgreifen und untersuchen, welche Verbindungen Bill Gates zu Epstein gehabt hat. Das tun Medien wie der Spiegel aber nicht. Als der Spiegel notgedrungen über das Thema berichtet hat, war der Spiegel-Artikel[432] ein Reinwaschen von Bill Gates. Nichts sei bewiesen, alles seien nur Unterstellungen, die Kontakte von Gates zu Epstein seien harmlos gewesen und so weiter.

Es ging dabei auch um Belästigungsvorwürfe gegen Bill Gates, der wohl einigen Mitarbeiterinnen nachgestellt hat. Während der Spiegel bei #MeToo ein Vorreitet war und ist und jeden mit Vorverurteilungen an den medialen Pranger stellt, dem Belästigungen vorgeworfen werden, gelten für Bill Gates andere Regeln: Solange nichts bewiesen ist, sind Vorwürfe gegen Bill Gates für den Spiegel nur unbewiesene Behauptungen und Angriffe von Verschwörungstheoretikern gegen die Ikone Bill Gates.

Um seinen Lesern das Gefühl zu geben, solche finanziellen Beihilfen für Medien seien etwas ganz Normales, kann man auf der Seite mit den Fragen und Antworten über die Zusammenarbeit mit Bill Gates lesen:

„Haben auch andere Medien ähnliche Projekte?

Ja. Große europäische Medien wie „The Guardian" und „El País" haben mit „Global Development" beziehungsweise „Planeta Futuro" ähnliche Sektionen auf ihren Nachrichtenseiten mit Unterstützung der Gates-Stif-

432 https://www.spiegel.de/ausland/scheidung-von-bill-und-melinda-gates-anatomie-einer-schlammschlacht-a-ad662a15–5ecb-4164-bcba-b1919ac02114

tung aufgebaut. Auch viele weitere internationale Medien sind eine Kooperation mit der BMGF eingegangen, darunter „Le Monde", „BBC" und „CNN". Auch in Deutschland werden Redaktionen von Stiftungen unterstützt, etwa die investigativen Teams von „Correctiv" und „Investigate Europe", ebenso die Wissenschaftsredaktion des Science Media Center Germany (SMC)"

Das wollen wir uns mal anschauen. Der Guardian hat seit 2011 sieben Mal Geld von Bill Gates bekommen, insgesamt über 14 Millionen Dollar[433]. Sein gemeinsames Projekt mit der BMGF namens „Global Development" hat sich 2010 auf die Fahnen geschrieben, die Millennium Goals zu fördern, die nach 2015 in „nachhaltige Entwicklungsziele der UNO" (SDG) umbenannt worden sind[434].

El País hat seit 2013 zwei Mal Geld bekommen, insgesamt knapp vier Millionen Dollar[435]. Auch bei deren Projekt mit Bill Gates, dass sie „Planeta Futuro"[436] nennen, geht es um die SDG. Als Grund für die Förderung schreibt die Bill and Melinda Gates Foundation[437]:

„Die spanischsprachige Öffentlichkeit über vorrangige Themen im Zusammenhang mit den nachhaltigen Entwicklungszielen zu informieren und zu beteiligen."

Le Monde hat von der BMGF seit 2014 fünf Mal Geld bekommen, insgesamt etwa vier Millionen Dollar[438]. Zur BBC ist Bill Gates besonders großzügig, denn sie wird seit 2005 von ihm unterstützt und er hat ihr 16-mal Geld überwiesen, insgesamt etwa 50 Millionen Dollar[439]. Dagegen wurde CNN von Bill Gates bisher geradezu stiefmütterlich be-

---

433 https://www.gatesfoundation.org/about/committed-grants?q=%22The%20Guardian%22

434 https://www.theguardian.com/global-development/2010/sep/14/about-this-site

435 https://www.gatesfoundation.org/about/committed-grants?q=%22El%20Pa%C3%ADs%22

436 https://elpais.com/planeta-futuro/

437 https://www.gatesfoundation.org/about/committed-grants/2013/10/opp1090828

438 https://www.gatesfoundation.org/about/committed-grants?q=%22Le%20Monde%22

439 https://www.gatesfoundation.org/about/committed-grants?q=%22bbc%22

handelt, denn CNN hat bisher nur eine Zahlung von der BMGF bekommen: 3,6 Millionen Dollar im Jahre 2020[440].

Die BMGF hat bis Juni 2020 etwa 250 Millionen Dollar an alle möglichen Medien überwiesen[441]. Und wir dürfen nicht vergessen, dass die anderen NGOs wie Wellcome Trust, Rockefeller Foundation und so weiter das Gleiche tun. Die westlichen Medien werden von den westlichen Oligarchen gut bezahlt, um die von denen gewollten Narrative in ein positives Licht zu stellen. Leider sind nicht alle NGOs mit ihren Zahlungen so transparent, wie die BMGF, weshalb es schwerer ist, für andere NGOs genaue Zahlen zu bekommen. Aber dass sie alle die Medien mit viel Geld „unterstützen", ist unbestritten.

Die letzte Frage und vor allem die Antwort auf der Seite mit Fragen und Antworten zur Zusammenarbeit mit Bill Gates ist in meinen Augen reine Realsatire:

„Warum fördern Stiftungen Medien?
Indem sie den Journalismus unterstützen, engagieren sich Stiftungen für eine aufgeklärte Gesellschaft und die kritische Begleitung staatlichen Handelns. Sie stärken also die Demokratie – eine Zielsetzung, der sich viele Stiftungen verschrieben haben. Natürlich ist es theoretisch denkbar, dass eine Stiftung mit einer Förderung im Medienbereich die öffentliche Meinung zugunsten eines bestimmten Themas beeinflussen möchte. Aber hier sind die Medien gefragt. Sie müssen sicherstellen, dass eine inhaltliche Einflussnahme der Stiftung ausgeschlossen ist und die journalistische Unabhängigkeit gewahrt bleibt. Dazu dienen Vereinbarungen, die zu Beginn einer Förderung geschlossen werden. Auch für das Projekt Globale Gesellschaft haben wir diese Grundsätze vertraglich festgehalten."

Den Vertrag könnte der Spiegel ja mal veröffentlichen …

Scherz beiseite, ich bin sicher, dass in dem Vertrag nichts Verfängliches steht, denn der Spiegel weiß sehr genau, was Bill Gates von ihm

440 https://www.gatesfoundation.org/about/committed-grants?q=%22cnn%22
441 https://www.cjr.org/criticism/gates-foundation-journalism-funding.php

erwartet. Und da der Spiegel sich an das Geld gewöhnt hat, wird er alles in seiner Macht Stehende tun, um auch nach 2025, wenn die aktuelle Förderung der BMGF ausläuft, eine neue Finanzspritze zu erhalten.

Fassen wir zusammen: Die Medien (beziehungsweise ihre Eigentümer) profitieren selbst von dem System, das den Stiftungen so viel Macht gibt. Die Chefredakteure und auch die meisten ihrer Ressortleiter sind fest eingebunden in die Netzwerke[442], die die Politiker beeinflussen und die Richtung der Politik vorgeben. Die Medien sind, das liegt in der Natur der Sache, abhängig von Werbekunden und keine einzelne Zeitung kann es sich erlauben, im Alleingang eine Branche (zum Beispiel Big Pharma) anzugreifen. Und darüber hinaus werden die Medien auch noch sehr ordentlich von den edlen Philanthropen bezahlt. Da ist es wenig verwunderlich, dass die Medien positiv über die Ziele der großen Stiftungen berichten.

Nun möchte ich anhand eines Beispiels auch noch auf die sozialen Medien eingehen.

In der Endphase des US-Wahlkampfes 2020 sind einige sehr unschöne Details über Joe Biden bekannt geworden. Ich will darauf hier nicht im Detail eingehen, das würde zu weit führen, wir müssen nur wissen, dass sich einige der Meldungen später bestätigt haben. Es waren keine Fake-News.

Eine der Geschichten, um die es ging, betraf Joe Bidens Zeit als US-Vizepräsident, denn damals war er für Präsident Obama der Ukraine-Beauftragte der USA und hat die Ukraine nach dem Maidan an einer sehr kurzen Leine geführt. In dem Zusammenhang gab es eine ganze Reihe von Skandalen in der Ukraine, die bis hin zu schweren Korruptionsvorwürfen gegen den Sohn von Joe Biden reichten. Der Sohn, Hunter Biden, hatte gleich nach dem Maidan, als sein Vater und Vizepräsident Joe Biden für die Ukraine zuständig wurde, einen sehr gut

442 Udo Ulfkotte „Gekaufte Journalisten: Wie Politiker, Geheimdienste und Hochfinanz Deutschlands Massenmedien lenken“ ISBN-10: 3864451434

bezahlten Vorstandsposten bei dem ukrainischen Gaskonzern Burisma erhalten.

Hunter Biden hat für den Vorstandsposten 50.000 Dollar Monatsgehalt bekommen. Für den Job war Hunter nicht nur nicht qualifiziert, er war zu der Zeit drogensüchtig und gar nicht arbeitsfähig, wie er nach der Wahl seines Vaters in seiner Autobiografie[443] freimütig bestätigt hat. Joe Biden hat für den Konzern jedoch ein paar Probleme aus dem Weg geräumt, weshalb der Vorwurf in der Luft liegt, das sei Korruption gewesen: Hunter habe den Job und vor allem das Geld nur bekommen, damit Joe Biden für den Konzern ein paar ernsthafte Probleme löst. Es ging neben dem Gehalt auch noch um verdeckte Zahlungen in zweistelliger Millionenhöhe, die eine New Yorker Firma von Burisma für Beratungsdienstleistungen erhalten hat. An der New Yorker Firma war Hunter Biden beteiligt.

Als diese unschönen Meldungen und noch einige andere Geschichten in den letzten Wochen des Wahlkampfes Biden gegen Trump bekannt wurden, da haben die sozialen Medien reagiert und die Meldungen als Fake News bezeichnet und angefangen, jeden zu sperren, der auf die Originalquellen verlinkt hat.

Bei Facebook gab es eine Beauftragte für die Integrität der US-Wahl, die für diese Löschungen verantwortlich war. Ihr Name ist Anna Makanju. Nebenbei war sie auch Nonresident Senior Fellow beim Atlantic Council[444] und vor allem war sie unter Vizepräsident Biden unter anderem für die Ukraine verantwortlich. Schon 2019, während des Amtsenthebungsverfahrens gegen Präsident Trump, hat Makanju den Lesern der Washington Post versichert, dass es nichts Korruptes an Bidens Umgang mit der Ukraine gegeben habe[445].

---

443 Hunter Biden „Beautiful Things: Meine wahre Geschichte“ ISBN 3455011896

444 https://web.archive.org/web/20201021040344/https://www.atlanticcouncil.org/expert/anna-makanju/

445 https://www.washingtonpost.com/politics/2019/12/04/gop-tries-connect-dots-biden-ukraine-comes-up-short/

Makanju war also in die Ukraine-Aktivitäten von Biden verwickelt und damit definitiv keine neutrale Person, Trotzdem durfte sie in der Endphase des US-Wahlkampfes bei Facebook alles löschen, was über die Skandale Bidens in der Ukraine und anderswo bekannt wurde.

Damit will ich nicht Partei für Trump ergreifen, ich will nur aufzeigen, wie Interessen geleitet die sozialen Medien arbeiten und alles zensieren und löschen, was ihnen nicht gefällt.

Das gleiche erleben wir nämlich auch in der Pandemie: Die sozialen Medien legen fest, was die Wahrheit über die Pandemie (und Bill Gates & Co.) ist, und löschen alles, was dem widerspricht. Der Fachbegriff dafür lautet Zensur, aber die gibt es – so habe ich es mal gelernt – im Westen doch gar nicht.

Chief Operating Officer bei Facebook ist Sharly Sandberg. Sie ist außerdem im Vorstand von ONE[446] und schreibt für das Weltwirtschaftsforum[447]. Auf Facebook ist gut befreundet mit Joe Cerrell, dem Managing Director for Global Policy and Advocacy, GFF Replenishment Leadership Group bei der Bill and Melinda Gates Foundation, der ebenfalls im Vorstand von ONE sitzt. Sandberg ist also der Vorkämpferinnen der nachhaltigen Entwicklungsziele der UNO (SDG). Da kann es nicht überraschen, dass Sandberg persönlich die Zensurkampagne von Facebook im US-Fernsehen beschrieben hat[448].

Zum Abschluss dieses Kapitels habe ich wieder ein „Schmankerl". Westliche Medien kritisieren Russland heftig, weil es 2012 ein „Gesetz über ausländische Agenten" eingeführt hat, das NGOs, die in Russland politisch tätig sind und aus dem Ausland finanziert werden, verpflichtet, sich als ausländische Agenten zu registrieren, ihre Finanzen offenzulegen und ihre Publikationen als von ausländischen stammend zu kennzeichnen. Russland will nichts anderes, als ausländischen Einfluss auf seine

446 https://www.one.org/international/about/leadership/

447 https://www.weforum.org/people/sheryl-sandberg

448 https://www.cbsnews.com/news/facebook-coronavirus-fake-news-coo-sheryl-sandberg/

Innenpolitik zu verhindern. Das will der Westen auch, wie wir in den Medien erfahren, die Russland regelmäßig vorwerfen, sich in die Politik des Westens einzumischen. Westliche Politiker und Medien sehen in dem russischen Gesetz jedoch eine Beschränkung der Zivilgesellschaft und kritisieren das Gesetz bei jeder Gelegenheit.

Was westliche Medien bei der Gelegenheit nie berichten, ist die Tatsache, dass Russland sich das Gesetz nicht selbst ausgedacht hat. Russland hat das Gesetz bei den USA abgeschrieben, wo es ein solches Gesetz bereits seit 1938 gibt, es heißt Foreign Agents Registration Act (FARA). Die Russen haben sogar die amerikanischen Formulierungen übernommen und sprechen, wie die USA, von „ausländischen Agenten".

Das russische Gesetz ist jedoch weit weniger streng als das amerikanische Original, die Geldstrafen bei Verstößen sind geringer und in den USA drohen- im Gegensatz zu Russland – schon bei sehr einfachen Verstößen Gefängnisstrafen von bis zu fünf Jahren. Das aber erzählen die westlichen Medien nie, wenn sie das russische Gesetz kritisieren.

Nun zu dem Schmankerl: Am 14 Juli 2020 hat die amerikanische PR-Agentur Hill & Knowlton gemäß den FARA-Vorschriften eine geplante Kampagne in den USA angemeldet. Hill & Knowlton schrieb in der FARA-Registrierung über die geplanten Maßnahmen für ihren Kunden, die nach amerikanischem Recht als ausländischer Agent geltende WHO, folgendes[449]:

„*Wie in der beigefügten Leistungsbeschreibung detailliert beschrieben, wurde H+K beauftragt, die Weltgesundheitsorganisation (WHO") zu unterstützen, indem eine grundlegende Messung des Bekanntheitsgrades und der Wahrnehmung der WHO in der Öffentlichkeit durchgeführt, Einflüsse in Schlüsselregionen identifiziert und Botschaftsstrategien entwickelt werden, um sicherzustellen, dass Vertrauen in die Ratschläge der WHO besteht und dass die öffentlichen Gesundheitsrichtlinien befolgt werden.*"

449 https://efile.fara.gov/docs/3301-Exhibit-AB-20200714–38.pdf

Es ging also darum, die Autorität der WHO in der amerikanischen Öffentlichkeit zu stärken, damit die Gesundheitsrichtlinien im Zuge der Pandemie-Maßnahmen auf mehr Akzeptanz stießen.

Die Frage ist, wen die WHO engagiert hat, um ihr Image aufzupolieren. Hill & Knowlton ist eine auf politische Kampagnen spezialisierte PR-Agentur, die 1990 zu zweifelhafter Berühmtheit kam. Damals hatte der Irak Kuwait besetzt und die USA wollten die Weltöffentlichkeit davon überzeugen, dass ein Krieg gegen den Irak notwendig ist. Es ging um das Kuwaitische Öl, an dem US-Konzerne gut verdient haben.

Leider war der Weltöffentlichkeit das kleine Kuwait aber nicht allzu wichtig und wem das Öl in Kuwait gehörte, interessierte die Weltöffentlichkeit auch nicht. Also musste sich die US-Regierung etwas ausdenken, um das zu ändern. Dazu wurde Hill & Knowlton engagiert.

Am 10. Oktober 1990 gab eine junge Frau aus Kuwait, die sich als „Nayirah“ vorstellte, vor einem informellen Menschenrechtskomitee des US-Kongresses unter Tränen eine Erklärung ab: Sie habe als kuwaitische Hilfskrankenschwester freiwillige Arbeit im Al-Adnan-Krankenhaus in Kuwait geleistet und sei dabei Zeugin des Eindringens irakischer Soldaten geworden. Sie sagte weinend[450]:

„Ich habe gesehen, wie die irakischen Soldaten mit Gewehren in das Krankenhaus kamen…, die Säuglinge aus den Brutkästen nahmen, die Brutkästen mitnahmen und die Kinder auf dem kalten Boden liegen ließen, wo sie starben.“

Die Weltöffentlichkeit war schockiert und nun bereit, die grausamen Iraker in einem großen Krieg aus Kuwait zu vertreiben.

Das Problem dabei: Die Geschichte war frei erfunden, denn später kann ans Licht, dass Nayirah in Wirklichkeit Nijirah al-Sabah hieß und die Tochter des damaligen kuwaitischen Botschafters in den USA war. PR-Profis von Hill & Knowlton hatten sie als angebliche Zeugin ausgewählt. Bezahlt wurde das von der NGO „Citizens for a free Kuwait“.

450 https://www.youtube.com/watch?v=Fv28_q98Xe8

Hill & Knowlton hatte eine großangelegte Kampagne für den Golfkrieg gefahren, unterstützt übrigens unter anderem von Craig Fuller, dem ehemaligen Stabschef des damaligen US-Präsidenten Bush Senior. Fuller hatte als stellvertretender Agenturchef das Mädchen persönlich für den Auftritt trainiert[451]. Hill & Knowlton hatte die Welt im Auftrag der US-Regierung mit frei erfundenen Lügen in einen Krieg mit vielen Toten getrieben, die Geschichte ist heute als „Brutkastenlüge" bekannt.

Und diese für ihre Lügen bekannte PR-Agentur wurde 2020 von der WHO angeheuert, um deren Glaubwürdigkeit in der Öffentlichkeit zu erhöhen.

Den Medien war das jedoch keine Meldung wert.

Project Syndicate

NGOs haben die unterschiedlichsten Aufgaben und eine NGO mit besonderen Aufgaben ist das Project Syndicate. Seine Aufgabe ist es, die öffentliche Meinung weltweit zu beeinflussen. George Soros wurde in diesem Buch immer wieder erwähnt, jetzt wollen wir uns an einem Beispiel anschauen, wie geschickt Soros die Medien und die öffentliche Meinung lenkt.

Nachdem Soros Anfang der 1990er Jahre mit seiner Spekulation gegen das britische Pfund über Nacht in die Kreise der weltweit einflussreichsten Eliten aufgestiegen ist, hat er sich zunächst auf (Ost-)Europa konzentriert und seine Open Society Foundations gegründet, mit denen er offiziell Demokratie verbreiten, in Wahrheit aber Einfluss auf die öffentliche Meinung und damit auf die Politik erlangen möchte, um seine Investitionen in Staatsanleihen und so weiter abzusichern.

451 https://www.sueddeutsche.de/politik/pr-agentur-hill-knowlton-schmutzige-sprechblasen-1.179920

Zusammen mit den Open Society Foundations hat Soros auch eine nette kleine Organisation in Prag gegründet, das Project Syndicate. Sein Syndikat schreibt über sich selbst[452]:

„Project Syndicate produziert und liefert qualitativ hochwertige Kommentare an ein globales Publikum. Mit exklusiven Beiträgen prominenter politischer Führer, Politiker, Wissenschaftler, Wirtschaftsführer und Bürgeraktivisten aus der ganzen Welt bieten wir Nachrichtenmedien und ihren Lesern modernste Analysen und Einblicke, unabhängig von der Zahlungsfähigkeit. Unsere Mitglieder umfassen über 500 Medien – mehr als die Hälfte davon erhalten unsere Kommentare kostenlos oder zu subventionierten Preisen – in 156 Ländern."

Was so positiv und selbstlos klingt, bedeutet nichts anderes, als dass das Syndikat beeinflussen will, was die Menschen auf der ganzen Welt bewegt. Er will die weltweite öffentliche Meinung beeinflussen und verkauft das als „gemeinnützige Arbeit".

Das Project Syndicate hat – obwohl kaum jemand je davon gehört hat – eine sehr große Wirkung auf die öffentliche Meinung, zumindest in den 156 Ländern, in denen seine Artikel von Medien übernommen werden. Dabei dürften die Kosten für das Syndicate überschaubar sein. Für das Syndikat schreiben viele der Persönlichkeiten Gastbeiträge, die im Westen öffentliche oder politische Autorität genießen. Ob sie für ihre Gastbeiträge ein paar Euro bekommen, oder sie sie umsonst zur Verfügung stellen, ist nicht bekannt, aber in jedem Fall sind die Kosten für das Syndikat überschaubar.

Und diese Gastartikel werden dann in über 500 Medien in 156 Ländern veröffentlicht, ohne dass die Leser dabei erfahren, dass das Project Syndicate dahintersteckt. Dabei werden die Artikel von den Medien entweder gleich wortgleich übernommen oder leicht umgeschrieben. Wichtig ist nur, dass das gewollte Narrativ weltweit verbreitet wird und dass die Leser sehen, dass ganz wichtige und glaubwürdige Leute ihre Ideen

452 https://www.project-syndicate.org/about

mitteilen. Das beeinflusst die Leser, denn wenn so schlaue Menschen etwas schreiben, dann muss es wichtig und richtig sein.

Im Spiegel ist am 1. Juni 2021 ein Gastartikel mit der Überschrift „Gemeinsamer Plan von IWF, WHO, Weltbank und WTO – Wie sich die Pandemie mit 50 Milliarden Dollar beenden ließe“[453] erschienen, den die Chefs von WHO, Weltbank, Welthandelsorganisation (WTO) und Internationalem Währungsfonds gemeinsam geschrieben haben. Das muss – so denkt sich der Spiegel-Leser – ein sehr wichtiger Artikel sein, wenn so wichtige Leute ihn gemeinsam schreiben.

50 Milliarden zusätzlich zu den schon bezahlten Milliarden sind zwar viel Geld, aber wenn sich die Pandemie, die die Menschen Monate lang eingesperrt und ihnen ihre Freiheiten genommen hat, damit beenden lässt, dann ist das gut investiertes Geld, muss sich der Spiegel-Leser denken.

In dem Artikel wird in schönen Worten beschrieben, wie sich die Pandemie mit einer weltweiten Impfkampagne beenden lässt, was „nur“ 50 Milliarden kosten würde. In dem Artikel klingt es so, als würden die genannten Organisationen IWF, WHO, Weltbank und WTO das bezahlen, nur in einem Satz kann man lesen, worum es in Wahrheit geht:

> *„Deshalb fordern wir heute die internationale Gemeinschaft auf, eine verstärkte und koordinierte weltweite Impfstrategie zu unterstützen und umzusetzen und mit neuen finanziellen Mitteln zu fördern.“*

Es ist das Prinzip der öffentlich-privaten Partnerschaften, das sich wie ein roter Faden durch das Thema der Pandemie zieht: Die Staaten des Westens, also die Steuerzahler, sollen die 50 Milliarden locker machen. Mit dem Geld sollen – Überraschung – Impfstoffe und Tests gekauft werden. In dem Artikel wird es nicht erwähnt, aber westliche Staaten kaufen praktisch ausschließlich den Impfstoff von BioNTech/Pfizer,

453 https://www.spiegel.de/ausland/coronavirus-wie-sich-die-pandemie-mit-50-milliarden-dollar-beenden-liesse-a-ced5adc3-bdc0–4377–96b5–5033a40f2d00

weshalb es nicht schwer zu erraten ist, wer den Löwenanteil der zusätzlichen 50 Milliarden bekommen soll.

Mit dem Wissen von heute kann man leicht erkennen, dass dieser Artikel eine Vorbereitung auf die weltweite Impfkampagne war, die in dem offenen Brief von Anfang August 2021 an US-Präsident Biden gefordert wurde. Die darin geäußerte Forderung, bis Sommer 2022 70 Prozent der Weltbevölkerung (mit Pfizer) zu impfen, hat mit Scott Gottlieb sogar ein Vorstand von Pfizer unterschrieben. Offensichtlicher geht es nicht.

Da man aber im Juni 2021, als der Spiegel-Artikel erschienen ist, noch nichts von einem offenen Brief wusste, der Anfang August veröffentlicht werden sollte, kann man erst im Nachhinein erkennen, dass dieser vom Project Syndicate veröffentlichte und vom Spiegel de facto übernommene Artikel ein Teil der Vorbereitung darauf war, dass die Menschen ohne zu murren bereit sind, dass weitere Milliarden in die Impfungen fließen.

Ich habe behauptet, dass Project Syndicate mit seinen Artikeln die öffentliche Meinung in der ganzen Welt beeinflusst. Dieses Beispiel zeigt das anschaulich. Der Gastartikel aus dem Spiegel mit der vom Project Syndicate Forderung, 50 Milliarden bereitzustellen, ist buchstäblich weltweit erschienen.

Am gleichen Tag wie im Spiegel ist der Artikel zum Beispiel auf Englisch[454], Finnisch[455] und Spanisch[456] erschienen. Machen Sie sich den Spaß und suchen Sie bei der Suchmaschine Ihrer Wahl nach den Namen der Verfasser der Gastartikel und stellen Sie dabei eine andere Sprache als Deutsch ein. Wenn Sie ein wenig suchen (das ist ja schon einige Zeit her), werden Sie den Gastartikel entweder wortwörtlich oder leicht verändert in praktisch allen Sprachen der Welt finden.

454 https://www.washingtonpost.com/opinions/2021/05/31/why-we-are-calling-new-commitment-vaccine-equity-defeating-pandemic/

455 https://www.hs.fi/visio/art-2000008003773.html

456 https://elpais.com/opinion/2021–06–01/una-hoja-de-ruta-para-superar-la-pandemia.html

Aber damit nicht genug, das gewollte Narrativ machte danach die Runde. Der österreichische Kurier zum Beispiel hat den Gastartikel zwar nicht wörtlich übernommen, dafür aber unter der Überschrift „Wie man die Corona-Pandemie weltweit beenden könnte“[457] wohlwollend darüber berichtet.

Das Project Syndicate wurde von Soros aus der Taufe gehoben, aber auf deren Seite kann man nachlesen, wer das Syndikat unterstützt. Haben Sie es schon erraten? Natürlich ist neben Soros auch Bill Gates auf der Liste der Unterstützer[458]. Und auf der Seite der Bill and Melinda Gates Foundation erfahren wir, dass sie das Syndikat seit 2012 unterstützt[459].

Beim Spiegel erfahren wir auf der Seite mit Fragen und Antworten über seine Zusammenarbeit mit Bill Gates, dass Bill Gates auch die spanische Zeitung Ei Pais unterstützt. Und natürlich – so ein Zufall – ist der Artikel von Project Syndicate in Spanien ausgerechnet bei El Pais erschienen. Bill Gates bezahlt El Pais schon seit 2013 für eine freundliche Berichterstattung[460].

Wie dreist die öffentliche Meinung nicht nur in Deutschland oder im Westen, sondern weltweit gelenkt wird, kann man an einem auf den ersten Blick unscheinbaren Spiegel-Artikel sehen. Der Artikel wirkt unscheinbar, in Wirklichkeit ist er aber Teil einer weltweiten Medienkampagne.

Der Spiegel-Gastartikel hat sich übrigens langsam entwickelt Seine Geschichte begann wenig überraschend beim Project Syndicate, wo David Malpass, Chef der Weltbank und Mitverfasser des Gastartikels im

---

457 https://kurier.at/politik/ausland/50-milliarden-dollar-sollen-die-corona-pandemie-beenden/401398569

458 https://www.project-syndicate.org/about

459 https://www.gatesfoundation.org/about/committed-grants?q=%22Project%20Syndicate%22

460 https://www.gatesfoundation.org/about/committed-grants?q=%22El%20Pa%C3%ADs%22

Spiegel, am 19. Mai einen Gastartikel mit der Überschrift „Wie man jedes Land impfen kann“[461] veröffentlicht hat. Das Narrativ ist das gleiche: Die Steuerzahler sollen gefälligst zusätzliche Milliarden locker machen.

461 https://www.project-syndicate.org/commentary/global-covid19-vaccination-three-key-factors-by-david-malpass-2021–05

Die amerikanische Spur zu Covid-19

Am Anfang dieses Buches habe ich gesagt, dass es im Grunde unwichtig ist, ob das Virus im Labor von Wuhan erschaffen und dort (versehentlich oder absichtlich) freigesetzt wurde. Die Kernthese dieses Buches ist, dass man kein gefährliches Virus gebraucht hat, um diese Pandemie-Panik zu erschaffen. Während ich diese Zeilen schreibe, melden die offiziellen Statistiken 5,1 Millionen Corona-Tote und 251 Millionen Infizierte weltweit. Wenn man nun noch weiß, dass jeder als Corona-Toter gezählt wird, der infiziert war, aber an etwas vollkommen anderem gestorben ist, dann ist keineswegs sicher, dass alle 5,1 Millionen offiziellen Todesopfer durch Covid-19 auch tatsächlich **an** dem Virus gestorben sind. Obduktionen deuten darauf hin, dass Covid-19 bei weitaus weniger Fällen die Todesursache war.

Hinzu kommt, dass Covid-19 bei etwa 80 Prozent der Infizierten vollkommen symptomfrei verläuft und wenn ein solcher symptomfreier Infizierter keinen Test macht, bemerkt er gar nicht, dass er sich infiziert hat. Ich bin dafür ein Beispiel, denn nachdem eine Bekannte von mir, mit der ich zu der Zeit Kontakt hatte, an Covid-19 erkrankt ist, hatte ich keine Symptome, aber ein Antikörpertest ergab zwei Wochen, dass ich mit dem Virus infiziert war, mich also wahrscheinlich bei ihr angesteckt hatte.

Zusammengenommen bedeutet das folgendes: Die Zahl der Infizierten dürfte weit höher sein, als die offiziellen Zahlen zeigen, während die Zahl der tatsächlich an Covid-19 Verstorbenen weitaus niedriger sein dürfte als die offiziellen ausweisen. Die offiziellen Zahlen behaupten, dass etwa zwei Prozent aller Infizierten sterben. Wenn aber die Zahl der

Infizierten höher und die Zahl der tatsächlich an Covid-19 Verstorbenen niedriger ist als in den offiziellen Zahlen angegeben, dann bedeutet das, dass die Krankheit weit weniger gefährlich ist, als die offiziellen Zahlen suggerieren.

Dass die Zahl Covid-Opfer übertrieben ist, zeigt ein Beispiel. Während ich dies schreibe, werden in der deutschen Statistik 18 Kinder unter 10 Jahren und 17 Jugendliche unter 20 Jahren als Corona-Opfer geführt. Aber gleichzeitig melden die offiziellen Stellen, dass in Deutschland kein Kind oder Jugendlicher unter 17 Jahren **an** Covid-19 gestorben ist. Alle Betroffenen hatten entweder schwere Vorerkrankungen oder vollkommen andere Todesursachen.

Aber nehmen wir trotzdem einmal an, alle 5,1 Millionen offiziellen Corona-Opfer der letzten 20 Monaten wären an Covid-19 gestorben. Das wäre sicherlich tragisch, aber wir haben eine Weltbevölkerung von 7,9 Milliarden Menschen. Das würde bedeuten, dass etwa 0,06 Prozent der Bevölkerung an oder mit dem Virus gestorben sind und dass sich etwa drei Prozent der Weltbevölkerung damit infiziert haben. Gleichzeitig haben Ernteausfälle aufgrund der Corona-Maßnahmen dazu geführt, dass die Zahl der Hungertoten um weitaus mehr gestiegen ist als um 5 Millionen.

Natürlich ist jeder Tote einer zu viel und ich weiß, dass es dazu unterschiedliche Meinungen gibt, aber: Unserer Ansicht nach kann man anhand dieser Zahlen nüchtern festhalten, dass man kaum von einer weltweiten Gefahr sprechen kann, wenn an einer Krankheit 0,06 Prozent der Bevölkerung sterben, wobei die meisten davon schwere Vorerkrankungen hatten und kaum Gesunde unter den Opfern waren.

Daher sind Mr. X und ich der Meinung, dass diese Pandemie vorbereitet wurde und wie das getan wurde, haben wir aufgezeigt. Entscheidend war dabei nicht die Gefährlichkeit des Virus, sondern die Panik, die die Medien veranstaltet haben und die Lockdown-Maßnahmen, die die Regierungen verhängt haben. Dadurch hat jeder Mensch auf der Welt am eigenen Leib zu spüren bekommen, dass es eine Pandemie gibt.

Aber ob die Menschen die Pandemie überhaupt bemerkt hätten, wenn die Medien nicht berichtet und die Regierungen sich so verhalten hätten, wie bei der alljährlichen Grippewelle?

Denn darum ging es bei den Planspielen, die alle nach dem Lock-Step-Szenario ausgerichtet worden sind: Die Medien sollten panisch berichten und die Menschen sollten in ihren Freiheiten eingeschränkt werden, auch wenn die WHO das nie empfohlen hat. Nur so war eine breite Impfbereitschaft zu erreichen, wobei man heuet sieht, dass selbst das nicht gereicht hat, um alle Menschen zur freiwilligen Impfung zu bewegen. Viele müssen dazu gezwungen werden, indem man ihnen ihre Freiheiten nur wieder gibt, wenn sie sich impfen lassen, oder indem man ihnen gar bei einer Verweigerung der Impfung mit dem Verlust des Arbeitsplatzes droht.

Die Frage, ob das Virus natürlichen Ursprungs oder aus dem Labor in Wuhan ist, ist aber trotzdem interessant. Daher wollen wir uns dieses Thema auch anschauen.

Im Herbst 2014 hat die Obama-Regierung ein Moratorium für die Gain of Function (GOF) Forschung verhängt[462]. Gain of Function bedeutet, dass man im Labor versucht, Viren von Tieren so zu verändern, dass sie für den Menschen ansteckend werden.

Einige Monate zuvor, im Sommer 2014, hat das US-Gesundheitsministerium, zu dem die Behörde NIH gehört, deren Chef Dr. Fauci ist, einer New Yorker NGO namens EcoHealth Alliance eine Förderung von 3,7 Millionen Dollar genehmigt[463]. Das Programm war sehr weit gefasst und es umfasste die Forschung an Allergien und Infektionskrankheiten. Die Gelder wurden an verschiedene Einrichtungen weitervergeben.

Die EcoHealth Alliance[464] ist eine NGO, die sich der Forschung an Infektionskrankheiten verschrieben hat. Einen Teil der Gelder gab Eco-

462 https://www.ncbi.nlm.nih.gov/pmc/articles/PMC4271556/

463 https://www.usaspending.gov/award/ASST_NON_R01AI110964_7529

464 https://www.ecohealthalliance.org/

Health an das Labor in Wuhan weiter, wo Dr. Peter Daszhak, der Leiter von EcoHealth, zusammen mit der Chinesin Dr. Shi Zhengli an Coronaviren von Fledermäusen forschte. Dr. Shi gilt als führende Expertin für Fledermausviren und wird daher auch „Batwoman" genannt. Zusammen haben Dr. Daszal und Dr. Shi Fledermausproben gesammelt, Modelle bauten und Gain-of-Function-Experimente durchgeführt, um herauszufinden, welche Tierviren auf den Menschen überspringen können.

Wer eine solche Förderung von Regierungsbehörden bekommt, der muss über seine Arbeit auch berichten. Die Berichte von EcoHealth sind an Dr. Fauci gegangen, der das Programm trotz von Präsident Obama verkündeten Moratoriums nicht gestoppt hat. Fauci hat die in den USA verbotene Forschung nach China outgesourct.

Vanity Fair hat im Juni 2021 einen sehr langen Artikel über das Thema geschrieben, in dem man unter anderem lesen konnte[465]:

„Im Jahr 2018 erhielt die EcoHealth Alliance bis zu 15 Millionen Dollar pro Jahr an Zuschüssen von einer Reihe von US-Bundesbehörden, einschließlich des Verteidigungsministeriums, des Ministeriums für Innere Sicherheit und USAID erhalten, wie aus den 990-Steuerbefreiungsformularen hervorgeht, die sie beim New York State Attorney General's Charities Bureau eingereicht hat. Shi Zhengli selbst gab in ihrem Lebenslauf Zuschüsse der US-Regierung in Höhe von mehr als 1,2 Millionen US-Dollar an: 665.000 US-Dollar vom NIH zwischen 2014 und 2019 und 559.500 US-Dollar im gleichen Zeitraum von der USAID. Zumindest ein Teil dieser Mittel wurde über die EcoHealth Alliance weitergeleitet."

Dr. Daszak hat also mit Geldern und mit Wissen der US-Regierung in Person von Dr. Fauci im Biolabor von Wuhan zusammen mit anderen Wissenschaftlern daran geforscht, wie man Fledermausviren für

---

465 https://www.vanityfair.com/news/2021/06/the-lab-leak-theory-inside-the-fight-to-uncover-covid-19s-origins

Menschen ansteckend machen kann, obwohl die US-Regierung solche Forschungen untersagt hatte.

Ein weiterer Forscher, der bei diesen Arbeiten immer wieder auftaucht, ist Dr. Ralph Baric. 2015 veröffentlichte Baric zusammen mit Dr. Shi und anderen im Fachmagazin Nature einen Artikel mit der Überschrift „Ein SARS-ähnlicher Cluster bei Fledermäusen zirkulierender -Coronaviren hat das Potenzial, auch beim Menschen aufzutreten" („A SARS-like cluster of circulating bat coronaviruses shows potential for human emergence")[466]. Darin wurde ein verändertes Coronavirus beschrieben, das das Spike-Protein des SHC014-Coronavirus aus Hufeisennasen-Fledermäusen enthielt. Es war Gain of Function Forschung, denn die Wissenschaftler hatten ein Coronavirus von Fledermäusen so verändert, dass menschliche Lungen befallen konnte.

Baric Professor an der Abteilung für Epidemiologie und Professor an der Abteilung für Mikrobiologie und Immunologie der Universität von North Carolina in Chapel Hill und Mitglied der National Academy of Sciences. Und diese Universität und bei ihr angesiedelte Organisationen wurden von der Bill and Melinda Gates Foundation mit sehr viel Geld beglückt. Seit Juni 2000, also unmittelbar nach der Gründung der BMGF, ist 82 Mal Geld geflossen, die Gesamtsumme beläuft sich auf über 220 Millionen Dollar[467].

Dr. Baric hat 2018 an seiner Universität einen sehr interessanten Vortrag mit dem Titel „Sich die nächste Grippe-Pandemie vorstellen – und sie verhindern!"[468] gehalten. Zum Ende des Vortrages sagte er:

„Pandemien sind eine Zeit der Möglichkeiten."

Er meinte damit, dass man sich in Pandemien mit Aktien der Firmen eindecken müsste, die an Pandemien verdienen und sprach besonders von Impfstoffherstellern und Maskenproduzenten. Denn, so führte er

466 https://www.nature.com/articles/nm.3985/

467 https://www.gatesfoundation.org/about/committed-grants?q=%22chapel%20hill%22

468 https://www.youtube.com/watch?v=UuERPvBFfco

aus, wenn „10 oder 20 Prozent der Bevölkerung sterben", dann würden die Menschen um Impfungen betteln.

Dem will ich nicht widersprechen, im Gegenteil. Nur sehen wir Covid-19 keine 10 Prozent Opfer, sondern 0,06 Prozent. Und das auch nicht in einer Grippesaison, die weniger als sechs Monate andauert, sondern in inzwischen 20 Monaten.

Übrigens gehörte Ralph Baric zu der Gruppe von Wissenschaftlern, die dem Virus im März 2020 in einem Artikel im Fachmagazin Nature den offiziellen Namen SARS-CoV-2 gegeben haben[469]. In dieser Gruppe war auch Christian Drosten, man kennt sich eben.

Die von Dr. Fauci bezahlten Forschungen in Wuhan waren nie ein Geheimnis. Vanity Fair schreibt in dem schon zitierten Artikel auch:

„Während die Pandemie wütete, geriet die Zusammenarbeit zwischen der EcoHealth Alliance und dem Labor in Wuhan in das Fadenkreuz der Trump-Administration. Bei einer COVID-19-Pressekonferenz des Weißen Hauses am 17. April 2020 stellte ein Reporter des verschwörerischen rechten Medienunternehmens Newsmax Trump eine in der Sache ungenaue Frage über einen NIH-Zuschuss in Höhe von 3,7 Millionen Dollar für ein Level-Vier-Labor in China. „Warum sollten die USA einen solchen Zuschuss an China vergeben?", fragte der Reporter.

Trump antwortete: „Wir werden diesen Zuschuss sehr schnell beenden", und fügte hinzu: „Ich frage mich, wer damals Präsident war."“

In der Sache ungenau war die Frage, weil das Geld nicht direkt vom NIH nach Wuhan gegangen ist und weil auch nicht die volle Summe nach Wuhan gegangen ist. Aber dass Teile der Summe vom NIH über den Umweg über EcoHealth nach Wuhan gegangen sind, bestreitet niemand.

Dr. Fauci hat sich öffentlich gegen diese Geschichte gewandt und das Labor in Wuhan beschützt, indem er mitteilte, das Virus könne nicht aus dem Labor kommen. 2021 sind Emails geleakt worden. NBC zum

469 https://www.nature.com/articles/s41564–020–0695-z

Beispiel schrieb im Sommer 2021 darüber, dass Daszak sich einen Tag nach dieser Pressekonferenz im Weißen Haus bei Fauci bedankte[470]:

„Eine E-Mail, die Aufmerksamkeit erregt hat, ging am 18. April 2020 an Fauci, und zwar vom Leiter einer Forschungsgruppe, die mit dem Wuhan Institute of Virology zusammenarbeitet.

Peter Daszak, ein Zoologe und Präsident der EcoHealth Alliance, der zu den lautstärksten Kritikern der Idee eines Laborlecks gehört, schrieb: „Ich wollte mich nur persönlich im Namen unserer Mitarbeiter und Kollaborateure dafür bedanken, dass Sie öffentlich aufgestanden sind und erklärt haben, dass die wissenschaftlichen Beweise für einen natürlichen Ursprung von COVID-19 durch einen Spillover von Fledermäusen auf den Menschen sprechen und nicht für eine Freisetzung aus dem Wuhan Institute of Virology.“

Das Weiße Haus hat Dr. Fauci danach trotzdem angewiesen, diese Förderung für Wuhan zu sperren, was aber nur von kurzer Dauer war. Schon am 8. Juli schickte das NIH einen Brief an Dr. Daszak, in dem er aufgefordert wurde, sieben Fragen zu beantworten, danach würde man die Förderung wieder freigeben[471].

Wenn man das alles weiß, dann erklärt sich auch, warum Dr. Daszak einer der Unterzeichner des offenen Unterstützungsbriefes war, den eine Reihe von Wissenschaftlern im The Lancet veröffentlicht haben[472] und in dem sie ihre chinesischen Kollegen in Schutz genommen und die Theorie, Covid-19 könnte aus dem Labor in Wuhan sein, scharf zurückgewiesen haben: Dr. Daszak müsste sehr viele unangenehme Fragen beantworten, wenn sich herausstellt, dass seine Gain of Function Forschung in Wuhan etwas mit Covid-19 zu tun hat.

470 https://www.nbcnews.com/news/us-news/fauci-s-emails-don-t-prove-wuhan-conspiracy-raise-further-n1269650

471 http://downloads.vanityfair.com/lab-leak-theory/Daszak_7_8_20_Reactivation_and_Suspension.pdf

472 https://www.thelancet.com/journals/lancet/article/PIIS0140–6736(20)30418–9/fulltext

Warum allerdings Jeremy Farrar, der Chef des Wellcome Trust, und Christian Drosten den Brief mitunterzeichnet haben, ist eine andere Frage, auf die wir keine eindeutige Antwort haben. Aber die gemeinsamen Unterschriften belegen, dass die Herren einander offenbar kennen. Die Welt ist eben klein.

Wir erinnern uns daran, wie die Medien zu Beginn der Pandemie alle Theorien darüber, Covid-19 stamme aus dem Labor in Wuhan als böse Verschwörungstheorie bezeichnet haben. Die Medien haben behauptet, das wäre ein Ablenkungsmanöver von Trump und seinen rechten Unterstützern, um von Trumps angeblichem Versagen beim Kampf gegen Covid-19 vorzugehen. Bis zu Joe Bidens Amtsantritt im Januar 2021 galt die Vermutung, Covid-19 sei künstlich im Labor in Wuhan erschaffen und von dort ausgebrochen, als böse Verschwörungstheorie.

Die Trump-Regierung bereitete allerdings schon im Sommer 2020 eine Inspektion des Labors in Wuhan vor. Vanity Fair schrieb darüber:

„Anfang Juli lud die Weltgesundheitsorganisation die US-Regierung ein, Experten für eine Erkundungsmission nach Wuhan zu empfehlen – ein Zeichen für Fortschritte bei der seit langem verzögerten Untersuchung der Ursprünge von COVID-19. Fragen über die Unabhängigkeit der WHO von China, die Geheimhaltung des Landes und die wütende Pandemie hatten die erwartete Mission in ein Minenfeld von internationalem Groll und Misstrauen verwandelt.

Innerhalb weniger Wochen schlug die US-Regierung der WHO drei Namen vor: einen FDA-Veterinär, einen CDC-Epidemiologen und einen NIAID-Virologen. Keiner wurde ausgewählt. Stattdessen schaffte es nur ein Vertreter aus den USA in die Auswahl: Peter Daszak.“

Die Expedition ist jedoch erst Januar 2021 nach Wuhan gereist und hat das Labor Februar besucht[473]. Dabei traf er auch seine alte Freundin Dr. Shi wieder. Vanity Fair schreibt über die Ergebnisse der Expedition:

473 https://www.france24.com/en/asia-pacific/20210203-who-covid-19-investigation-team-visits-chinese-virus-lab-in-wuhan

„Sie machten einen Besuch im Wuhan Institute of Virology, wo sie mit Shi Zhengli zusammentrafen, wie in einem Anhang zum Missionsbericht berichtet wird. Eine auf der Hand liegende Forderung wäre der Zugang zur Datenbank des Labors mit rund 22.000 Virusproben und -sequenzen gewesen, die vom Netz genommen worden war. Bei einer Veranstaltung einer Londoner Organisation am 10. März wurde Daszak gefragt, ob die Gruppe eine solche Anfrage gestellt habe. Er sagte, es bestehe keine Notwendigkeit: Shi Zhengli hatte erklärt, dass das Labor die Datenbank aufgrund von Hackerangriffen während der Pandemie vom Netz genommen hatte. „Das ist absolut vernünftig", sagte Daszak. „Und wir haben nicht darum gebeten, die Daten einzusehen.... Wie Sie wissen, wurde ein großer Teil dieser Arbeit mit der EcoHealth Alliance.... Wir wissen im Grunde, was in diesen Datenbanken steht. Es gibt in diesen Datenbanken keine Hinweise auf Viren, die näher an SARS-CoV-2 liegen als RaTG13, so einfach ist das."
Tatsächlich war die Datenbank am 12. September 2019 offline genommen worden, drei Monate vor dem offiziellen Beginn der Pandemie, ein Detail, das Gilles Demaneuf und zwei seiner Kollegen von DRASTIC-aufdeckten."

Da die Datenbank am 12. September 2019 vom Netz genommen wurde, vermuten Anhänger der These, das Virus sei in dem Labor entstanden, dass das Virus Anfang September aus dem Labor in Wuhan ausgebrochen ist oder bewusst freigesetzt wurde. Das Labor wollte es demnach unmöglich machen, die genetische Verwandtschaft von Sars-Cov-2 mit den im Labor erschaffenen Viren zu überprüfen.

Das Ergebnis der Expedition nach Wuhan fasst Vanity Fair so zusammen:

„Nach zweiwöchiger Erkundung der Fakten stimmten die chinesischen und internationalen Experten zum Abschluss ihrer Mission per Handzeichen darüber ab, welches Herkunftsszenario am wahrscheinlichsten erschien. Direkte Übertragung von der Fledermaus auf den Menschen: möglich bis wahrscheinlich. Übertragung durch ein Zwischentier: wahr-

scheinlich bis sehr wahrscheinlich. Übertragung durch gefrorene Lebensmittel: möglich. Übertragung durch einen Zwischenfall im Labor: extrem unwahrscheinlich."

Am wahrscheinlichsten war für die geballte Kompetenz der versammelten Experten also die Variante, dass Covid-19 von der Fledermaus auf ein anderes Tier übergesprungen und dann von diesem Zwischenwirt aus auf den Menschen übergesprungen ist. Das Problem dabei: Für diese Version gibt es überhaupt keine Anzeichen, denn weder wurde der Zwischenwirt identifiziert oder auch nur eingegrenzt, noch gibt es im Genom von Covid-19 Hinweise darauf.

Aber das wichtigste Ergebnis war, dass Covid-19 wohl kaum aus dem Labor kommen kann, weshalb Peter Daszak sich wahrscheinlich hochzufrieden auf die Heimreise begeben hat.

Die bis heute offene Frage ist: Wurde in Wuhan an Covid-19 geforscht? Wurde Covid-19 dort geschaffen? Die Antwort auf die Frage liegt in den Datenbanken des Labors in Wuhan und in den Akten der EcoHealth Alliance von Peter Daszak und vielleicht auch in den Akten von Dr. Fauci, aber niemand fragt danach.

Im Gegenteil. Obwohl all diese Fragen praktisch seit Beginn der Pandemie bekannt sind, haben deutsche Medien darüber praktisch nicht berichtet. Erst als republikanische Senatoren ab Mai 2021 angefangen haben, Dr. sehr unangenehme Fragen zu seiner Gain of Function Forschung zu stellen, haben deutsche Medien ein wenig berichtet. Dem Spiegel war das Anfang Juli 2021, also mit sechs Wochen Verspätung, eine Titelstory mit der Überschrift „Geheimdienste und Wissenschaftler erforschen den Ursprung des Coronavirus – Das Rätsel von Wuhan"[474] wert. Darin wurde Peter Daszak und seine merkwürdige Rolle bei der Expedition nach Wuhan zwar am Rande erwähnt, aber der O-Ton des Artikels war: „Die Chinesen versuchen, etwas zu verbergen."

474 https://www.spiegel.de/ausland/coronavirus-geheimdienste-und-wissenschaftler-erforschen-ursprung-das-raetsel-von-wuhan-a-a092cc86-0002-0001-0000-000178206278

Fauci hatte bei seiner Anhörung im Mai 2021 rundweg abgestritten, dass Gelder seiner Behörde genutzt worden seien, um in Wuhan Gain of Function Forschung zu betreiben. Danach kamen aber immer mehr Informationen ans Licht und als Fauci im Juli erneut vor den US-Senat musste und republikanische Senatoren ihn der Lüge bezichtigten, hat der Spiegel es unter der Überschrift „Wutrede von US-Virologe Anthony Fauci – »Wenn hier jemand lügt, Senator, dann sind Sie das«“[475] so dargestellt, als sei der Republikaner ein Spinner. Der Witz dabei war, dass der Spiegel in dem Artikel Tatsachen bestritt, die er nur drei Wochen zuvor in seiner Titelgeschichte – wenn auch nur am Rande – selbst berichtet hat.

Dabei sind die Fakten nicht zu bestreiten und selbst das die Behörde von Dr. Fauci muss scheibchenweise immer mehr zugeben, was Fauci zunächst bestritten hat. Am 20. Oktober 2021 hat das NIH in einem Brief[476] eingeräumt, dass die EcoHealth Alliance in der Tat mit NIH-Mitteln Experimente mit Coronaviren in Wuhan durchgeführt hat. In dem Brief wurde aber bestritten, dass diese Experimente in irgendeiner Verbindung zu dem Virus stehen, das die Erkrankung COVID-19 auslöst.

Jetzt könnte man fragen, was Fauci und Daszak mit all denen zu tun haben, die wir in diesem Buch kennengelernt haben. Die Antwort ist einfach: Sie kennen sich alle und arbeiten oft zusammen. Ein eindrucksvolles Beispiel konnte man im Januar 2021 erleben.

Wahrscheinlich haben Sie noch nie von Eric Schmidt gehört, dabei gehört er zu den hundert reichsten Menschen der Welt. Eric Schmidt ist Informatiker und hat schon in den 1980er Jahren Karriere bei den damals führenden IT-Giganten wie Sun Microsystems gemacht. 2001

---

475 https://www.spiegel.de/wissenschaft/medizin/anthony-fauci-streitet-mit-rand-paul-wenn-hier-jemand-luegt-senator-dann-sind-sie-das-a-00001f9b-5519–490b-958c-50a4d6a3c4ca

476 https://web.archive.org/web/20211020225035/https://republicans-energycommerce.house.gov/wp-content/uploads/2021/10/NIH-Document-Production-Cover-Letter-2021.10.20_McMorris-Rodgers.pdf

haben die Google-Gründer Larry Page und Sergey Brin ihn angeheuert und zum CEO von Google gemacht. Es war Schmidt, der die Managementerfahrung eingebracht hat, die Google nach seiner Gründung groß gemacht hat.

Übrigens sieht man auch an diesem Beispiel wieder die Drehtüren zwischen den US-Internetkonzernen einerseits und dem Pentagon und den US-Geheimdiensten andererseits, denn Schmidt blieb bis 2016 bei Google und wechselte dann Leiter des Defense Innovation Advisory Board ins Pentagon[477].

Schmidt ist in seiner Karriere reich geworden und hat natürlich ebenfalls ein paar Foundations gegründet. Eine davon ist Schmidt Futures[478], die die üblichen Ziele verkündet, sie wolle die Welt zu einem besseren Ort machen und so weiter, wir kennen das schon.

Bemerkenswert war jedoch eine Konferenz mit dem Namen Futures Forum on Preparedness[479], die Schmidt Futures am 12. Und 13. Januar 2021 veranstaltet hat. Dabei sollten wichtige Entscheidungen und Lösungen für die Pandemie gefunden werden. Was die Veranstaltung so besonders gemacht hat, war die geballte Prominenz der vertretenen Teilnehmer[480]. Ich zeige nur eine Auswahl: Anthony Fauci (Leiter des NIH), Tedros Adhanom Ghebreyesus (Chef der WHO), John Nkengasong, Vivek Murthy (damals Covid-19-Chefberater des gewählten US-Präsidenten Biden), Regina Dugan (Chefin von Wellcome LEAP), Victor Dzau (Chef der amerikanischen Medizinakademie), Matthew Hepburn (der Mann, der bei der DARPA die mRNA-Forschung gefördert und den neuen Chip vorgestellt hat, er war zu dieser Zeit Leiter von Trumps Programm „Warp-Speed" für den Kampf gegen Covid-19), Jeremy Farrar (Chef des Welcome Trust), Gayle Smith (Chefin von ONE),

477 https://www.theverge.com/2016/3/2/11146884/eric-schmidt-department-of-defense-board-chair

478 https://schmidtfutures.com/

479 https://www.futuresforumonpreparedness.org/about

480 https://www.futuresforumonpreparedness.org/speakers

Thomas Bollyky (Director, Global Health Program und Senior Fellow beim Council on Foreign Relations), Barbara Bush (Tochter von George Bush Junior und Fellow bei Schmidt Futures), Rebecca Katz (die Open Philanthropy so wichtig war, dass sie mit großzügigen Fördergeldern bedacht wurde) und natürlich durfte unsere alte Freundin Margaret Hamburg nicht fehlen.

Und all diese Leute haben 2021 zwei Tage zusammengesessen und die Pläne für die nächste Zukunft besprochen. Wie ich schon sagte: Man kennt sich.

Es gibt durchaus starke Indizien dafür, dass Covid-19 mit amerikanischem Geld entstanden ist. Das würde bedeuten, dass diejenigen, die von 2017 bis 2019 ein Pandemie-Planspiel nach dem anderen gemacht und all ihre Leute in die richtigen Beraterpositionen bei Regierungen platziert haben, auch mit denen in Kontakt standen, die währenddessen das Virus für die Pandemie gebastelt haben.

Aber das ist nur eine These, bewiesen ist das nicht und darauf legen Mr. X und ich uns nicht fest. Es sind wirklich sehr viele Zufälle rund um Wuhan passiert, aber das sind trotzdem keine Beweise.

Zum Schluss dieses Kapitels möchte ich noch eine Randnotiz erwähnen. Am 7. September 2019, also weniger als vier Monate bevor die ersten Covid-19-Fälle in Wuhan bekannt wurden, hat Bundeskanzlerin Merkel Wuhan besucht. Sie hat an dem Tag eine Rede an der dortigen Universität gehalten[481] und bei der Gelegenheit auch persönlich das neue Werk der deutschen Firma Webasto eröffnet[482], das in der Gegend von Wuhan gebaut worden ist.

Und nun kommt ein weiterer Zufall: Als Ende Januar 2020 der erste Covid-19-Fall in Deutschland festgestellt wurde, handelte es sich dabei

481 https://www.daad.org.cn/de/bundeskanzlerin-besucht-die-huazhong-university-of-science-and-technology/

482 https://www.webasto-group.com/de/presse/pressemitteilungen/pressemitteilung/bundeskanzlerin-angela-merkel-eroeffnet-neuen-webasto-standort-im-chinesischen-wuhan/

um einen Mitarbeiter von Webasto, der sich bei einer Chinesin angesteckt hatte, der bei Webasto in Wuhan arbeitete und dienstlich bei Webasto in Bayern war[483].

483 https://www.br.de/nachrichten/bayern/corona-rueckblick-als-das-virus-nach-bayern-kam,S5ZnOha

Chronologie

Sollten Sie zu den neugierigen Zeitgenossen gehören, die zuerst die Chronologie lesen wollen, bevor Sie das ganze Buch lesen, dann muss ich Sie enttäuschen. Sie werden die Chronologie nicht verstehen, ohne das Buch gelesen zu haben.

Hinzu kommt: In der Chronologie zeige ich nur die Schlüsselereignisse aus der Zeit vor der Pandemie, die wir in dem Buch gesehen haben. Wie sehr die Pandemie vorbereitet wurde, kann man daraus aber nicht erkennen, denn das wird erst deutlich, wenn man sieht, wer während der Pandemie die Entscheidungen getroffen hat. Und das geht aus der Chronologie nicht hervor.

Diese Chronologie umfasst nur eine Auswahl der Ereignisse, denn vor allem die vielen Zahlungen würden den Rahmen sprengen. Da wir die Ereignisse detailliert behandelt haben, werde ich dieses Kapitel im Telegram-Stil halten.

2000

29. Januar:
Gründung der GAVI auf dem Treffen des Weltwirtschaftsforums

2001

22. und 23. Juni:
Das Pandemie-Planspiel Dark Winter findet statt

2005

14. Januar:
Das Pandemie-Planspiel Atlantic Storm findet statt

23. Mai:
Die WHO beschließt die veränderten Internationalen Gesundheitsvorschriften (englisch International Health Regulations, IHR), die 2007 im deutschen Recht verankert werden

2009

1 Januar:
GAVI erhält in der Schweiz den Status einer „internationalen Rechtspersönlichkeit"

19. April:
Die ersten Fälle der Schweinegrippe werden bekannt

4. Mai:
Die WHO ändert die Kriterien für eine Pandemie. Nun muss eine Krankheit nicht mehr gefährlich sein, um eine Pandemie auszurufen, es reicht, wenn sie sich grenzübergreifend ausbreitet

5. Mai:
Der „Good Club" bestehend aus Rockefeller, Gates, Turner, Soros und anderen trifft sich bei Rockefeller in New York

11. Juni:
Die WHO erklärt die Schweinegrippe zur Pandemie

Oktober:
Die Schweinegrippe-Impfstoffe von GlaxoSmithKline, Baxter und Novartis werden zugelassen und von den Staaten millionenfach bestellt

2010

Heidi Larson, GlaxoSmithKline und andere gründen das „Vaccine Confidence Project" an der von Gates mit vielen Millionen finanzierten und von Larsons Ehemann Peter Piot geleiteten London School of Hygiene and Tropical Medicine

Mai:
Die Rockefeller Foundation veröffentlicht das heute sogenannte Lock Step Dokument

2012
Dezember:
Der Bundestag veröffentlicht die „Risikoanalyse Bevölkerungsschutz Bund – Pandemie durch Virus „Modi-SARS““[484]

2013
Februar:
Gründung des Global Research Collaboration for Infectious Disease Preparedness (GLOPID-R).

11 Juni:
Heidi Larson hält die Präsentation über die Frage, wie die Impfbereitschaft bei einer Pandemie wie der Schweinegrippe erhöht werden kann, ein von vielen derartigen Präsentationen und Konferenzen dieser Zeit

Oktober:
Die DARPA zahlt Moderna 25 Mio. Dollar für die mRNA-Forschung

Dezember:
Die DARPA zahlt Pfizer 7 Mio. Dollar für die mRNA-Forschung

2014
1 Juni:
Das NIH von Dr. Fauci vergibt Forschungsgelder an die EcoHealth Alliance von Peter Dazsak, die damit unter anderem in Wuhan an der Übertragbarkeit von Fledermaus-Coronaviren auf den Menschen forscht

Dezember:
Die Obama-Regierung verbietet die Finanzierung der Gain of Function Forschung

2015
23. Juli:
Jeremy Farrar gibt mit dem Artikel „Einen globalen Impfstoffentwi-

484 https://www.eifelzeitung.de/wp-content/uploads/2020/03/Pandemie_durch_Virus.pdf

cklungsfond gründen“ im NEW ENGLAND JOURNAL of MEDICINE den Startschuss zur Gründung der CEPI

9. November:
Dr. Baric und Dr. Shi veröffentlichen in Nature einen Bericht über ihre Forschung in Wuhan an der Übertragbarkeit von Fledermaus-Coronaviren auf den Menschen

2016
11. Januar:
Das Buch „Die vierte Industrielle Revolution“ von Klaus Schwab erscheint und wird Ende Januar bei dem Weltwirtschaftsforum in Davos jedem Teilnehmer ausgehändigt

20.–23. Januar:
Auf dem Weltwirtschaftsforum in Davos wird die Idee der Gründung der CEPI besprochen

November:
Nach dem Wahlsieg von Donald Trump aktiviert Google seine automatische Zensur-Software[485]

2017
Januar:
Das Johns Hopkins Center for Health Security ändert nach Milliardenspenden von Bloomberg seinen Namen in Johns Hopkins Center for Health Security at the Bloomberg School of Public Health

18. Januar:
Die CEPI wird auf dem Weltwirtschaftsforum in Davos gegründet

12. Juni:
Open Philanthropy macht sich von seinen früheren Partnern unabhängig

485 https://www.projectveritas.com/news/google-machine-learning-fairness-whistleblower-goes-public-says-burden-lifted-off-of-my-soul/

28. Juni:
Die Weltbank gibt die ersten „Pandemic Bonds“ zur Finanzierung von Pandemie-Maßnahmen für arme Länder aus[486]

22. August:
Metabiota, In-Q-Tel und die Münchner Rück starten ihr Projekt zur Risikoeinschätzung von Epidemien

Oktober:
Das Pandemie-Planspiel „SPARS Pandemic 2025–2028“ findet statt

Dezember:
Die Weltbank veröffentlicht den Bericht „Von Panik und Vernachlässigung zu Investitionen in die Gesundheitssicherheit: Finanzierung der Pandemievorbereitung auf nationaler Ebene“

19. Dezember:
Das NIH von Dr. Fauci hebt den Stopp der Finanzierung von Gain of Function-Forschung auf[487]

2018

15. Mai:
Das Pandemie-Planspiel Clade-X findet statt

24. Mai:
Gründung des Global Preparedness Monitoring Board (GPMB) durch Weltbank und WHO

28. Juni:
Die Konferenz „Biosicherheit und Risikominderung“ von NTI, Weltwirtschaftsforum, Wellcome Trust und Open Philanthropy findet statt
Juni: Tom Inglesby, Direktor des Johns Hopkins Center for Health Se-

486 https://www.worldbank.org/en/news/press-release/2017/06/28/world-bank-launches-first-ever-pandemic-bonds-to-support-500-million-pandemic-emergency-financing-facility

487 https://www.nih.gov/about-nih/who-we-are/nih-director/statements/nih-lifts-funding-pause-gain-function-research

curity at the Bloomberg School of Public Health, veröffentlicht „6 Wege, wie sich Länder auf die nächste Infektionspandemie vorbereiten können“

7.–9. November:
Die Pandemie-Konferenz Wilton Park von NTI und dem Johns Hopkins Center for Health Security at the Bloomberg School of Public Health findet statt

2019
Januar:
Open Philanthropy gründet Sherlock Biosciences

Februar:
Das deutsche Bundesgesundheitsministerium gründet den Global Health Hub Germany

14. Februar:
Das Pandemie-Planspiel bei der Münchner Sicherheitskonferenz findet statt

8. Mai:
Die Veranstaltung „Globale Gesundheit stärken, UN-Nachhaltigkeitsziel umsetzen“ der CDU/CSU-Bundestagsfraktion findet statt

29. Mai:
Die Ergebnisse des Planspiels bei der Münchner Sicherheitskonferenz und der Konferenz von Wilton Park werden vom NTI, der Weltbank, der Bill and Melinda Gates Foundation und anderen analysiert

Juni:
Die WHO veröffentlicht die „Immunisation Agenda 2030“ (IA2030), die „Impfagenda“ bis 2030[488]

---

488 https://adelaidefreedomrally.com/wp-content/uploads/2021/03/1_Lindstrand_IA2030_v1.pdf

13. Juni:
Unterzeichnung des „United Nations-World Economic Forum Strategic Partnership Agreement" über die Partnerschaft der UNO und dem Weltwirtschaftsforum

September:
Der erste Jahresbericht des Global Preparedness Monitoring Board (GPMB) mit dem Titel „Eine Welt in Gefahr" wird veröffentlicht

7. September:
Bundeskanzlerin Merkel besucht Wuhan und die dortige Niederlassung von Webasto

12. September:
Das Labor in Wuhan nimmt die Datenbanken der Fledermaus-Coronaviren, an denen es mit Geld des NIH von Dr. Fauci zusammen mit Peter Daszak geforscht hat, vom Netz

Oktober:
Der Global Health Security Index erscheint zum ersten Mal

Oktober:
Die WHO veröffentlicht Richtlinien, denen zufolge Kontaktbeschränkungen, Kontaktverfolgung und ähnliche Maßnahmen bei Lungeninfektions-Pandemien nicht empfohlen und als teilweise kontraproduktiv bezeichnet werden[489]

18. Oktober:
Das Pandemie-Planspiel Event 201 findet statt

29. Oktober:
Bei einer Diskussion des Milken Institute nehmen unter anderem Margaret Hamburg und Dr. Fauci teil. Es wird gefordert, das System der Zulassung von Impfstoffen zu sprengen („blow the system), um die „Hyperproduktion" von mRNA-Impfstoffen zu ermöglichen

---

489 https://apps.who.int/iris/bitstream/handle/10665/329438/9789241516839-eng.pdf#page=9

9. Dezember:
Der Pharmakonzern Sanofi bekommt 226 Millionen Dollar von der BARDA, um zusätzliche Produktionskapazitäten für die Produktion von Grippeimpfstoffen aufzubauen

31. Dezember:
Die ersten 41 Covid-19-Infizierten werden in Wuhan gemeldet

2020
8. Januar:
Das Weltwirtschaftsforum veröffentlicht einen Bericht mit dem Titel „Biosicherheitsinnovation und Risikominderung: Ein globaler Rahmen für eine zugängliche, sichere und geschützte DNA-Synthese"

30. Januar:
Das Global Preparedness Monitoring Board (GPMB) fordert wegen Covid-19 die Ausrufung einer Gesundheitlichen Notlage, was die WHO am gleichen Tag umsetzt

Nachdem Sie die Chronologie der wichtigsten Ereignisse vor der Pandemie gelesen haben, will ich noch einmal an die vier Phasen der Pandemie-Vorbereitung erinnern, die Mr. X und ich darin zu erkennen meinen.

Phase 1: Vor 2009 Vorbereitung darauf, aus einem harmlosen Grippevirus eine Pandemie zu machen und eine Massenimpfung zu organisieren.

Phase 2: Nach dem Scheitern der Massenimpfungen bei der Schweinegrippe, begann 2010 die Fehleranalyse und ein Brainstorming, um zu verstehen, wie man bei der nächsten Pandemie das Ziel der Massenimpfungen erreichen könnte.

Phase 3: Etwa 2016 begann die dritte Phase, nämlich die Umsetzung der in Phase 2 gewonnen Erkenntnisse und die Vorbereitung der nächsten Pandemie.

Phase 4: 2020 begann die Pandemie und die Maßnahmen zur Erreichung der Massenimpfung wurden durchgeführt

Nun können Sie selbst entscheiden, ob Sie unsere These teilen oder nicht.

Westliche Werte

Medien und Politik preisen die "westliche Demokratie" immer als das Maß aller Dinge und die Welt wäre demnach erst dann ein friedlicher Ort, wenn überall die „westliche Demokratie" eingeführt wird. Da stellt sich die Frage: Was ist das eigentlich, die „westliche Demokratie"?

Es ist merkwürdig, dass die leeren Phrasen von der „westlichen Demokratie" oder der „Demokratie nach westlichem Vorbild" so kritiklos publiziert werden. Niemand fragt danach, was das eigentlich sein soll. Ist damit die deutsche repräsentative Parteien-Demokratie gemeint? Oder das amerikanische Präsidialsystem mit Wahlmännern? Oder vielleicht die britische Variante ohne Verfassung, dafür aber mit Monarchen?

Die Staatsformen der „westlichen Demokratien" unterscheiden sich ganz gewaltig voneinander, aber sie haben eines gemeinsam: In den „westlichen Demokratien" haben Lobbyisten und ihre NGOs eine fast unbegrenzte Macht.

In meinem Buch „Abhängig beschäftigt" habe ich im Detail und mit Verweis auf die entsprechenden Gesetze erklärt, wie im Westen ein System erschaffen wurde, in dem es vollkommen legal ist, wenn Konzerne Abgeordnete bestechen (das ist kein Scherz, das wurde in einem Paragrafen des deutschen Strafgesetzbuches explizit legalisiert, weshalb zum Beispiel bei der Maskenaffäre niemand strafrechtliche Konsequenzen fürchten muss). Es ist vollkommen legal, wenn NGOs den Regierungen ihre Lobbyisten als Berater zur Seite stellen. In den USA geht das bekanntermaßen so weit, dass niemand ein politisches Amt gewinnen kann, wenn er keine Spenden einsammelt. Und die Großspender werden den Politiker später daran erinnern und Gegenleistungen einfordern. Was ist das anderes als Korruption? Aber das ist politischer Alltag in den USA.

Das ist nicht meine verrückte Fantasie. Das hat 2014 eine große Studie[490] von zwei Professoren sehr berühmter US-Universitäten herausgearbeitet. Sie haben anhand tausender Meinungsumfragen geprüft, ob das, was in Washington in Gesetze geschrieben wird, auch das ist, was die Mehrheit der US-Bürger möchte. Ergebnis: Null Prozent Übereinstimmung zwischen dem Willen der Wähler und den Gesetzen, die die gewählten Vertreter dann beschlossen haben.

Die USA sind der Studie zufolge keine Demokratie, sondern eine Oligarchie, in der einige wenige sehr reiche und mächtige Menschen entscheiden, was getan wird. Aber für die Menschen wird die Illusion einer Demokratie erschaffen. Von der Studie haben Sie wahrscheinlich noch nie etwas gehört, denn die Medien haben darüber praktisch nicht berichtet. Wenn es um Kritik am System geht, schweigen die Medien.

All das – und vor allem, wie das im Detail funktioniert – habe ich in meinem Buch „Abhängig beschäftigt" im Detail herausgearbeitet und als Ergebnis bin ich zu dem Schluss gekommen, dass im Westen die NGOs der Oligarchen regieren, von Demokratie kann keine Rede sein.

Ich erwähne mein Buch hier deshalb, weil es im Grunde mit diesem Buch, das Sie gerade in der Hand halten, zusammengehört. Das war nicht geplant, denn als ich „Abhängig beschäftigt" geschrieben habe, kannte ich Mr. X und seinen Datensatz noch nicht. Dass die beiden Bücher wie Zahnräder ineinander greifen, hat sich einfach ergeben. „Abhängig beschäftigt" erklärt, wie das System funktioniert und dieses Buch macht das an einem Beispiel aus der Praxis, nämlich der Covid-19-Pandemie, deutlich.

Selbst wenn Sie nach der Lektüre dieses Buches nicht zu dem Schluss kommen, dass die Pandemie von langer Hand geplant und vorbereitet worden ist, so können Sie nach der Lektüre dieses Buches eines kaum

490 https://www.cambridge.org/core/journals/perspectives-on-politics/article/testing-theories-of-american-politics-elites-interest-groups-and-average-citizens/62327F513959D0A304D4893B382B992B

bestreiten: Die NGOs der Oligarchen (oder Philanthropen) haben im Westen eine ungeheure Macht.

Das bestreitet ja auch niemand, wie die öffentlich-privaten Partnerschaften zeigen, bei denen die „Wohltäter" sich vom Staat die Gelder geben lassen, mit denen sie dann ihre Ziele umsetzen. Das wird nicht bestritten, es wird uns stattdessen als etwas Positives verkauft.

Meine These von der Macht der NGOs habe ich in „Abhängig beschäftigt" auch in der Praxis überprüft, indem ich mir die Biografien der führenden deutschen Politiker angeschaut habe. Dabei hat sich das bestätigt: Man hat in Deutschland praktisch keine Chance auf einen Ministerposten, wenn man nicht mit mindestens einer der mächtigen Stiftungen (NGOs und Think Tanks) sehr eng verbunden ist.

Mein ernüchterndes Fazit ist daher, dass die „westlichen Demokratien" vor allem eines eint: Sie sichern und erhalten die Macht der Oligarchen und wollen deren Macht mit immer mehr öffentlich-privaten Partnerschaften sogar noch weiter ausbauen. Das sind die vielbeschworenen „westlichen Werte", für die wir alle laut Politik und Medien einstehen sollen.

Ein anderes Wort dafür ist „Globalisierung". Dabei geht es im Kern darum, dass die Staaten sich immer mehr zurückziehen und den Konzernen freie Hand lassen. „Handelshemmnisse" sollen abgebaut und Kompetenzen von den Nationalstaaten an überstaatliche Organisationen übertragen werden, in denen dann die Konzerne über ihre Lobbyisten Entscheidungen beeinflussen oder sogar selbst treffen, die von keinem gewählten Parlament abgesegnet werden müssen.

Eine weitere Tatsache macht das deutlich. Schauen Sie sich alle Staaten an, die der Westen zu Gegnern erklärt und mit Sanktionen überzogen hat. Russland, Weißrussland, China, Venezuela, der Iran und so weiter sind vollkommen verschieden, aber sie alle haben eines gemeinsam: Sie wollen die (Macht der) Nationalstaaten erhalten und sind nicht bereit, ihre Souveränität an überstaatliche Organisationen oder NGOs abzugeben und den westlichen Konzernen bei sich zu Hause gar freie Hand zu lassen.

Das ist kein Plädoyer für einen dieser Staaten, es ist nur die nüchterne Feststellung einer Tatsache. Wenn die westlichen Politiker und Medien einen Staat zum Gegner ausrufen, in dem ihrer Meinung nach ein böser Herrscher die Menschenrechte mit Füßen tritt, dann hat dieser Herrscher vor allem eines mit Füßen getreten: Die Wünsche der westlichen Konzerne.

Dass es dem Westen nicht um Menschenrechte geht, macht das Beispiel Saudi-Arabien deutlich. Dort gibt es keine Demokratie, keine Frauenrechte, auf Homosexualität steht die Todesstrafe und so weiter und so fort. Aber dafür wird Saudi-Arabien nicht kritisiert oder mit Sanktionen belegt, denn Saudi-Arabien ist ausgesprochen freundlich zu den westlichen Konzernen.

Das sind die wahren „westlichen Werte“: Die Macht der Supereichen und ihrer Konzerne sind die „westlichen Werte“, nicht Demokratie, Pressefreiheit, Menschenrechte und so weiter. Das sind nur schöne Parolen, mit denen man das dumme Volk bespaßt, während man hinter den Kulissen seine eigene Macht weiter ausbaut.

Nachwort

Im Nachwort will ich noch auf Fragen eingehen, die in dem Buch keine Rolle gespielt haben, die mir aber von allen Freunden gestellt wurden, die wussten, an was für einem Buch ich arbeite. Daher vermute ich, dass auch Sie sich diese Fragen vielleicht stellen.

Dabei handelt es sich um drei Fragen: Welche Ziele stecken hinter der Pandemie? Welche Rolle spielen Russland und China? Welche Software hat Mr. X benutzt?

Gehen wir die Fragen der Reihe nach durch.

Welche Ziele stecken hinter der Pandemie?

Stammleser meiner Seite Anti-Spiegel wissen, dass ich nur ungern spekuliere und mich lieber an Fakten halte. Aber hier mache ich eine Ausnahme. Bedenken Sie also, dass wir in dem Buch Fakten aufgelistet haben, dass ich bei der Antwort auf diese Frage jedoch spekuliere. Ich kann also auch falsch liegen.

Wenn wir uns die Ziele der Leute anschauen, die die Pandemie organisiert haben und auch die Programme anschauen, die sie alle mit sehr viel Geld finanzieren, dann gibt es Gemeinsamkeiten. Sie alle interessieren sich für Geburtenkontrolle, was eine schöne Umschreibung von Bevölkerungsreduzierung ist. Ted Turner hat das ja sogar ganz offen gesagt.

Außerdem sind sie Anhänger des Transhumanismus und sie fördern die SDG und die öffentlich-privaten Partnerschaften.

Dass es diesen Oligarchen darum geht, die Staaten zu entmachten (also die Demokratie abzuschaffen) und die Macht direkt mit ihren Konzernen und NGOs auszuüben, daran besteht kein Zweifel, denn sie sagen es ja selbst ganz offen, siehe zum Beispiel die öffentlich-private UNO von Klaus Schwab, die alle anderen auch ganz toll finden. Von

Smart City, das ein Bestandteil der SDG ist und wo offen gesagt wird, dass Wahlen in Zukunft überflüssig sind, gar nicht zu reden. Die SDG, die beim genauen Hinsehen ein Thema zum Gruseln sind, wenn man sich anschaut, mit welchen Mitteln die Leute diese schön und harmlos klingenden Ziele angeblich erreichen wollen, sind für alle Beteiligten eine Herzensangelegenheit.

Die Pandemie kam für diese Herrschaften zum bestmöglichen Zeitpunkt, denn die mit der Begründung der Pandemie-Bekämpfung umgesetzten Maßnahmen spielen ihnen in die Hände.

2019 hätte man die Menschen im Westen nicht dazu bewegen können, sich massenhaft eine Tracing-App herunterzuladen, um dem Staat (oder einer NGO) offenzulegen, wann man wo war, mit wem man sich getroffen hat, und so weiter. Dank der Pandemie haben die Menschen das nun bereitwillig getan und sich freiwillig einer Kontrolle unterworfen, die sie 2019 noch für skandalös gehalten hätten.

2019 hätte man die Menschen nie davon überzeugen können, dass ihre Gesundheitsdaten in einer zentralen Datenbank hinterlegt und dem Staat (und Konzernen und NGOs, die die Datenbank bereitstellen) offengelegt werden. Ich weiß nicht, ob Sie sich noch daran erinnern können, aber es gab in der „alten Normalität" etwas, das nannte sich Datenschutz. Solche Datenbanken wären 2019 nicht durchsetzbar gewesen, nun wurde dank der elektronischen Impfnachweise der Grundstein dafür gelegt. Warum muss ich dabei sofort an ID2020 denken?

Oder ganz banal: 2019 war es undenkbar, dass der Arbeitgeber seinen Angestellten zwingen darf, seine Gesundheitsdaten oder Impfungen offenzulegen. Das wurde im Zuge der Pandemie quasi im Vorübergehen durchgewunken, wäre vor der Pandemie aber undenkbar gewesen.

Die Liste ließe sich fortsetzen, aber alle mit Verweis auf die Pandemie durchgepeitschten Maßnahmen gehen in die gleiche Richtung: Abbau von Freiheiten und immer mehr Kontrolle über die Menschen. Und diese Dinge sind genau das, was die Protagonisten, die wir in diesem Buch kennengelernt haben, sich wünschen, und was hinter den Zielen steht, die sie mit schönen Worten umschreiben.

Was aber die langfristigen Ziele sind, da kann man nur raten. Wenn wir alles übereinanderlegen, könnte es folgendes Szenario sein:

Die „Wohltäter" denken langfristig, auch in Jahrzehnten. Ihr Ziel ist eine Bevölkerungsreduzierung, wie sie offen sagen. Vielleicht befürchten sie, dass mit der Einführung der KI, die aus wirtschaftlicher Sicht etwa die Hälfte der Menschen überflüssig macht, wie Klaus Schwab beschreibt, die Menschen unruhig werden und rebellieren könnten.

Da wäre es aus deren Sicht doch ideal, wenn sie die Menschen dazu bewegen könnten, ständig Medikamente oder Impfungen zu akzeptieren. Wenn man dabei an die Glückshormone denkt, die die Transhumanisten erwähnen, dann könnte man die Menschen damit ruhigstellen. Man gibt denen, deren Jobs bei der Einführung der KI vernichtet werden, ein „bedingungsloses" Grundeinkommen und lässt sie – vollgepumpt mit Glückshormonen – vor dem Fernseher vor sich hinvegetieren. Zumindest würden die keinen Aufstand anzetteln.

Und wenn wir uns an den Gene Drive erinnern, könnte es sein, dass die Medikamente oder Impfungen folgende Generationen unfruchtbar machen. Bis das auffällt, wäre 2045, denn ein 2022 oder später geborenes Kind würde seine Unfruchtbarkeit erst bemerken, wenn es seinen Kinderwunsch nicht erfüllen kann, also von heute an gerechnet erst in über 20 Jahren. Die Folge wäre, dass sich die Bevölkerung bis zum Ende des 21. Jahrhunderts massiv verringern würde, also das, was die Herrschaften anstreben.

Wie gesagt, das ist rein spekulativ, ich fantasiere nur.

Mr. X und ich haben darüber lange diskutiert, aber wir sind aber über Spekulationen nicht hinausgekommen.

Das ist wie vor der Pandemie: Aus der Chronologie vor 2020 lässt sich zwar eine deutliche Aktivität bei der Pandemie-Vorsorge erkennen und vielleicht haben einige Leute im internationalen Gesundheitssektor das

Gefühl gehabt, da sei „was im Busch", aber was wirklich dahintersteckte, wurde erst offensichtlich, als klar wurde, welche Entscheidungen während der Pandemie getroffen wurden und wer sie getroffen hat.

So auch hier: Wir können lange spekulieren, was – abgesehen von Geld und Macht – die Ziele dieser Leute sind, aber bevor wir nicht sehen, in welche Richtung es tatsächlich gehen wird, stochern wir im Dunkeln. Und wenn wir es dann erkennen können, dürfte es – wie auch im Falle der Pandemie – zu spät sein, noch etwas dagegen zu tun.

Man könnte auch noch über den Zustand des Finanzsystems nachdenken, das seit der Finanzkrise 2008 ohnehin nur noch künstlich durch Milliarden an Zentralbankgeld, die monatlich ins System gepumpt werden, am Leben gehalten wird. Wenn das Finanzsystem während der Pandemie im Zuge einer Wirtschaftskrise zusammenbrechen sollte, kann man das auf die Pandemie schieben und nicht auf das System selbst. Und man könnte, ganz ohne demokratische Kontrolle, ein neues System aus dem Hut zaubern, das die Menschen dann notgedrungen akzeptieren müssten. Vielleicht haben wir bald kein Geld mehr, sondern nun noch einen digitalen Zentralbank-Coin. Das würde die Kontrolle über die Bevölkerung weiter erhöhen, denn dann wäre jeder Mensch gläsern. Man könnte nicht einmal mehr einen Kaugummi kaufen, ohne dass der Staat davon wüsste.

Aber auch das ist Spekulation.

Welche Rolle spielen Russland und China?

Wie gesehen finden wir in den Daten keine Hinweise darauf, dass Russland und China an der Pandemievorbereitung oder an der Umsetzung beteiligt waren.

In den Rohdaten gab es zwar eine Spur nach China, weil George Gao, der Generaldirektor des Chinesischen Zentrums für Krankheitskontrolle und -prävention, bei einigen der beteiligten Organisationen (CEPI, Leopoldina, BPMG) in hoher Funktion sitzt, aber wir konnten an seiner Tätigkeit nichts Verdächtiges feststellen. Und in den Gremien sitzen sehr viele Leute, die in dem Buch nicht erwähnt werden. Wir haben uns auf die Schlüsselfiguren und ihre Aktivitäten konzentriert. Überspitzt gesagt: Bloß, weil ein Vertreter von Togo in drei Organisationen sitzt, heißt das noch nicht, dass Togo bei der Geschichte eine Rolle gespielt hat.

Hinzu kommt, dass wir keine Geldströme gefunden haben, die in Richtung China oder Russland weisen. Das erste offensichtliche Ziel der Pandemie ist nicht bloß die Impfung der Weltbevölkerung, sondern – wie inzwischen vollkommen offensichtlich ist – die Impfung der Weltbevölkerung mit dem Impfstoff von BioNTech/Pfizer. Und damit haben Russland und China, die in aller Eile eigene Impfstoffe entwickelt haben und die nicht auf mRNA-Basis funktionieren, nichts zu tun. Den mRNA-Impfstoff von BioNTech/Pfizer lassen sie (bisher) nicht in ihre Länder.

Auch wenn viele meinen, Russland und China würden mit Schwab & Co. unter einer Decke stecken, können wir darauf keine Hinweise erkennen. Im Gegenteil: Russland und China stellen sich gegen die Macht der NGOs und Konzerne und wollen die Macht der Nationalstaaten und ihrer Regierungen erhalten. Sie stehen de facto den Zielen der westlichen Oligarchen im Weg, indem sie sie aus ihren Ländern fernhalten, und beteiligen sich auch nur minimal an all den öffentlich-privaten Partnerschaften. Während wir gesehen haben, dass all diese öffentlich-privaten Partnerschaften von westlichen Staaten mit Milliarden finanziert werden, steuern Russland und China unter „ferner liefen" bestenfalls einige Millionen bei, meistens sind sie gar nicht unter den Geldgebern zu finden.

Gerade im Falle Russlands ist es so, dass Russland unter Jelzin das Paradies der Oligarchen und NGOs war. Sie haben Russland in den 1990ern de facto regiert. Man muss Putin nicht mögen, aber er hat das abgestellt und damit den Westen verärgert. Wäre er einer von Schwabs Leuten, hätte er nach seiner Wahl zum russischen Präsidenten im Jahr 2000 einfach alles so weiterlaufen lassen können, wie es unter Jelzin war.

Putin hätte dann sicherlich ein wesentlich entspannteres Leben gehabt, aber er ist einen anderen Weg gegangen.

Und China hat gerade 2021 sehr hart gegen seine eigenen Milliardäre durchgegriffen, als die versucht haben, enge Kooperationen mit westlichen Oligarchen einzugehen und die Politik zu beeinflussen. Sie wurden zu Strafzahlungen in Milliardenhöhe verdonnert und seit einigen Monaten hört man von denen politisch nichts mehr. Das wird der chinesischen Regierung bei Schwab & Co. kaum Sympathiepunkte gebracht haben.

Das soll kein Plädoyer für Russland oder China sein, das ist nur eine Analyse der (Geo-)Politik, die diese Länder betreiben.

Natürlich ist auch das, was ich zur Frage der Rolle von Russland und China geschrieben habe, spekulativ. Aber Fakt ist, dass wir in den Daten und bei der weiteren Recherche keine Hinweise dafür gefunden haben, dass Russland und China eine Rolle gespielt haben und ihre Politik der letzten 20 Jahre hat ihnen bei westlichen Oligarchen und Entscheidungsträgern keine Sympathien eingebracht, weshalb Mr. X und ich der Meinung sind, dass sie damit nichts zu tun haben.

In diesem Zusammenhang wäre es interessant zu wissen, ob das Virus ein Produkt der Arbeit der Doktoren Daszak, Baric und Shi ist, dann könnte man sicher besser verstehen, was in China und Russland vor sich geht.

Welche Software hat Mr. X benutzt?

Da ich keine Ahnung von IT habe, hat Mr. X diesen Text geschrieben und ich habe ihn überarbeitet und an einigen Stellen mit Beispielen aus unserer Praxis ergänzt. Ich bin bei dem Thema ein Laie und würde diesen Abschnitt kaum verstehen, wenn ich nicht selbst mit der Software gearbeitet hätte (Danke, Mr. X, für Deine Geduld bei der Einweisung).

Da die Frage nach der Software jedoch eine der am häufigsten gestellten Fragen ist, werden wir sie hiermit beantworten.

Die Datenbank von Mr. X enthält über 6.500 Objekte mit mehr als 7.200 Verbindungen, bestehend aus NGOS, Firmen, Personen, Dokumenten, Veranstaltungen, etc. Diese Datenbank ermöglicht es, in Sekunden herauszufinden, welche NGO zum Beispiel Zuwendungen von der Gates Foundation erhalten hat, welche Person an einer Veranstaltung, wie dem Event 201 teilgenommen hat, oder wie Scott Gottlieb mit Margaret Hamburg in Verbindung stehen. Diese Datenbank hat Mr. X in monatelange Recherchearbeit weitestgehend per Hand angelegt. Auch wenn die Software in der Lage ist, bestimmte Informationen zu den jeweiligen Personen direkt aus dem Internet zu ziehen, so muss man dabei berücksichtigen, dass die Software die Daten inhaltlich nicht bewerten kann. Das ist aber für die Datenqualität sehr wichtig.

Eines der Programme, die Mr. X einsetzt, ist Maltego. Maltego ist eine Software für Open-Source-Intelligence. Dabei werden sogenannten Transformationen ausgeführt. Diese Transformationen beziehen beispielsweise Daten aus öffentlichen Quellen, wie beispielsweise. Facebook, LinkedIn, Suchmaschinen wie Google, Handelsregisterabfragen über Open Corporate, etc., oder aber auch Webseiten mit ein.

Diese Informationen werden in einem Graphenformat visualisiert und bilden die Basis für eine Verbindungsanalyse. Falls während einer Transformation identische Objekte erkannt werden, so werden die Verbindungen zwischen diesen Objekten automatisch hergestellt. Die Software kann in wenigen Sekunden oder Minuten eine Grafik mit tausenden Verbindungslinien erstellen. Dadurch lassen sich schnell Verbindungen identifizieren, die man zum Beispiel aus einer Excel-Tabelle nur schwer erkennen kann.

Allerdings kann so eine Automatisierung ganz schnell dazu führen, dass man den Wald vor lauter Bäumen nicht mehr sieht und dass eine wichtige Person oder ein interessantes Dokument aufgrund der zu vielen Daten einfach untergeht. Mr. X hat genau diese Teilanalysen durchgeführt, sich die vielen Daten angeschaut, und – wenn etwas Interessantes dabei war – eine Person, eine neue NGO, ein Dokument, wie beispielsweise ein Patent, dann wurden diese Daten manuell in die eigentliche Datenbank übernommen. So hat Mr. X während der letzten anderthalb Jahre Gigabytes an Daten angesammelt und durchforstet. Hierfür wurden nicht nur „normale" Abfragen an Google geschickt, sondern über Maltego und weitere kostenpflichtige Zusatzkomponenten, weit über 400.000 LinkedIn Accounts analysiert. Dabei hat Mr. X danach geschaut, wo die Mitarbeiter einer interessanten NGO vorher gearbeitet haben, oder welche Unis sie besucht haben, und so weiter.

Hierzu ein Beispiel: In der Grafik hat Mr. X die FDA näher betrachtet, genauer gesagt die LinkedIn Accounts von aktuellen und ehemaligen Mitarbeitern. Aus der Grafik kann man erkennen, dass einige Mitarbeiter zwischen CDC und FDA gewechselt haben (1), einige Mitarbeiter zwischen Pfizer und FDA (2), eine Person zwischen CDC, FDA und der Gates Foundation (3) und diverse Personen zwischen FDA und Pharma-Unternehmen (4), denn bei den schwarzen Punkten handelt es sich ausschließlich um Pharma-Unternehmen.

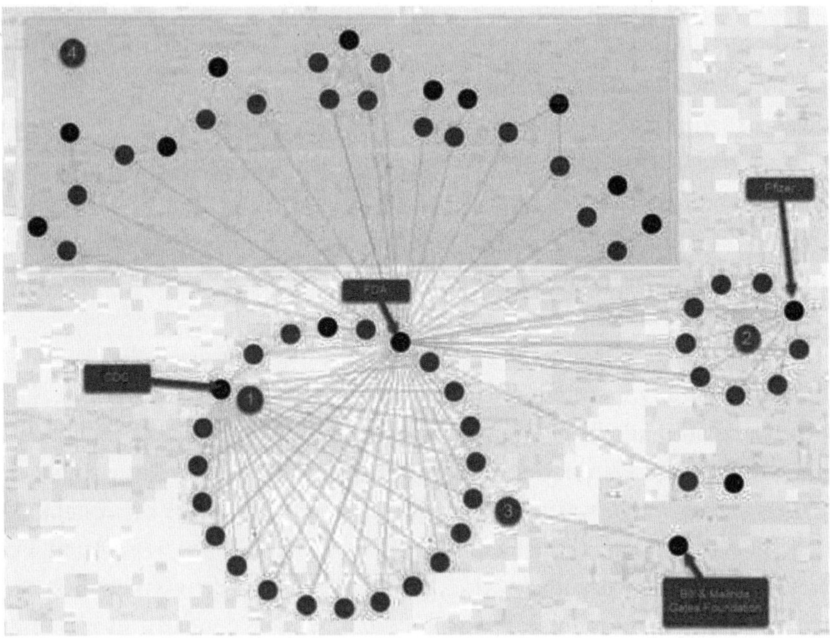

Ebenso hat Mr. X zehntausende von Facebook-Accounts analysiert und dabei geschaut, wer mit wem befreundet ist. Hierbei ging es nicht um die Facebook-Freundschaft an sich, denn die sagt erst einmal wenig aus. Es war viel wichtiger herauszufinden, wo diese Person arbeitet und zu welchen NGOs diese Person gehört. Erst durch den ständigen Wechsel zwischen den Daten von Facebook und LinkedIn konnte ein Großteil der Informationen gewonnen werden.

Gerade für die Recherche von Unternehmensstrukturen ist diese Software eine große Hilfe. So kann man zum Beispiel in wenigen Sekunden Handelsregistereinträge einer NGO abfragen. Dann bekommt man schnell die Details über Gründungsjahr, Unternehmenssitz, Geschäftsführer und alles andere, was in öffentlichen Unternehmensregistern zu finden ist. Spannend wird es, wenn man beispielsweise nachschaut, welche Unternehmen noch am selben Standort gemeldet sind. So findet man schnell Unternehmen, die mit der eigentlichen NGO in Verbindung stehen könnten, die man ohne diese Informationen aber nie gefunden hätte. Oder man erfährt, ob eine Person bei mehreren Unternehmen oder NGOs eine leitende Funktion trägt, die im Handelsregister vermerkt ist, aber auf deren Seiten im Netz nicht erwähnt wird.

Natürlich kann die Software auch noch viel mehr analysieren, als wir hier beschreiben. Wer sich dafür interessiert, kann sich bei Maltego darüber informieren. Hier wollen wir keine detaillierte Produktbeschreibung schreiben, sondern einen generellen Einblick geben, wie die Software arbeitet und wie Mr. X bei seiner Recherche vorgegangen ist.

An dieser Stelle möchten wir noch einmal darauf hinweisen, dass die gewonnen Daten alle öffentlich zugänglich sind. Es wurde nichts gehackt, es wurden keine Datenquellen illegal angezapft.

Das war es auch, was uns am meisten schockiert hat: Es ist unglaublich, wie sicher sich diese Leute fühlen, dass sie all das ganz offen ins Netz stellen. Was darüber hinaus hinter verschlossenen Türen besprochen wird, möchte man sich kaum vorstellen …

Maltego war das wichtigste Werkzeug von Mr. X. Allerdings hat er für die Recherche noch weitere Programme eingesetzt, auf die ich noch kurz eingehen möchte.

Mit Hilfe von Scraper Software wie DataMiner können strukturierte Daten sehr schnell von einer Website eingesammelt werden. Das erspart das zeitaufwendige Übertragen der Personendaten via Copy & Paste enorm. So kann man zum Beispiel mit wenigen Klicks eine Tabelle der Vorstandsmitglieder von Pfizer erstellen. Dabei wird einmalig gesagt, wo sich auf der Website das Bild der Person befindet, wo der Name steht, etc. und mit etwas Glück erstellt die Software direkt eine Excel-Tabelle mit den gewünschten Informationen. Diese Daten können in Excel weiter bearbeitet werden und bei Bedarf nach Maltego übertragen werden.

Mr. X setzt ebenso die Software Sentinel Visualizer ein. Auf den ersten Blick macht diese Software das gleiche, wie Maltego, sie visualisiert Daten. Allerdings kann diese Software leider keine Datenquellen anzapfen, dafür kann sie aber unter anderem einen zeitlichen Verlauf visualisieren. Das ist sehr hilfreich, wenn man verstehen möchte, wie Netzwerke sich über einen Zeitraum verändern und man kann dabei sogar die Standorte der einzelnen Objekte über Google Earth visualisieren. So lässt sich sehr schnell erkennen, ob bestimmte Personen oder NGOs geografisch nah beieinander liegen und zum Beispiel ihren Unternehmenssitz im gleichen Gebäude haben.

Das ist ein wichtiger Hinweis, denn die USA sind groß und wenn NGOs oder Konzerne, die die gleichen Ziele verfolgen, zusammen in einem Gebäude sitzen, lohnt es sich, ihre Aktivitäten genauer anzuschauen. Dabei findet man dann bei der Recherche „per Hand“ interessante Hinweise, die man danach wieder von der Software ergänzen lassen kann.

So sind Mr. X und ich bei der Recherche vorgegangen: Die Software zeigte Verbindungen auf, die ich dann manuell überprüft habe, wobei ich wieder auf Informationen gestoßen bin, die die Software nicht finden konnte, weil sie zum Beispiel nicht in der Lage ist, ein Förderprogramm zu lesen.

Ein Beispiel: Die Grafik der Software zeigt eine Verbindung zwischen zwei NGOs auf. Wenn man auf die Verbindung klickt, dann kann man sehen, dass es sich zum Beispiel um eine Zahlung handelt und man kommt mit einem Klick zu dem dahinterstehenden Förderprogramm. Dabei findet man wieder andere NGOs, die das Programm auch fördern oder daran mitarbeiten. Und diese NGOs lässt man dann wieder durch die Software laufen und schaut, was die „sonst so treiben".

Auf diese Weise haben Mr. X und ich uns perfekt ergänzt. Ich habe eine gute Spürnase bei Recherchen, aber keine Ahnung von Metadaten. So haben wir in der gemeinsamen Arbeit gesehen, dass bestimmte NGOs (z. B. FIND und CARB-X) eng mit den Organisatoren zusammenarbeiten, was darauf hingedeutet hat, dass sie an der Pandemie-Vorbereitung beteiligt waren. Aber bei meiner Recherche per Hand hat sich dann ergeben, dass deren Zusammenarbeit mit ihren Förderern sich auf andere Themen und Ziele konzentriert und sie an der Pandemie-Vorbereitung nicht beteiligt waren.

So sind wir auch auf die SDG gestoßen, denn alle unsere „Wohltäter" fördern zum Beispiel den Global Fund, der für die Durchsetzung der SDG kämpft. Die SDG sind all unseren „Wohltätern" sehr wichtig, sie haben mit der Pandemie-Vorbereitung aber nichts zu tun. Wenn überhaupt eine Verbindung zwischen den SDG und der Pandemie besteht, dann umgekehrt: Die Pandemie fördert die Durchsetzung der SDG.

Daher haben die SDG ein eigenes Kapitel in dem Buch bekommen, denn es lohnt sich, die genauer anzuschauen. Vielleicht schreiben wir darüber mal ein gesondertes Buch …

Viele NGOs veröffentlichen ihre Zuwendungen (wer, für welches Thema/Projekt, wann, für welchen Zeitraum, wie viel Geld bekommen hat) auf ihrer Website. Einige bieten auch einen Dateiexport der Zuwendungen im Excel- oder CSV-Format an. Mr. X hat diese Daten in einer eigenen Datenbank zusammengeführt. So konnten diese Daten mit Excel weiter analysiert werden.

Dazu wieder ein einfaches Beispiel. Die Bill and Melinda Gates Foundation zeigt aktuell an, dass sie insgesamt 30.617 mal Fördergelder überwiesen hat. Da „von Hand" einen Überblick zu gewinnen, ist ausgesprochen aufwändig. Wenn man aber die Daten runterladen und dann in Excel nach Belieben sortieren kann, ist es möglich, innerhalb von Sekunden zu analysieren, was immer man möchte.

Schlusswort von Mr. X

Als mich Thomas Röper vor einigen Monate gefragt hat, ob wir zusammen ein Buch über diese Netzwerke schreiben wollen, habe ich ja gesagt und ich freue mich sehr darüber, dass Thomas Röper es geschafft hat, dieses komplexe Thema – wie ich finde – verständlich zu Papier zu bringen.

Falls Sie wissen möchten, wie ich überhaupt dazu gekommen bin, mich mit diesem Wahnsinn so intensiv zu beschäftigen, was meine Motivation war, und einen kleinen Einblick bekommen möchten, wie ich ticke, dann lesen Sie einfach weiter.

Es ist schon eine seltsame Zeit, in der wir uns befinden. Hätte mir vor einigen Jahren jemand erzählt, dass wir so eine Situation in Deutschland oder auch weitestgehend weltweit haben werden, den hätte ich für verrückt erklärt …

Ich hätte niemals erwartet, dass sich eine einfache Frage der Gesundheit in eine Glaubensfrage verwandeln wird. Dass einige Grundrechte zu Privilegien werden, Politiker plötzlich zu Eltern und das Volk zu Kindern werden, die gehorchen (müssen), sich die Wissenschaft zu einer Pseudowissenschaft entwickelt und die Demokratie anfängt zu bröckeln. Früher habe ich mich in Deutschland sicher gefühlt. Das ist heute nicht mehr der Fall. Heute leben wir in dieser verrückten Zeit, live und in Farbe, mittendrin.

Ich finde es erschreckend, diese ganze Propaganda, dieser Hass und diese Hetze, diese vielen Schuldzuweisungen und Ausgrenzungen gegenüber Andersdenkenden. Dass das Ganze permanent von der Politik und den Medien regelrecht befeuert wird, macht mir – ehrlich gesagt – Angst.

Einige Monate vor Corona war ich drei Tage auf einem Steuerseminar. Dort habe ich sehr vieles über Holding-Strukturen, Stiftungen und die damit verbunden Steuersparmöglichkeiten gelernt. Solche Strukturen sind super, um Dinge zu finanzieren, und dann wiederum direkt oder indirekt weitere Vorteile daraus zu ziehen. Vorausgesetzt man hat schon ein paar mehr Cent auf der hohen Kante liegen. Der wichtigste Satz in diesen drei Tagen war: „Du musst das Geld nicht besitzen, sondern nur kontrollieren."

Vor Corona habe ich mir täglich morgens im Bett die Artikel auf Welt und Spiegel kurz angeschaut. Fernsehen schaue ich schon lange nicht mehr. Dennoch: die Horror-Bilder aus China sind mir durchaus bekannt und sie haben auch bei mir ihre Wirkung hinterlassen. Irgendwann ist mir das bewusst geworden und ich habe aufgehört diese Medien zu konsumieren. Das war gut, denn mir ging es danach deutlich besser, zumindest für eine Zeit. Vor allem konnte ich wieder beobachten und darüber nachdenken. Ich habe angefangen, mich mit dem Thema näher zu beschäftigen und auch andere Informationsquellen heranzuziehen, mich breit zu informieren. Mir ist aufgefallen, wie plötzlich renommierte Ärzte wegen ihrer Meinung regelrecht medial geschlachtet wurden. Dabei habe ich immer gedacht, dass es gerade in der Krise sehr wichtig ist, möglichst viele Aspekte zu beleuchten, um eine, wenn nicht die beste, Lösung zu finden. Mit der Zeit habe ich immer mehr Widersprüche wahrgenommen. Besonders hat mich zum Beispiel die Aussage von Bill Gates zur besten Sendezeit und zu einer frühen Phase der Pandemie irritiert. Insbesondere, als er sinngemäß sagte: „Die Pandemie ist erst dann beendet, wenn wir alle 7 Milliarden Menschen geimpft haben."

Warum spricht da eigentlich Bill Gates und das zur besten Sendezeit? Warum ist die Pandemie erst dann vorbei, wenn alle geimpft sind? Was hat er damit zu tun?

Ich bin in Zeiten von MS DOS, also lange vor Windows 10, mit dem Computer groß geworden. Daher kann ich mich noch an die vielen Prozesse erinnern, die er, beziehungsweise Microsoft, geführt hat. Dabei ging es meistens um irgendwelche Monopol-Geschichten. Ich konnte mir nicht vorstellen, dass dieser knallharte Geschäftsmann auf einmal zum Wohltäter wird, indem er einen Großteil seines Gelds in seine „Bill & Melinda Gates Foundation" überträgt, um dann dieses Geld wieder für gute Taten auszugeben.

Angela Merkel und auch andere Politiker im In- und Ausland haben plötzlich ähnliche Aussagen getroffen. Als Frau Von der Leyen irgendwann sagte „Thank you Bill for your leadership", war es bei mir endgültig vorbei.

Früher hatte ich immer angenommen, dass sich eine Pandemie auch so erledigen kann, unter anderem wegen Herdenimmunität. Man könnte sich zum Beispiel gesund ernähren, Sport treiben, an die frische Luft gehen, sich einfach bewegen und so seinem Immunsystem etwas Gutes tun. Seltsamerweise standen diese Alternativen nicht zur Diskussion. Es war sogar – gefühlt – verboten, darüber nachzudenken, geschweige zu sprechen. Mir war nicht klar, wie ich später lernen durfte, dass das Bundesgesundheitsministerium der Meinung ist, dass zu Hause auf dem Sofa liegen, Fernsehen schauen und Pizza essen viel besser ist. Ja, dass sich das sogar um eine Heldentat zum Wohle der Gemeinschaft handelt. Überhaupt ist man nur dann ein guter Mensch, wenn man sich strikt an alle Regeln hält, egal ob diese sinnbefreit sind oder nicht und dabei stets das macht, was die Regierenden erwarten.

Mir ist auch aufgefallen, dass, wann immer eine noch so feine Kritik an der veröffentlichten Meinung in den sozialen Medien geäußert wurde, diese sehr schnell gelöscht wurde.

Von den mir heute bekannten NGOs, wie World Economic Forum (WEF), WorldBank, GAVI, die plötzlich im Rahmen der Pandemie immer mal wieder auftauchten, hatte ich in der Vergangenheit zwar mal etwas gehört, aber mehr auch nicht. Was die machen und welche Macht diese Organisationen haben war mir bis dato nicht bekannt. Das es generell verschiedene Machtinteressen von einzelnen Gruppen oder auch

Einzelpersonen gibt, das war mir schon klar. Aber dass genau jetzt diese Machtinteresse gerade aktiv sind, das konnte und wollte ich nicht glauben.

Mein damaliger Ausbilder sagte immer zu mir: „Glauben ist nicht Wissen!“. Also habe ich angefangen zu recherchieren. Ich wollte nur verstehen und habe mir die Frage gestellt, wer von all dem profitieren könnte, wenn es denn so wäre? Wer hier eine, und wenn ja welche, Rolle spielen könnte und in diesem Zusammenhang gegebenenfalls welche Interessen verfolgt? Ich habe also das getan, was ein Ermittler tagtäglich macht, wenn er einen Verdacht hat. Entweder wird seine Annahme bestätig oder verworfen. So habe ich angefangen und habe mir die ersten Namen aufgeschrieben. Erst auf Papier, dann mit dem Programm MindManager. Schnell habe ich gemerkt, dass einige Namen immer wieder vorkommen und habe dann Verbindungen zwischen Personen, NGOs und wichtigen Ereignissen, etc. gezogen. Das war sehr unübersichtlich. Also habe ich mir eine weitere Frage gestellt: Mit welchen Werkzeugen wohl professionelle Ermittler arbeiten? So habe ich die Software Maltego entdeckt. Mir war nicht klar, was sich da für ein Netzwerk aufbauen würde, wie verwoben das alles ist.

Während dieser Zeit habe ich unzählige Websites besucht, sehr viele Dokumente gelesen und war erstaunt darüber, dass mir immer wieder die gleichen Personen und NGOs aufgefallen sind. Das war faszinierend, spannend, ernüchternd und erschreckend zugleich. Vor allem dann, wenn ich mir die Frage gestellt habe, wozu man dieses oder jenes verwenden kann oder abweichend von diesem Ziel nutzen könnte.

Das war zwischendurch nicht witzig, denn ich kann mich an eine Nacht erinnern, da lag ich im Bett, es war kurz vor 0.00 Uhr und ich habe an ein bestimmtes, mögliches Szenario gedacht, das ich aufgrund meiner Daten ableiten konnte. Ich war auf einmal hellwach und ich bemerkte, wie ich unruhig wurde. Da bin ich aufgestanden, um nachzudenken. Wenn ich mich bewege, dann kann ich mich besser konzentrieren. Barfuß bin ich im Dunkeln zwischen Küche, Flur und Wohnzimmer auf- und abgegangen. Danach habe ich mich ans Bett zu meiner Tochter gesetzt, ihr beim Schlafen zugeschaut, wie sie dort liegt, mit ihrem Kuscheltier Hasi im Arm, und gedacht „In was für eine Welt wirst Du aufwachsen und wie kann ich dich vor all dem, was da noch kommen wird beschützen?". Als ich wieder im Bett war, war es fast drei Uhr.

Wenn ich heute zurückblicke, dann war unsere freieste Zeit die Zeit nach dem Mauerfall und vor 09/11. Ich bin mir sicher, dass auch Sie sich noch sehr gut an diesen Tag erinnern können. 09/11 hat unser aller Leben mehr oder weniger direkt und indirekt beeinflusst. Nach diesem dunklen Tag wurden zahlreiche Kriege geführt, vielen Menschen wurde unerträgliches Leid zugefügt und ja, einige haben davon mächtig profitiert. Viele neue Gesetzte, die unter anderem eine Überwachung bis in den privaten Bereich erlauben, wurden vor dem Hintergrund der Terrorbekämpfung eingeführt und nie wieder zurückgenommen.

Im Gegenteil: diese Gesetze wurden immer weiter verschärft. Auch bei Corona durfte die Kriegs-Rhetorik nicht fehlen: „Wir befinden uns im Krieg gegen das Virus!". Viele Kriege wurden von wenigen Menschen aus eigenen Interessen, meist von einer Lüge und Propaganda begleitet, geführt und unzählige Menschen mussten darunter leiden. Daher ist es für mich beeindruckend und erschütternd zugleich, wie weit es Medien und Politik geschafft haben die Gesellschaft zu spalten. Einfach nur erschütternd finde ich jedoch, wie viele Menschen dabei einfach mitmachen und glauben, genau das richtige zu tun.

Die Wahrheit braucht keine Mehrheit, um wahr zu sein. Die Wahrheit braucht aber die Mehrheit, um als wahr anerkannt zu sein. Helfen Sie mit kritischen Fragen der Wahrheit eine Stimme zu geben, damit sie nicht irgendwann endgültig der Lüge zum Opfer fällt.

Vielen Dank!

Thomas Röper

Vladimir Putin

Seht Ihr, was Ihr angerichtet habt?

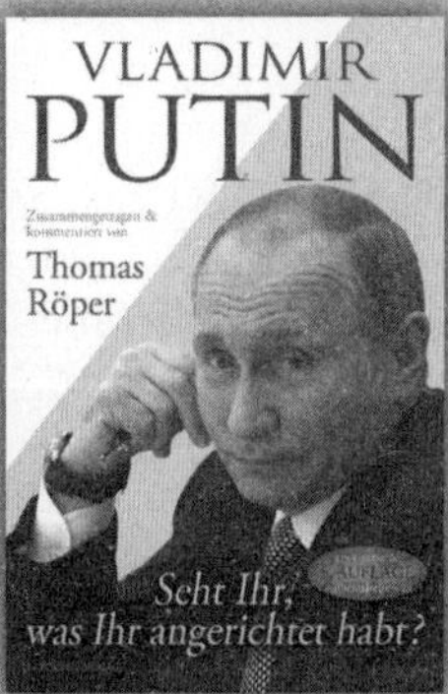

€ 19,95

Festeinband, 312 S.

5. erweiterte Auflage

ISBN 978-3-941956-96-4

In den westlichen Medien wird viel über Putin geschrieben. Aber Putin kommt praktisch nie selbst zu Wort und wenn doch, dann stark verkürzt. Man kann Putin mögen oder auch nicht, aber man sollte wissen, was Putin selbst zu den drängendsten Fragen unserer Zeit sagt, um die Entscheidung darüber treffen zu können.

Thomas Röper lebt seit 1998 überwiegend in Russland, spricht fließend Russisch und lässt den russischen Präsidenten Vladimir Putin selbst in diesem Buch in ausführlichen Zitaten zu Wort kommen.

Sehen Sie, was Putin zu den drängendsten internationalen Problemen sagt, ob zu Syrien, der Ukraine, der weltweiten Flüchtlingskrise, zu dem Verhältnis zu Europa und Deutschland oder auch zu Fragen der Pressefreiheit. Putins Aussagen einmal komplett zu lesen, anstatt nur Zusammenfassungen oder aus dem Zusammenhang gerissene Ausschnitte zu lesen, ergibt eine interessante Sicht auf die Probleme der heutigen Welt.

Das Ergebnis ist eine schonungslose Kritik an der Politik des Westens, wenn Putin die Dinge mal mit Humor und mal mit bitterem Ernst deutlich beim Namen nennt, denn – egal ob dies gut oder schlecht ist – er ist kein Diplomat und findet sehr deutliche und unmissverständliche Worte. Putin redet nicht um den heißen Brei herum und nach dieser Lektüre kann jeder für sich entscheiden, wie er zu Putins Thesen steht. Aber um diese Entscheidung treffen zu können, muss man erst einmal wissen, was Putin tatsächlich selber sagt und denkt. Und ob seine Positionen einem gefallen oder nicht, eines ist unstrittig: Seine Positionen sind seit 18 Jahren unverändert. Machen Sie sich selbst ein ungefiltertes Bild von dem, wofür Präsident Vladimir Putin steht!

Zu bestellen bei:

J. K. Fischer-Verlag

Im Mannsgraben 33
63571 Gelnhausen

Tel.: 06051 474740
Fax: 06051 474741

info@j-k-fischer-verlag.de

www.j-k-fischer-verlag.de

- immer noch zu meinen, daß „die da oben“ nur Gutes mit uns im Sinn haben.
- diese Figuren auch noch zu wählen, damit sie damit fortfahren können, uns und den ganzen Planeten in verbrecherischer Weise aufs Spiel setzen zu lassen.

Und: Lesen Sie das Buch der Trägerin des alternativen Nobelpreises, der amerikanischen Ärztin und Umweltaktivistin Rosalie Bertell.

Wenn Sie sich also nicht vollends lächerlich machen wollen, dann informieren Sie sich endlich! Das Buch dazu können Sie bald in den Händen halten!

Und wenn Ihnen noch einmal jemand sagt, Sie seien ja bloß ein „Verschwörungstheoretiker“, dann halten Sie ihm dieses Buch vor die Nase!

Alles ist machbar und wird längst gemacht! Oder haben Sie geglaubt, die Arktis taut wegen des CO_2 ab? Oder die Sowjets und die Amerikaner hätten nie gemeinsam gehandelt? Millionen Menschen - von Tieren, Pflanzen und Landschaften ganz zu schweigen - sind bereits Opfer von angeblichen Naturkatastrophen, die sich seit den siebziger Jahren verzehnfacht haben! Wollen Sie auch zu den Opfern gehören? Wollen Sie, z. B. über Ihre Versicherungsprämien, für Schäden aufkommen, die völlig überflüssigerweise entstanden bzw. absichtlich verursacht worden sind?

Oder wollen Sie gefragt werden, mitreden, anklagen, dafür sorgen, daß die Opfer zumindest nachträglich noch entschädigt werden, nachforschen, sich mit anderen zusammentun, dem Treiben möglichst umgehend ein Ende bereiten?

Wollen Sie warten, bis es wirklich zu spät ist?

Naturkatastrophen sind machbar. Gerade auch die großen. Und zwar seit Jahrzehnten. Merken Sie es auch langsam?

Es wird Zeit, daß bei jeder dieser Katastrophen Beweise dafür verlangt werden, daß diese natürlichen Ursprungs waren. Sie werden sich wundern, wie selten das möglich sein wird…

Wir haben nur diese eine Erde!

Die unter dem Titel „Kriegswaffe Planet Erde“ überarbeitete deutsche Übersetzung von „Planet Earth. The Latest Weapon of War“, die unter der Leitung von Prof. Dr. Claudia von Werlhof editiert wurde, können Sie nun bestellen.

Unsere Autorin ist Fachberaterin der Atomenergiebehörde „US Nuclear Regulatory Commission“, der Umweltschutzbehörde „US Environmental Protection Agency” und der kanadischen Gesundheitsorganisation „Health Canada”. Seit 1990 ist Dr. Rosalie Bertell Mitglied des wissenschaftlichen Beirats der gemeinsamen Kommission Kanadas und der USA, der „US-Canada International Joint Commission“ (IJC), Fachgruppen: Große Seen und Atomfragen. Gemeinsame Forschungsaktivitäten mit der Japanischen Vereinigung von Wissenschaftlern, dem Institut für Energie und Umweltforschung in Deutschland, der Bevölkerung des Rongelap-Atolls auf den Marshallinseln, der Konsumentenvereinigung von Penang in Malaysia, der indischen Vereinigung für Arbeitsschutz und Umweltfragen in Quilan sowie der philippinischen Bürgerinitiative „Citizens for Base Clean-Up“. Bertell war drei Mal Mitglied des Permanenten Völkertribunals und Leiterin der Internationalen Medizinischen Kommission von Bhopal und der Internationalen Ärzte-Kommission Tschernobyl in Wien (1996).